세상과 소통을 꿈꾸는

아스퍼거 증후군 아이들

Asperger's Syndrome
by Tony Attwood

세상과 소통을 꿈꾸는
아스퍼거 증후군 아이들

ASPERGER'S
SYNDROME

토니 애트우드 지음 | 이상연, 조상래 옮김

궁리
KungRee

이 책을 읽기 전에

아스퍼거 증후군(Asperger's syndrome)은 자폐스펙트럼장애(Autism Spectrum Disorder, ASD)의 임상 양상 중 하나로 별도의 진단명으로 구분해왔으나, 『정신질환 진단 및 통계 편람 제5판(DSM-5)』(미국정신의학협회, 2013 개정) 이후 자폐스펙트럼장애로 통합하여 진단하고 있습니다. 이 책에서는 진단명보다는 이 증후군의 전반적인 특질을 비롯하여 보호자 및 전문가의 이해를 돕는 지침을 중심으로 다루고 있습니다.

아스퍼거 증후군을 지닌 이들은 보통 사람들과는 다르게 세상을 인지한다. 오히려 그들은 자신과 다른 사람들을 이상하게 생각하고 당황스러워한다. 왜 마음속 진심을 말하지 않는지? 진심이 아닌 말들은 왜 그렇게나 많이 하는지? 아무 쓸모없는 말들을 왜 그렇게 자주 하는지? 사람들은 어떻게 비명도 지르지 않고 빛, 소리, 냄새, 촉각 그리고 미각 같은 혼란스러운 감각을 참아낼 수 있는지? 그러면서 자신이 각종 시간표, 가로등에 새겨진 표식, 여러 종류의 채소, 행성의 움직임 같은 수백 가지 흥미진진한 것들에 대해 말할 때면, 왜 그렇게 지루해하고 못 견뎌하는지? 사람들은 왜 그토록 감정적으로 복잡한 관계를 맺고 있으며 그렇게 많은 사회적 신호를 주고받는지? 그리고 어떻게 그것들을 다 이해하는지? 왜 모든 사람을 똑같이 대하지 않는지? 결국 저 사람들은 아스퍼거 증후군을 지닌 우리에 비해 왜 그토록 불합리한지?

이들이 세상을 인식하는 방법은 나름대로 의미 있고 수긍할 만하지만, 이 때문에 이들은 종종 다수의 인습적인 사고, 감정, 행동과 충돌한다. 이들은 바뀔 수 없고, 많은 이들은 이들이 바뀌길 기대하지 않는다.

하지만 아스퍼거 증후군을 지닌 이들과 함께 살아가기 위해서 부모와 다른 가족 그리고 전문가들은 이들의 관점을 이해해야 한다. 이들이 지닌 특별한 능력을 타인과 충돌하지 않고 제대로 발전시킬 수 있도록, 한 사람의 성인으로 독립해 긍정적인 사회적 관계를 맺고 세상에 적응할 수 있도록 도움을 주어야 한다.

토니 애트우드의 책이 지닌 힘은 그가 아스퍼거 세계에 큰 의미를 지닌 발자국을 남겼다는 데 있다. 그는 집필 대상인 이들의 행동과 감정에 진심으로 공감한다. 독자들은 아스퍼거 증후군을 지닌 사람들이 부딪히는 문제와 더불어, 이들이 문제를 극복하고 결점을 보완할 수 있도록 돕는 실질적인 조언을 만나게 될 것이다. 그의 지식과 상식이 모든 행간에 스며 있는 이 책은 여러 번 반복해서 읽어야 할 좋은 책이다.

로나 윙(Lorna Wing, 영국 소아정신과 의사)

들어가며

아스퍼거 증후군에 대해 처음으로 정의를 내린 주인공은 오스트리아 빈의 소아과 의사였던 한스 아스퍼거(Hans Asperger)다. 그는 이 증후군을 가진 아이들이 보여주는 특이한 능력이나 행동에 일정한 패턴이 있음을 알아냈다. 이들은 감정이입을 잘 하지 못하고, 친구를 사귀는 능력이 부족하며, 일방적인 대화를 하거나 특별한 관심사에 대해 과도하게 집착하고 서툰 몸동작을 보인다는 특징이 있다. 그렇지만 그의 선구자적인 연구는 1990년대까지 국제적인 관심을 받지 못했고, 당시 부모와 교사들은 아스퍼거 증후군 아이가 다른 아이들과 다르다는 것을 알면서도 왜 다른지, 어떻게 하면 아이를 도와줄 수 있는지 잘 알지 못했다.

나는 아스퍼거 증후군 진단을 비롯해 치료를 돕고자 하는 보호자와 전문가를 위한 지침서를 쓰기로 마음먹었다. 이 책은 광범위한 연구서적에 대한 검토와 이 분야를 전공한 정신과 임상전문의로서의 경험을 바탕으로 하고 있다. 이들의 남다른 특징에 대한 묘사와 분석, 가장 눈에 잘 띄거나 타인을 무력하게 만드는 요소들을 줄이는 실질적인 전략을 제공한다. 더불어 이 책에는 아스퍼거 증후군을 지닌 사람들이 남긴 수많은 인용문이 담겨 있다. 이들의 식견과 묘사가 어떤 과학 잡지의 논문보다 더 분명하고 통렬하기 때문이다.

나는 또한 어려운 용어를 사용해 독자들을 혼란스럽게 하지 않으려고 노력했다. 쉽게 설명하지 못한다면 스스로도 말하는 내용을 이해하지 못하는 것이라는 원칙을 언제나 지켜왔다. 일반 독자가 전문가들만 아는 용어를 해독하기 위해 심리학 석사 학위를 딸 필요는 없지만, 좀 더 깊이 있는 내용을 원하는 사람들을 위해 참고할 원문들을 함께 수록했다.

그동안 나는 이 증후군을 지닌 유치원생에서부터 노인, 노벨상 수상자인 한 퇴임 교수에 이르기까지 연령과 능력, 배경이 다른 사람들을 만났다. 보통 사람이라면 단 1초의 시간도 필요로 하지 않는 능력을 익히기 위해 이들이 겪은 인내와 발휘한 독창성에 나는 언제나 깊은 감명을 받았다.

토니 애트우드(Tony Attwood)

차례

1

진단

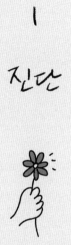

집배원이 20번지에 편지를 배달하러 들렀을 때 한 여자아이가 그를 향해 성큼성큼 걸어 내려왔다. 집배원은 방금 이 집에 이사 온 아이와 가족이 궁금하던 차였다. 그가 인사를 건네기도 전에 여자아이가 "델틱스를 좋아하세요?"라고 물었다. 뜬금없는 질문에 당황한 집배원은 델틱스가 새로 나온 초콜릿바 이름이거나 텔레비전 프로그램 주인공 이름이겠거니 생각했다. 그가 대답을 하기도 전에 아이는 "그건 가장 강력한 디젤 기관차예요. 킹크로스(영국 런던의 기차역—옮긴이)에서 2시 30분에 출발하는 기관차가 델틱스인데 나는 그 기차 사진을 스물일곱 장이나 가지고 있어요."라고 말했다.

집배원은 아이가 뭘 말하려는지 알게 되어 한시름 놓았다. 하지만 하필이면 이 시간에 왜 자기에게 이런 말을 하는지 얼른 이해가 되지 않았다. 아이는 이어 집배원이 잘 알지도 못하는 기관차의 성능에 대해 자세히 설명하기 시작했다. 집배원이 그 기관차를 어떻게 생각하는지 관심이 없는 게 분명했다. 그가 배달 일을 계속해야 한다는 뜻을 섬쓸게 내비쳤는데도 아이는 전혀 눈치채지 못했다. 하는 수 없이 그 자리를 벗어나기 위해 아이의 일방적인 말을 끊고 통명스럽게 "잘 있어."라고 말해야 했다. 그는 이 이상한 아이가 기차에 대해 왜 그렇게 많이 알고 있는지 당혹스러웠다. 그러고는 '왜 내가 기차에 관심이 있을 거라 생각했지? 왜 나를 쳐다보지도 않은 채 계속 내 말을 가로막았지? 다른 말은 할 수 없었나? 걔는 마치 걸어다니는 백과사전 같았어.'라고 생각하며 자리를 떠났다. 이 지어낸 듯한 광경은 실제로 아스퍼거 증후군을 가진 아이와 맞닥뜨렸을 때 곧잘 일어나는 상황이다. 다른 사람과 대화를 이끌어가는 능력이나 사회 적응력 부족, 특정 사안에 대한 과도한 관심이 이런 아이들에게 나타나는 두드러진 특징이다.

이들은 사람들의 보디랭귀지를 알아채지 못하는 듯하다. 상대를 당황하게 만들 수 있다는 점을 감안하지 못하고, 눈에 보이는 대로 곧이곧대로 말하기도 한다. 슈퍼마켓 계산대 앞에서 줄서서 기다리는 동안 아스퍼거 증후군을 가진 10대 아이는 앞줄에 서 있는 사람을 가리키며 "저, 여자 덩치가 정말 크지 않나요!"라고 큰 소리로 말한다. 그러면 안 된다고 부모가 조용히 타이르면 "하지만 저 여자는 정말 크잖아요!"라고 목청을 높인다. 아이는 처음 그 말을 내뱉을 때 부모가 당황해하는 걸 알아차리지 못할 뿐 아니라, 자신이 두 번이나 그런 식으로 말함으로써 상대방 여자가 어떤 기분을 느낄지 알아채지 못한다. 이 아이들은 자신들이 그 여자의 덩치에 대해 정확하게 표현했는데 사람들은 왜 동의하지 않는지 의아해할 뿐이다.

이들은 종종 교통수단, 동물 또는 과학 같은 것에 특별한 관심을 보이며 열광한다. 이런 관심사들은 바뀌기도 하지만 아이들에게 시간이 남거나 대화할 기회가 생기면 늘 이쪽으로 화제를 몰고 간다.

아이들은 "고양이에게 혀라도 물렸니?"('왜 말을 하지 않니?'라는 의미의 관용구—옮긴이)와 같은 말들을 액면 그대로 받아들이며, 지나치게 정확하거나 현학적으로 말하는 능력을 보여준 일화들을 가지고 있기도 하다. 이는 마치 '인간 사전'과 대화하는 것 같다. 교사들은 아이의 여러 능력이 들쭉날쭉하다는 사실을 잘 알고 있다. 아이는 아마 뛰어난 기억력, 관심사를 다룰 때 나타나는 특출한 집중력, 문제를 푸는 독창적 방법을 가지고 있을 수 있다.

반면 학급의 다른 아이들이 매혹되는 활동들에 대해서는 동기부여나 관심이 부족할 수 있으며, 특별한 분야의 학습장애와 미숙한 운동신경을 가졌다는 평가를 받을 수도 있다. 또 다른 우려라면 아이가 교실이나 운동장에서 집단에 적응하지 못하고 위축되어 있다거나 다른 아이들의 놀림을 받기 쉽다는 점이다. 따라서 부모와 교사들은 평범하게 보이고 지능적인 면에서 별 문제가 없는 이 아이가 어떤 설명할 수 없는 이유로 인해 또래 아이에게 기대하는 수준만큼의 이해력을 지니지 못하거나 다른 사람과의 사회적 관계를 형성하지 못한다는 사실을 알게 된다.

영국의 소아정신과 의사 로나 윙(Lorna Wing)은 1981년에 출판된 논문에서 아스퍼거 증후군이라는 용어를 처음 사용한 사람이다. 그녀가 묘사한 성인 및 아동의 능력과 행동 양태는 이를 최초로 연구했던 오스트리아 빈의 소아과 의사 한스 아스퍼거(Hans Asperger)가 기술한 내용과 아주 유사하다. 아스퍼거는 1944년 출판된 박사학위 논문에서 사회, 언어, 인지 능력 면에서 상당히 특이한 남자아이 네 명에 대해 기술했다. 그는 성격장애의 한 형태로 보여지는 그 무엇을 설명하기 위해 '자폐성 정신질환(Autistic psychopathy)'이라는 용어를 사용했다. 미국 존스 홉킨스 대학의 소아정신과 의사였던 레오 카너(Leo Kanner)가 바로 직전에 자폐성 아이들이라는 표현을 발표한 것을 고려할 때 그가 '자폐성(autistic)'이라는 용어를 사용했다는 사실은 흥미롭다. 두 저자는 비슷한 형태의 증상들을 기술했고 같은 용어를 사용했다. 불행히도 한스 아스퍼거의 업적은 이후 30년간 유럽과 미국에서 거의 주목받지 못했지만, 그는 자폐성 정신질환을 가진 아이들을 위한 치료 병동을 개설하고 지켜보았다. 그는 자신의 이름을 딴 증후군이 국제적으로 승인을 받기 불과 몇 해 전인 1980년 사망했다.

레오 카너와 한스 아스퍼거는 사회적 상호작용이 빈약하고 의사소통이 원활하지 않으며 자기만의 특이한 관심거리를 가지고 있는 아이들에 대해 기술했다. 레오 카너는 상대적으로 심한 자폐 증상을 가진 아이들을 연구한 반면, 한스 아스퍼거는 보다 상태가 나은 아이들을 관찰했다. 그렇지만 나중에 우리가 흔히 알고 있는 자폐증 개념으로 자리를 굳힌 것은 레오 카너의 연구다. 즉 한눈에 알아볼 정도로 다른 사람에 대한 반응이 부족하다거나, 심각한 언어장애를 가지고 있다는 점 등이 자폐증 진단의 기준이 되었다. 침묵을 지키고 주변 일에 무관심한 아이가 바로 이에 해당한다.

반면 로나 윙은 어떤 아이들의 경우 아주 어렸을 적에는 자폐적 특질을 지니지만, 커가면서 유창하게 말하고 타인과 사귀고 싶어한다는 사실에 주목했다. 한편으로 그런 아이들은 카너의 연구에 기반한 진단기준에 따라 전형적인 자폐증으로 진단되는 수준 이상의 발전을 보였다. 다른 한편, 그들은 좀 더 수준 높은 대화나 사회 적응력에는 여전히 중대한 문제를 안고 있었다. 한스 아스퍼거가 처음 기술한 특징에 더 맞아떨어지는 아이들이었다.

로나 윙은 아스퍼거 증후군의 주요 임상 특징을 다음과 같이 적고 있다(Burgoine and Wing 1983).

- 감정이입 부족
- 바보스러울 정도로 순진하고 부적절하며 일방적인 행동
- 친구를 사귀는 능력이 아예 없거나 거의 없음
- 현학적이고 반복적인 언어 구사
- 비언어적 의사소통 부족
- 특정 사안에 대한 강한 몰입
- 서툴고 부자연스러운 몸동작과 특이한 자세들

1990년대에는 아스퍼거 증후군이 자폐증의 변형이며 전반적 발달장애(Pervasive Developmental Disorder)의 하나라는 견해가 지배적이었다. 이는 아스퍼거 증후군이 넓은 범위의 능력 발달에 영향을 미친다는 의미이다. 현재 아스퍼거 증후군은 자폐증 범주의 한 하위그룹으로 간주되며 나름의 진단기준을 가지고 있다. 또 아스퍼거 증후군

이 전형적인 자폐증에 비해 훨씬 더 흔하며, 과거에 결코 자폐증으로 간주되지 않았던 아이들 중 일부가 아스퍼거 증후군으로 진단될 수 있다는 사실은 명백하다.

단계별 진단

아스퍼거 증후군 진단은 다음 두 단계를 거쳐 내려진다. 첫 번째 단계는 부모와 교사들이 아이가 징후를 가지고 있는지 아닌지를 가려내기 위해 평가등급표나 질문서를 작성하는 과정을 통해서다. 두 번째는 과거에 발달장애 아동의 행동과 능력을 검진한 경험이 있는 임상의사가 아스퍼거 증후군이라고 정확히 짚어낼 만큼 체계적인 진단기준을 가지고 진단평가를 내리는 것이다.

1단계: 평가등급표

부모나 아이를 1차적으로 접하는 전문가 즉 교사, 임상의사, 일반 개업의 중에 아스퍼거 증후군의 징후에 대한 지식을 보유한 이들은 거의 없다. 따라서 이들은 아이가 전반적 발달장애 검사를 받아야 한다는 생각을 못 할지도 모른다. 자폐를 대상으로 한 표준평가등급표(Yirmiya, Sigman and Freeman 1993)가 아스퍼거 증후군을 가진 아이들을 위해 고안되지 않았다는 것은 분명하다. 다행히 이 증후군을 지녔을 가능성이 있는 아이들을 구별하기 위한 새로운 평가등급표 두 종류가 개발됐다. 하나는 스웨덴(Ehlers and Gillberg 1993), 또 하나는 호주(Garnett and Attwood 1995)에서 만들어졌다. 이 등급표는 공식적인 진단기준, 공동적 특질에 대한 연구논문과 광범위한 임상경험에 기초한 것이다.

이 중 호주식 등급표는 초등학생의 행동과 능력을 평가하여 아스퍼거 증후군 아이들을 찾아내기 위해 다음의 질문으로 이루어져 있다. 이 나이는 특이한 행동양식과 능력이 가장 두드러지는 시기다(영국의 경우 만 5세~11세—옮긴이). 각 질문은 그 연령대의 평범한 아이들에게 기대되는 수준을 0으로 표시한 등급표에 따라 평가된다.

A. 사회적·정서적 능력

1 · 다른 아이들과 어떻게 놀아야 하는지에 대한 아이의 이해력이 부족한가? 사회적 역할놀이에 관한 불문율을 이해하지 못하는가?

0 1 2 3 4 5 6
아주 드물게　　빈번히

2 · 학교 점심시간처럼 다른 아이들과 놀 수 있는 자유시간에 다른 아이들과의 접촉을 피하는가? 따로 외진 장소를 찾거나 도서실에 박혀 있는가?

0 1 2 3 4 5 6
아주 드물게　　빈번히

3 · 아이가 사회적 관습이나 행동규범을 이해하지 못하는 것으로 보이며 부적절한 행동이나 말을 하는가? 타인에 대해 이야기하면서 그

0 1 2 3 4 5 6
아주 드물게　　빈번히

말이 그 사람의 기분을 상하게 할 수 있다는
것을 전혀 알아채지 못하는가?

4 · 아이에게 감정이입, 말하자면 다른 사람의 감
정에 대한 직관적인 이해가 부족한가? 사과하
면 사과를 받은 사람의 기분이 한결 나아진다
는 사실을 이해하지 못하는가?

0 1 2 3 4 5 6
아주 드물게　　　　빈번히

5 · 다른 사람들이 자신의 생각과 경험 그리고 의
견을 알아주었으면 하고 바라는가? 당신이 특
정 시점에 아이와 함께 있지 않았기 때문에
그때 발생한 특정 사실에 대해서는 모를 수
있다는 점을 이해하지 못하는가?

0 1 2 3 4 5 6
아주 드물게　　　　빈번히

6 · 아이가 특히 해야 할 일이나 주변 사물이 평
소와 달리 바뀌었거나 잘못되었을 경우 지나
칠 정도의 자기위안을 필요로 하는가?

0 1 2 3 4 5 6
아주 드물게　　　　빈번히

7 · 감정표현 면에서 세밀함이 부족한가? 아이가
상황에 전혀 걸맞지 않을 정도로 애정이나 고
통을 표현하는가?

0 1 2 3 4 5 6
아주 드물게　　　　빈번히

8 · 아이의 감정표현이 정확하지 않은가? 가령 서
로 다른 사람에게는 각기 다른 정도의 감정표
현을 해야 한다는 점을 이해하지 못하는가?

0 1 2 3 4 5 6
아주 드물게　　　　빈번히

9 · 아이가 경쟁적인 스포츠나 게임, 활동에 참여
하는 데 무관심한가?

0 1 2 3 4 5 6
아주 드물게　　　　빈번히

10 · 아이가 또래가 갖고 있는 물건을 가지거나 같은 행동을 해야 한다는 충동에 무관심한가? 유행하는 장난감이나 옷들을 가지려는 의지가 약한가?

0 1 2 3 4 5 6
아주 드물게   빈번히

B. 의사소통기능

11 · 아이가 사람들의 말을 액면 그대로 받아들이는가? 예컨대 '양말을 끌어올려라(pull your socks up, 분발하라는 의미—옮긴이)', '얼굴이 사람을 죽일 수 있다(looks can kill, 잡아먹을 듯한 얼굴이라는 의미—옮긴이)', '저울 위로 뛰어오른다(hop on the scales, 어림짐작한다는 의미—옮긴이)'라는 표현에 혼란스러워하는가?

0 1 2 3 4 5 6
아주 드물게   빈번히

12 · 아이가 특이한 목소리를 내는가? 외국인 같은 액센트나 중요 단어를 전혀 강조하지 않는 단조로운 목소리를 가졌는가?

0 1 2 3 4 5 6
아주 드물게   빈번히

13 · 아이에게 이야기할 때 아이가 당신 입장에 대해서는 무관심한 것처럼 보이는가? 특정 화제에 대한 당신의 생각이나 의견을 묻지 않거나 그것에 대해 언급하지 않는가?

0 1 2 3 4 5 6
아주 드물게   빈번히

14 · 대화할 때 아이가 당신이 생각하는 것보다 눈을 훨씬 덜 마주치는 경향이 있는가?

0 1 2 3 4 5 6
아주 드물게   빈번히

15 · 아이의 말이 지나치게 정확하거나 현학적인가? 격식을 차려 말하거나 걸어다니는 사전처럼 말하는가?

0 1 2 3 4 5 6
아주 드물게   빈번히

16 · 아이가 대화를 복원하는 데 문제를 가지고 있는가? 아이가 당황했을 때 명확한 설명을 구하지 않고 그냥 자신이 익숙한 화제로 돌리거나, 대답하는 데 굉장히 오래 걸리는가?

0 1 2 3 4 5 6
아주 드물게   빈번히

C. 인식기능

17 · 아이가 주로 정보를 얻기 위해 책을 읽는가? 백과사전과 과학책은 읽어도 소설책에는 흥미를 보이지 않는가?

0 1 2 3 4 5 6
아주 드물게   빈번히

18 · 아이가 어떤 사건이나 사실을 특이할 정도로 오래 기억하는가? 몇 년 전 이웃의 차량 번호나 당시 일어났던 장면들을 생생하게 떠올리는가?

0 1 2 3 4 5 6
아주 드물게   빈번히

19 · 아이가 상상력이 동원된 사회적 놀이를 하는 경우가 드문가? 자신의 가상놀이에 다른 아이들을 끼워주지 않거나 다른 사람 흉내

0 1 2 3 4 5 6
아주 드물게   빈번히

를 내는 아이들의 놀이에 혼란스러워하는가?

D. 특정한 관심

20 · 아이가 특정한 주제에 빠져들고 그 관심사
에 관한 정보나 통계를 지나칠 정도로 수집
하는가? 아이가 자동차나 지도 혹은 스포츠
팀 성적에 대해 훤히 꿰뚫고 있는가?

```
0  1  2  3  4  5  6
아주 드물게        빈번히
```

21 · 일상의 변화나 자신의 예측과는 다른 변화
에 과도하게 화를 내는가? 학교 갈 때 평소
와 다른 길로 가면 괴로워하는가?

```
0  1  2  3  4  5  6
아주 드물게        빈번히
```

22 · 아이가 일상적으로 아주 공을 들이는 일 또
는 반드시 지켜야 할 의식 같은 것을 계속 반
복하는가? 잠자리에 들기 전 장난감들을 일
렬로 세우는 일 등을 하는가?

```
0  1  2  3  4  5  6
아주 드물게        빈번히
```

E. 운동기능

23 · 아이의 운동신경이 균형 있게 발달하지 못
했는가? 공을 잡는 데 서투른가?

```
0  1  2  3  4  5  6
아주 드물게        빈번히
```

24 · 아이가 달리는 모습이 특이한가?

```
0  1  2  3  4  5  6
아주 드물게        빈번히
```

F. 다른 특징들

여기에서는 아이가 어떤 특징을 보이는지 표시하라.

(a) 아이에게 유별난 공포나 괴로움을 유발하는 것들

· 전기기구들이 내는 소음 같은 일상적인 소리들　　　　　( )

· 피부나 머리에 가해지는 가벼운 접촉　　　　　　　　　( )

· 특정 소재의 옷 입기　　　　　　　　　　　　　　　　( )

· 예상치 못한 소음　　　　　　　　　　　　　　　　　　( )

· 특정 사물 쳐다보기　　　　　　　　　　　　　　　　　( )

· 슈퍼마켓처럼 시끄럽고 번잡한 장소　　　　　　　　　　( )

(b) 몹시 흥분하거나 고통받을 때 몸을 흔들어대는 경향　　( )

(c) 가벼운 통증에 대한 지각 부족　　　　　　　　　　　　( )

(d) 언어지체　　　　　　　　　　　　　　　　　　　　　( )

(e) 특이한 안면 찡그리기나 습관적 안면 경련　　　　　　　( )

만일 등급표상에 나오는 대부분 질문들에 대해 그렇다는 대답이 나오고, 질문별 평가점수가 2~6점(말하자면 확실히 평균치보다 높은)이라고 해서 자동적으로 아스퍼거 증후군을 가지고 있다는 의미는 아니다. 그렇지만 이는 증후군을 지녔을 가능성을 시사하며, 진단평가를 위해 전문가를 만날 충분한 근거가 된다. 앞으로 이어질 장들에서 다룰 치료전략들은 나름대로 분명 도움이 될 것이다. 왜냐하면 이 전략들은 평가등급표상의 각 질문들을 탐구한 결과이기 때문이다.

2단계 : 진단평가

아이의 관심사들에 대한 질적 측면과 함께 사회, 언어, 인지 그리고 운동 능력 같은 특정한 측면을 검사하는 진단평가에는 적어도 한 시간이 걸린다. 또한 일련의 심리검사를 포함한 정형화된 검사가 추가될 수 있다. 아이의 발달과정과 특정 상황에서의 행동에 관한 정보를 얻기 위해 아이 부모와도 시간을 가져야 한다. 교사와 언어치료사 그리고 임상 전문의의 보고서들도 매우 귀중한 정보이다.

진단평가를 하는 동안, 임상의사는 특정 행동을 끌어내기 위해 상황을 조작하고 진단된 증세를 기록한다. 가령 사회적 행동을 검사한다고 하자. 이때는 다른 사람과 어느 정도로 상호작용을 하는지, 다른 사람을 자기의 대화나 놀이에 어떻게 끼어들게 하는지, 언제 눈맞춤을 하는 건지, 그리고 얼굴 표정과 몸짓은 어느 정도로 하는지를 기록하게 된다.

아이에게는 우정이 뭐냐고 질문을 던져보고, 일련의 감정들을 표현하고 구별해보라고 요구해야 한다. 부모들에게는 아이가 사회적 행동규범을 이해하고 있는지, 또래압력(Peer Pressure, 또래 집단에서 따돌림을 당하지 않거나 뒤떨어지지 않기 위해 남들이 하는 행동을 따라 해야 한다는 강박관념—옮긴이)에 대한 반응, 그리고 경쟁수준과 다른 아이들과 어울려 노는 능력은 어느 정도인지 등을 물어봐야 한다. 병원환경에서는 아이들이 또래들과 어떻게 상호작용을 하는지 알기 어렵기 때문에 아이를 관찰하기 위해 교실과 운동장을 방문해야 하는 경우도 있다. 이런 식으로 아이의 사회 적응력에 대한 종합적인 평가가 이루어진다.

또한 아스퍼거 증후군을 가진 아이들의 언어능력을 기록한 별도의 평가서가 필요하다. 이 아이들은 흔히—항상 그런 것은 아니지만—말을 시작하는 시기는 약간 늦지만 말하는 법을 익힐 무렵에는 부모들이 질릴 정도로 끊임없이 질문하고 일방적으로 대화한다. 진단평가 기간 동안 언어를 실제 활용할 때 일어나는 실수들을 기록한다. 이를테면 사회적 정황 속에서 언어가 어떻게 사용되었는지를 파악한다. 대화중 받은 질문에 대해 무슨 대답을 해야 할지 몰라 머뭇거릴 때 아이들은 종종 질문에 대한 명확한 설명을 구하지 않고, 답을 모른다는 사실을 인정하려고 하지 않으며, 자신들에게 익숙한 화제로 돌리거나 대답하는 데 굉장히 오랜 시간이 걸리는 특징을 보인다. 유창하고 수준 높은 어휘들을 구사하기도 하지만 골라 쓰는 단어들이 일반적이지 않고, 어딘지 현학적이거나 지나치게 딱딱한 것들이다. 목소리가 또래 아이들과 다르게 특이하거나 지나치게 정확한 발음법을 구사하는 경우도 있다. 예를 들어 '그래(yeah)' 정도의 편한 대답을 예상하는 상황에서 '그래요(yes)'라고 모든 음절을 발음하기도 한다. 자신을 '나'나 '내가'라고 부르지 않고 세례명으로 부르는 것처럼 인칭대명사를 잘못 사용해 벌어진 일, 말을 액면 그대로 받아들이는 일, 그리고 조용히 있어야 할 경우나 장소에서 자기 생각을 표현하는 일 등도 기록해야 한다.

사고하고 학습하는 능력인 '인지'도 측정해야 한다. 아이에게 이런 저런 말을 건넴으로써 아이가 다른 사람의 생각과 감정을 얼마나 잘 이해하고 있는지 파악하는 일도 여기에 속한다. 아이가 어떤 읽을거리를 고르는지, 사소하고 세부적인 것을 얼마나 오래 기억하는지, 그리고 아이가 혼자서 혹은 또래 아이들과 함께하는 가상놀이의 질적 수준이 얼마나 되는지도 모두 기록해야 한다. 교사들로부터 얻는 정보와 정식 지능평가도 대단히 귀중하다.

아이의 특별한 관심사를 조사하는 데는 그것이 또래 사이에 일반적인 것인지, 어느 정도나 아이의 대화와 자유시간을 독점하는지, 유형은 어떻고 언제부터 그런 관심사를 갖게 됐는지를 눈여겨봐야 한다. 부모에게도 일상적인 것의 변화나 불완전한 것, 혼란스러운 상황, 비난에 직면했을 때 아이들이 어떻게 반응하는지에 대해 질문해야 한다.

운동능력도 조사해야 한다. 아이들에게 공을 잡고 차고 뛰게 하고 글씨를 써보라고 시킨다. 또한 특이한 손동작 습관이나 몸 흔들기, 특히 행복하거나 스트레스를 받는 상황에서 의도하지 않은 안면 경련 혹은 안면 찡그리기가 나타나는지 세심하게 기록해야 한다. 부모에게도 아이가 소리나 접촉, 특정 옷감 그리고 음식에 특별히 민감한 게 있는지 물어봐야 한다. 있다면 민감한 정도가 낮은 수준의 통증인지 아니면 불편해하는 정도인지 그 수준을 기술해달라고 부탁해야한다. 끝으로 임상의들은 아이에게 불안, 우울 혹은 주의력 결핍장애(Attention Deficit Disorder, ADD)가 있는지 부모 가계 양쪽에 비슷한 아이가 있었는지 조사한다. 임신이나 출산, 유아기 때 의학적으로 중요한 사건이 있었는지도 기록해야 한다. 강조되어야 할 점은 아스퍼거 증후군의 진단 징후들은 그 어느 것도 독특하지 않으며 모든 징후를 두루두루 심각하게 갖고 있는 아이를 발견하는 일은 흔치 않다는 것이다. 각 진단영역에서 나타난 증상을 놓고 보자면 아이들은 각기 다른 존재들이다.

임상의사들은 대체 진단과 설명도 반드시 검토해야 한다. 사회생활에서 위축되어 있거나 미성숙하게 행동하는 것은 언어능력이 부족한 데 따른 2차 결과일 수 있다. 실용언어장애(Semantic Pragmatic Language Disorder, SPLD)가 아스퍼거 증후군의 일반적 양상이란 점은 분명하다. 발달지체와 특정한 학습장애를 지닌 어린아이들도 이상한 사회적 행동을 지속할 수 있다. 그러므로 아이의 능력과 행동 평가가 아이의 발달수준과 일치하는지 고려해야 한다. 높은 수준의 IQ를 가진 아이들은 일상의 사회적 역할놀이를 따분하게 여길 수 있다. 이들은 특별한 분야에서 상당한 지식을 습득해 괴짜처럼 보이지만 사회적·언어적 기능평가에서는 평범한 범주에 들고 평가내용도 아스퍼거 증후군을 지닌 아이들 것과는 다르다. 주의력 결핍장애를 지닌 아이들은 종종 아스퍼거 증후군으로 간주된다. 비록 이 두 가지 장애가 별개이긴 하지만 상호 배타적인 것은 아니며 한 아이가 두 가지 장애를 함께 갖는 경우도 있다. 따라서 이 두 장애를 구분하기 위해서도 아이의 기능들과 행동 범주를 아주 면밀히 조사해야 한다. 또 일정 정도의 개인별 기능차와 태어날 때부터 부끄럼을 잘 타거나 내성적이거나 불안감이 심한 아이들이 있다는 점을 고려해야 한다.

아스퍼거 증후군과 관련되어 있거나 이와 유사한 다른 증상들을 감별 진단하는 방법은 8장에서 논의할 예정이다. 지금은 아스퍼거 증후군 진단과정을 통해 일련의 증세를 검토하고, 아스퍼거 증후군으로 볼 수 있는 다른 발달장애들을 살펴보는 정도라고만 말해두자. 진단과정의 마지막 부분은 공식적 진단기준에 따라 실시한 평가정보를 적용하는 것이다.

진단에 이르는 여섯 가지 경로

한스 아스퍼거나 로나 윙 두 사람 모두 진단기준은 이런 것이라고 명백하게 말한 적은 없다. 현재도 일반적으로 합의된 진단기준은 없다. 임상의사들은 진단기준 네 가지 중 하나를 선택하는데, 두 가지는 협회에 의해, 또 다른 두 가지는 임상의사들에 의해 개발되었다. 이 중 가장 제한적이고도 엄격한 기준은 『국제질병분류(ICD)』제10판(세계보건기구)과 『정신질환 진단 및 통계 편람(DSM)』(미국정신의학협회)에 제시된 내용이다. 가장 폭넓게 잡은 진단기준은 피터 스자마리와 그의 캐나다 동료들이 만든 것과 스웨덴 출신인 크리스토퍼 길버그와 코리나 길버그가 제시한 것이다. (각 진단기준은 부록에 수록되어 있다.) 어느 기준을 사용할지는 선택의 문제이지만, 나는 길버그의 기준을 선호한다. 명확하고, 압축적이며 이해하기 쉽기 때문이다.

연구에 따르면 진단을 받는 평균 나이는 만 8세이다. 그러나 실제로는 아주 어린아이에서부터 어른까지 다양하다(Eisenmajer et al. 1996). 나는 여러 해 동안 아스퍼거 증후군을 가진 아이들과 어른들을 전문적으로 진단하고 치료했는데, 진단하는 방법에는 여섯 가지가 있다고 본다. 첫 번째는 만 8세 이전에 자폐진단을 받은 경우이다. 이는 아이가 만 2세가 되기 이전에 발생할 수 있다.

유아기에 자폐적 속성을 보일 때

로나 윙이 아스퍼거 증후군이라는 용어의 의미를 보다 넓게 쓰자고 제안한 이유 중 하나는 학교에 들어가기 이전에 전형적인 자폐증상을 보였던 아이들 중 상당수가 향후 의사소통과 기타 능력에서 주목할 만한 발전을 보일 수 있다는 점 때문이다. 이전에는 따로 놀고 심각한 언어장애를 지녔던 아이가 유창하게 말하게 되고 일반 학급에서 함께 잘 어울릴 수 있는 수준까지 발전하곤 한다. 이들은 더 이상 주위환경에 무관심하지 않고 침묵하지 않는다. 이들의 행동과 능력은 아스퍼거 증후군의 진단과 일치한다(Ozonoff, Rogers and Pennington 1991). 이러한 향상은 주목할 만큼 급속히 이루어질 수 있으며 또 만 5세가 되기 직전에 나타날 수 있다(Shah 1988). 우리는 일부 아이들에게 나타나는 이런 일이 자연스런 현상인지 혹은 부모의 조기 교육 프로그램에 따른 효과인지 확실히 알지 못하지만 아마 두 가지 모두 영향을 미쳤을 것이다. 그럼에도 아이가 아주 어릴 적에 전형적인 자폐진단을 받았다면 그건 틀림이 없다. 다만 아이가 자폐적 속성을 계속 보이다가 아스퍼거 증후군이라 부르는 양태로 발전한 것이다. 따라서 과거 자폐진단을 받은 아이의 경우 아스퍼거 증후군이 더 정확한 진단이 아닐까 하는 판단을 내리기 위해 정기적으로

자폐검사를 받아야 한다. 그리고 이에 따른 맞춤형 치료를 실시해야
한다.

입학하고 나서 특징이 나타난 경우

미취학기 때 드러나는 아이의 증세는 특별히 눈에 띌 정도는 아니
며, 부모나 전문가들도 아이가 자폐라고 할 만한 어떠한 특징이 있다
고 생각하지 못할 수도 있다. 그러나 아이와 만난 첫 번째 교사는 다
르다. 그는 일반적인 아이들의 평범한 행동과 능력을 잘 알고 있기
때문이다. 이 교사는 아이가 사회적 놀이를 기피하는 것이나, 교실에
서의 사회적 행동규범을 이해하지 못하는 것, 대화나 가상놀이에 유
별난 능력을 가지고 있는 것, 특별한 주제에 높은 관심을 갖고, 그림
이나 글씨 쓰기 혹은 공놀이에 서툴다는 사실을 알아차리게 된다. 아
이들은 또 다른 아이들과 어쩔 수 없이 가까이 대면해야 하거나 기다
려야 할 때 분열적이거나 공격적인 모습을 보일 수도 있다. 집에서는
형제들과 어울려 놀고 부모와 비교적 자연스럽게 잘 지내는 등 학교
에서와는 전혀 다른 아이가 될 수도 있다. 그러나 낯선 환경에서 또
래들과 함께할 때는 징후가 보다 뚜렷하게 드러난다. 이런 아이들은
전형적 증상을 가지고 있지만 교사들이 이 아이들을 시급히 진단기
관에 맡겨야겠다고 생각하는 일은 드물다. 이 아이들은 그저 교사들
을 당혹스럽게 만들다 떠나가는 특이한 존재로 간주될 뿐이다.

스웨덴에서 한 연구가 시행되었는데, 교사들로 하여금 아스퍼거
증후군을 지니고 있을지 모르는 아이들을 학급에서 가려내도록 하

여 평가점수를 활용하는 방식이었다. 그런 다음 표준기준에 따라 그 아이들에 대한 진단평가를 내리도록 했다. 본래 아스퍼거 증후군의 발생빈도는 자폐 발생과 비슷한 1,000명당 1명꼴로 알려졌다. 하지만 이 연구는 아스퍼거 증후군의 실제 발생빈도가 대략 아이 300명당 1명꼴임을 보여주고 있다(Ehlers and Gillberg 1993). 따라서 이 증후군을 가진 아이들 대부분은 아마 이전에 자폐진단을 받은 적이 없었을 것이다.

다른 증후군의 징후가 보일 때

아이의 초기 발달상태와 능력이 남들과 다르다는 사실을 알게 되며, 진단결과 특별한 장애가 감지되기도 한다. 가령 아이의 언어발달이 더디게 진행되거나, 언어치료사로부터 치료를 받거나, 단순한 언어장애를 지닌 것으로 판단될 수 있다. 그렇지만 아이의 사회, 인지 능력과 관심범위를 주의 깊게 관찰해보면 아이에 대한 평가는 이보다 더 복잡하며 아스퍼거 증후군이 좀 더 정확한 진단일 수 있음을 알게 된다. 아이가 주의력 결핍장애라는 진단을 받았을 소지가 있으며, 모든 특이현상의 원인을 이것으로 생각했을 수도 있다. 이따금 뇌성마비나 신경섬유종증 같은 또 다른 진단을 받는 경우가 있다. 비록 임상의들이 아이가 비정형적인 모습을 보인다는 사실에 관심을 갖더라도 이것을 아스퍼거 증후군으로 여길 만큼 이 병에 대해 충분한 지식을 갖고 있지 않을 우려가 있다. 결국 임상의가 아이의 징후들을 인식하거나 부모가 아스퍼거 증후군에 대한 글을 읽고 관련 임상의료진과 접촉하게 된다. 이런 식으로 진단이 내려졌을 때는 아스퍼거 증후군 같은 또 다른 이상이 있을 가능성을 배제하지 않게 된다. 마침내 임상경험과 연구조사 결과 아이는 두 가지 징후를 모두 가진 것으로 밝혀진다. 그렇지만 부모들은 두 번째 진단이 내려지기까지 여러 해를 기다려야 할지 모른다.

가족 중에 자폐증이나 아스퍼거 증후군이 있을 때

아이가 자폐나 아스퍼거 증후군을 가지고 있다는 진단을 받게 되면 아이의 부모는 서로 다른 경로를 통해 이에 대한 상당한 관련 지식을 쌓게 된다. 이 같은 정보는 논문, 전문가와의 상담, 지역 후원 모임에서 만난 다른 부모들과의 대화를 통해 얻을 수 있다. 이어 다른 가족 구성원들도 아스퍼거 증후군을 갖고 있지 않았을까 하는 궁금증이 일게 된다. 아스퍼거 증후군을 지닌 아이를 한 명 이상 둔 가족도 있고 몇 세대를 살펴보면 이 증후군이 나타났던 가족도 있다.

사춘기의 2차적인 정신장애

아스퍼거 증후군을 가진 사람은 초등학교 시절 내내 약간 괴짜이거나 따로 지내는 아이이기는 하지만 의사의 진단을 받아야 할 만한 징후 없이 자라기도 한다. 그래도 10대가 되면 아이들은 점차 스스로의 고립에 대해 인지하게 되고 좀 더 사교적인 사람이 되기 위해 노력하기도 한다. 또래들의 사회활동에 참여하려는 그들의 시도는 조롱과 따돌림에 직면하고, 아이들은 의기소침해진다. 고통스러워 정신과 의사와 상담을 하기도 한다. 의사는 아이의 상황이 아스퍼거 증후군의 부수적 결과라는 사실을 쉽게 발견한다.

아스퍼거 증후군을 가진 대다수의 젊은이는 심각한 불안심리를 지닌 것으로 보고되는데, 치료를 받아야 하는 정도로 악화되기도 한다. 이런 사람은 공포심에서 유발된 공격적 행동을 할 가능성이 있으며, 감염될까 두려워 계속해서 손을 씻는 등의 충동적인 행동을 보일 수 있다. 이러한 진단이 내려지고 치료가 실시되면, 담당의사는 아스퍼거 증후군 징후를 발견하는 첫 번째 사람이 될 수 있다.

이런 사람이 사춘기에 접어들면 자신만의 세계로 들어가, 혼잣말을 하거나 사회적 접촉에 대한 관심과 개인적 위생에 대한 흥미를 잃어버리기도 한다. 그들이 정신분열을 앓고 있는 게 아닌가 하고 의심하기도 하지만 주의 깊게 살펴보면 그들의 행동은 정신병이 아니라, 아스퍼거 증후군이 야기한 이해할 만한 수준의 사춘기적 반응임을 알게 된다. 이러한 정신장애들에 대한 예방과 치료는 8장에서 논의할 예정이지만, 일부 사람들에게 그것들은 아스퍼거 증후군 진단을 짚어내는 표시가 될 수 있다.

성인기에 이루어지는 진단평가

이제 우리는 아스퍼거 증후군이 아이와 사춘기 청소년에 국한되지 않는다는 사실을 포함해 많은 것을 알고 있다. 성인들 중 일부는 본인 스스로 진단평가를 해달라고 의뢰한다. 그들은 아스퍼거 증후군 진단을 받은 아이들의 부모이거나 친지일 수 있으며, 어린 시절 자신들에게도 명백히 일부 그런 특징이 있었다고 생각한다. 어떤 사람들은 잡지나 신문 기사를 통해 아스퍼거 증후군에 대해 읽고 자신이 이 증후군의 특징들을 가지고 있을지 모른다고 생각한다. 성인들을 상대로 진단평가를 실시할 때는, 그 사람의 어릴 때 능력과 행동에 관한 신뢰할 만한 정보를 얻는 게 매우 중요하다. 진단대상인 성인의 어릴 적 기억들을 뒷받침하는 더없이 귀중한 지식들은 부모, 친지, 교사로부터 얻을 수 있다.

또한 처음에 비정형적 정신분열증이나 알코올 중독으로 진단받았던 사람이 정신과 치료와 교육을 통해 아스퍼거 증후군으로 진단받는 경우도 있다. 아스퍼거 증후군을 지닌 사람들에게 정신분열증이 나타나는 빈도는 일반인과 비슷하다. 그러나 일부 사람들이 보이는 징후들은 겉으로 볼 때 정신분열증과 유사하기 때문에, 잘못된 진단을 받을 소지가 있다. 때로 알코올 중독은 괴로움의 표시이거나 사회적 상황 속에서 불안감을 줄이려는 시도, 즉 술김에 내는 용기일 수 있다. 알코올 중독으로 치료를 받다가 아스퍼거 증후군 진단을 받기도 한다.

극히 드문 경우이지만 아스퍼거 증후군을 가진 사람이 자신의 특별한 관심사 때문에 범죄를 저지르는 사례가 있다. 예를 들어 기차에 푹 빠진 한 젊은 남자가 기차역에 머무는 동안《레일웨이 엔진(railway engine, 영국의 기차 관련 정기간행물—옮긴이)》을 훔치기로 작정했다. 그에게 어떤 악의가 있었다고 하기에는 상당히 의문스러웠다. 그는 단지 지나친 열정에 사로잡혀 있었고 호기심이 발동했을 뿐이다. 따라서 진단평가를 위해 법의학 정신과 상담을 받게 해야 할지 모른다. 마침내 정부의 취업 알선 기관 중 일부는 중증 아스퍼거 증후군을 지닌 사람이 취업하는 데 특별한 문제가 있다는 사실을 알게 됐다. 이제 기관 관계자들은 이들에게 진단을 받게 하고, 이들을 고용하거나 직무에 관한 조언을 하기도 한다.

이제 뒷장에서는 아스퍼거 증후군의 특질에 대해 보다 많은 정보를 제공할 것이다. 그리고 평범한 사람은 너무나 쉽게 체득하지만 아스퍼거 증후군을 지닌 사람은 따로 학습해야 하는 특정 기능을 익히는 전략에 대해서도 말할 것이다.

2

사회적 행동

사회는 한 개인에 대해 그의 외모와 행동, 말하는 방식으로 평가한다. 아스퍼거 증후군을 지닌 사람은 겉으로 보기에는 그다지 눈에 띌 게 없지만 행동과 대화법이 남다르기 때문에 특이한 사람으로 비쳐진다. 예를 들어 아스퍼거 증후군을 지닌 한 여성은 자신의 어린 시절을 떠올리면서 이렇게 말했다. "새로 이사 온 아이들에게 다가가 '안녕, 나랑 놀래?'라고 말하는 대신 '9곱하기 9는 81'이라고 선언하듯이 말했어요(Schopler and Mesibov 1992)."

진단기준

진단기준은 아스퍼거 증후군을 가진 사람들의 특이한 능력들과 행동을 규정하기 위한 것이다. 그리고 모든 기준은 사회적 행동장애를 의미한다.

1989년, 카리나와 크리스토퍼 길버그는 스웨덴에서 시행한 자신들의 연구에 기초해 여섯 가지 기준을 만들었다. 이 중 두 가지는 사회적 행동 측면에 관한 것이다. 첫 번째 기준은 사회적 장애로 명명

되는데, 다음 중 적어도 두 가지 이상을 지닌 아이가 이에 해당된다.

- 또래들과 상호작용 무능력
- 또래들과 상호작용을 하려는 욕구 부족
- 사회적 신호들에 대한 이해 부족
- 사회적·감정적으로 부적절한 행동

그들이 제시한 또 다른 기준은 비언어적 의사 소통에 대한 조사인데 아래 항목 중 적어도 하나에 해당할 경우 사회적 행동장애도 있음을 시사한다.

- 몸짓의 제한적인 사용
- 조악하고 서툰 신체언어
- 제한적인 얼굴 표정
- 부적절한 표현
- 특이하고 경직된 응시

같은 해, 피터 스자마리와 캐나다 출신의 동료들도 그들의 진단기준을 내놓았다. 그들의 다섯 가지 기준 중 세 가지는 비정상적인 사회적 행동에 관한 것이다(Szatmari, Brenner and Nagy 1989). 그들은 길버그의 기준에 구체적으로 언급되지 않은 몇 가지 양상을 강조했다. 말하자면 사람들과 어울리지 않고 다른 사람들의 감정을 잘 알아채지 못하는 것, 다른 사람들을 쳐다보지 않는다거나, 눈빛으로 의사를 전달하는 데 무능력하거나 다른 사람들에게 너무 가까이 접근하는 것 등이다. 아스퍼거 증후군을 가진 아이는 개인적인 공간에 대한 개념과 이 공간이 침범당했을 때 사람들이 느끼는 불편함을 제대로 인식하지 못한다. 세계보건기구는 1990년 아스퍼거 증후군 진단기준을 발표했다. 이에 따르면 증후군을 가진 아이들은 사회적 역할놀이를 할 때 관심사와 활동이나 감정 면에서 상호공유가 결핍되어 있고 사회적 맥락에 따른 행동조절이 부족할 수 있다. 그들이 제시한 첫 번째 기준은 사회적 상호작용에 있어 질적인 손상인데 이는 앞서의 기준들에서 언급한 많은 특징들을 포함한 것이다. 그러나 여기서는 아이가 사회적 · 감정적 상호성이 부족할 우려가 있다는 점을 추가했다. 다시 말해 아이가 상호작용을 독점할 수 있다는 것이다. 아스퍼거 증후군과 관련한 사회적 행동의 특이한 양상에 대해 지식을 쌓아가는 과정에서 진단기준은 더욱 정확해질 것이다. 이 단계에서는 지식의 대부분이 엄격한 과학적 연구보다는 임상적 느낌들에 기초하고 있다. 그렇지만 다음의 단락들은 관찰에 근거해 사회적 맥락에서 아이가 다른 아이와 어떻게 다른지에 대해 보다 상세히 설명하고 그러한 차이들을 줄이기 위해서는 무엇을 할 수 있는지 말해줄 것이다.

놀이

한스 아스퍼거는 초기 연구에서 아이가 어떤 모습으로 다른 아이와 어울리지 않는지, 그리고 강제로 집단에 참여시켰을 때 패닉 상태에 빠질 수 있다는 점을 언급하고 있다(Asperger 1991). 아스퍼거 증후군을 지닌 이 어린아이는 사회적 행위에 자신을 조화시켜 또래 아이들과 어울려 놀아야 하는데 그런 욕구도 없어 보이고 방법도 모르는 것 같다. 다음은 영국의 정신과 의사 술라 울프(Sula Wolff)가 인용한 한 아이의 말이다.

> 나는 그냥 친구들과 사귈 수 없다… 나는 차라리 혼자서 내가 모은 동전들을 보는 것을 좋아한다… 나는 집에 햄스터 한 마리를 기르고 있다. 내 친구는 그걸로 충분하다… 나는 혼자 놀 수 있다. 다른 사람은 필요없다. (7쪽)

이 아이들은 이기적이라기보다는 자기 중심적이다. 어떤 아이들은 사회적 놀이의 바깥에 선 관찰자이거나 혹은 자신보다 훨씬 나이가 어리거나 많은 이들과 지내기를 더 좋아한다. 함께하는 놀이에 참여할 때는, 그 놀이를 마음대로 하려 하거나 자기 의견을 강요하는 경향이 있다. 그들이 제시한 놀이를 그들의 규칙에 따라 할 때까지만 다른 아이들과의 어울림이 유지된다. 때로는 사회적 놀이 능력이 부족해서가 아니라, 놀이를 완전히 마음대로 하려는 욕구 때문에 사회적 상호작용이 이뤄지지 않는다. 도나 윌리엄스(Donna Williams 1992)가 들려주는 자신의 어린 시절 경험을 봐도 그렇다.

> 케이는 이웃에 살고 있었다. 그 애는 아마 우리 또래에서 가장 인기 있는 아이였을 것이다. 케이는 친구들을 줄 세운 뒤 말하곤 했다. "너는 내 첫 번째 친구야. 너는 내 두 번째…" 나는 22번째였다. 꼴찌는 조용한 유고슬라비아 출신 여자아이였다. 나는 예쁘고 명랑하고 가끔은 재미있는 아이였지만, 아이들과 어떻게 놀아야 하는지 몰랐다. 나는 기껏해야 아주 간단한 놀이나 모험을 생각해낼 줄 알았고, 가끔씩만 그것도 다른 아이들이 내가 제시한 조건들을 완전히 받아들일 때만 다른 아이들을 내 놀이에 끼워주었다. (24쪽)

다른 아이들을 참여시킨다는 것은 놀이의 원형과 응용 혹은 결론을 다른 것으로 바꾸는 위험을 감수하는 것이며, 그것은 다른 생각들을 공유하고 수용해야 한다는 의미다. 아이는 다른 아이들이 원하는 놀이에 흥미가 없고 자신들이 하는 것을 좀체 설명하려고 하지 않는다. 아이는 마치 하나의 거품 방울 속에서 노는 것처럼 보이며 다른 아이들이 자신의 놀이를 침범하는 것에 화를 낼지 모른다. 아이가 자신만의 놀이를 할 때 다른 아이들이 호기심을 보이며 참여하기를 원하면, 아이는 혼자만의 상황을 고수하기 위해 갑자기 놀이를 그만두거나 심지어 공격적인 태도를 보이곤 한다.

학교 점심시간에 아이는 운동장 외진 구석에서 발견되곤 한다. 가끔 혼잣말을 하는 것이 목격되기도 하고 도서관에서 자신만의 특별한 관심거리를 찾아 읽고 있는 모습이 눈에 띄기도 한다. 한 아이에게 "왜 운동장에서 다른 아이들과 말을 나누지 않니?" 하고 물었더니 "괜찮아요. 그럴 필요가 없어요."라는 대답이 돌아왔다. 이런 아이는 다른 아이들에 비해 훨씬 흥미롭고 아는 게 많고 보다 관용적이며 자신들의 부족한 사회의식을 수용하는 어른들과 상호작용하는 것을 훨씬 더 좋아하는 경향이 있다.

이런 아이는 스스로를 특별한 집단의 구성원으로 보지 않기 때문에 교실이나 운동장에서 다른 아이들의 관심거리를 따라 하기보다는 자신만의 관심거리를 추구한다. 이들은 보통 경쟁적인 운동경기나 집단놀이에 무관심하다. 예를 들어 크리켓과 야구의 중간쯤 되는 라운더스 경기를 할 때 팀의 한 선수가 달리는 동안, 다른 아이들은 모두 그 아이를 응원하면서 환호하고 펄쩍펄쩍 뛴다. 하지만 아스퍼거 증후군을 가진 아이는 다른 팀원들처럼 공을 치거나 굴릴 수 있더라도 나비 한 마리에 정신이 팔려 그냥 움직이지 않고 가만히 있는다. 그는 팀의 승리에는 아무런 관심이 없다. 사춘기에 접어든 한 아이는 팀 경기를 할 때 상대편이 못한다는 사실이 어떻게 그리고 왜 만족감을 주는지 납득할 수 없었으며 이런 이유 때문에 승리의 기분을 이해하기 몹시 힘들었다고 말했다.

아이는 또래들 사이에 유행하는 장난감이나 옷 같은 것을 가지는 데 무관심한 경향이 있다. 파티에 초대받는 경우가 드물고 진정한 친구도 거의 없다. 상대적으로 어린아이들은 이런 고립에 개의치 않고 혼자 놀거나 형제자매들과 노는 것에 만족한다. 그러나 이보다 나이가 많은 아이들은 자신의 고립을 감지하고, 시간이 지날수록 진심으로 친구들을 사귀고 싶어한다. 그렇지만 그들의 사회적 놀이 능력이 미숙하고 경직됐다는 것이 명백히 드러나 다른 아이들에게 따돌림 당한다. 이때가 아마 아이 부모들에게 가장 서글픈 순간일 것이다.

행동규범

아스퍼거 증후군을 지닌 아이는 사회적 행동의 불문율을 알지 못하는 것처럼 보이고 별 의도 없이 다른 사람의 기분을 상하게 하거나 화나게 하는 행동이나 말을 한다. 진심에서 나온 것이지만 상대를 당황하게 만들 수 있는 이야기도 한다. 예를 들어 아스퍼거 증후군을 가진 한 10대는 다른 사람과 대화 도중 갑자기 말을 멈춘 뒤 상대방의 버드렁니에 대해 큰 소리로 지적한다. 아마 대화의 흐름을 부드럽게 하는 지적은 아닐 것이다. 컴퓨터에 푹 빠진 또 다른 아이는 이웃집에서 새 컴퓨터를 구입했다는 사실을 부모의 대화를 엿들어 알게 되었다. 아이는 즉시 이웃집에 들어가 그 새 컴퓨터를 사용하기 시작했다. 문제는 이때가 밤 11시이고, 이웃집 사람들이 잠자리에 들었다는 사실이다. 아이는 왜 이웃집 사람들이 처음에는 도둑이 들었을 것이라고 걱정했는지, 그다음에는 자신이 그들의 허락을 받지 않았다는 점에 대해 도대체 왜 화를 내는지 몰라 몹시 당황해했다.

학교에서는 일단 행동규범에 대해 설명을 들은 다음에는 종종 그것들을 곧이곧대로 받아들인다. 교실의 경찰관이라도 된듯이 행동하거나 어떤 잘못에 대해 솔직히 인정해버림으로써 동급생들간의 '공범의식' 같은 행동규범을 깨버린다. 예를 들어 학급에서 교사가 다른 곳에 주의를 기울이는 동안 한 아이가 다른 아이들을 즐겁게 하기 위해 일부러 나쁜 짓을 하는 경우가 있다. 교사가 누군가 방금 교칙을 위반했다는 것을 알아채고는 누가 그랬는지 묻는다. 한 아스퍼거 증후군 아이가 오랫동안의 침묵을 깨뜨린다. 누가 잘못했는지에 관해 선생님에게 도움을 주려는 의도인데, 자신이 침묵의 카르텔을 깼기 때문에 다른 아이들이 노려본다는 사실은 알아채지 못한다. 다른 아이들은 규범을 깨거나 어기기로 의기투합했지만 아스퍼거 증후군을 가진 아이는 그것을 지키는 데 전념한 것이다.

때로 아스퍼거 증후군 환자는 무례한 것처럼 비춰질 우려가 있다. 한 남자아이가 다른 사람들과 말하고 있는 어머니의 관심을 끌기 위해, 큰 소리로 "야, 여기 봐!"라고 말한다. 이는 분명 아이가 어머니의 관심을 끌 수 있는 보다 적절한 수단을 모른다는 의미다. 충동적인 데다 결과를 인식하지 못하는 아이는 머릿속에 떠오른 첫 번째 말을 내뱉는 것이다. 잘 모르는 사람은 아이가 무례하고 경솔하며 버릇없다고 여길 수 있으며, 평범하지 않은 이러한 사회적 행동은 부모가 자녀교육을 제대로 시키지 못해 생겨난 결과라고 오인해 아이의 부모를 주눅들게 만드는 눈빛으로 쳐다볼지 모른다. 그러면서 "내가 저 애를 2주만 데리고 있으면 전혀 다른 아이가 될 텐데."라고 말할지 모른다. 부모가 아닌 사람들은 아이가 무례하지 않으며, 다만 다른 사람에게 미치는 영향을 생각지 못하거나 혹은 적절한 대안을 모른다는 사실을 이해해야 한다.

자폐증 아동 및 청소년, 성인 컨설턴트이자 20년 넘게 학생들을 교육해온 캐롤 그레이(Carol Gray)가 개발한 '사회적 이야기(Social Stories, 이야기 형식을 통해 무엇이 적합한 사회적 행동인지를 보여주는 기법—옮긴이)' 기법은 이런 아이들로 하여금 특정 상황에 적합한 행동과 신호를 이해하도록 하는 데 아주 효과적임이 입증되었다. 이것은 또한 다른 사람으로 하여금 아이를 이해하게 하고, 그들의 사회적 행동이 왜 융통성이 없고 괴상하거나 순종하지 않는 것처럼 보이는지 이해하도록 도와준다. 문제는 특정 상황에서 아이의 행동이 예상된 행동규범을 따르지 못할 때 발생한다. 여기서 기법은 특정 상황과 여기에 적절한 행동과 의사표현들은 무엇인지, 간단한 이야기를 통해 알려주는 것을 말한다. 예컨대 아이가 학교 점심시간에 줄을 흐트러려서 담당 교사에게 그 사실이 통보되는 경우가 있다. 처음에는 아이가 무책임하고, 공격적이거나 혹은 무례하기 때문에 이런 일이 일어났다고 설명할 수 있다. 다른 아이들에게는 이 설명이 적절할지 모른다. 하지만 아스퍼거 증후군을 가진 아이의 눈으로 상황을 바라보라는 캐롤 그레이 기법의 첫 번째 단계를 적용하면 이야기가 달라진다. 그 사건에 대해 아이와 대화를 나눠보면 아이가 점심시간에 왜 줄을 서야 하는지 몰라 혼란스러워했다는 사실을 알게 된다. 왜 줄을 서야 하는지, 어느 지점에 들어가야 하는지, 기다리는 동안에는 어떻게 행동해야 하는지 몰랐다는 말이다. 다른 아이들이라면 줄을 서는 상황을 당연하게 받아들이겠지만 아스퍼거 증후군을 지닌 아이들도 그럴 것이라고 미리 짐작해서는 안 된다. 이 아이들에게는 사람들이 '상식'이라고 부르는 어떤 것이 때로는 부족하기 때문이다. 그렇지만 누군가 이유를 설명해준다면 이들도 어떻게 행동해야 하는지 배울 수 있다.

적합한 사회적 신호들, 기대되는 행동들 그리고 무슨 일이 일어나고, 왜 그런 일이 일어나는지에 대한 정보를 담은 짤막한 이야기를 만들어 특정 상황을 설명할 수 있다. 이 기법을 적용하는 데 많은 경험을 쌓은 캐롤이 제시한 구체적 지침들에 따라 이야기를 만들어보자. 여기에는 다음과 같은 네 가지 문장의 비율이 있다.

- 기술(Description): 상황이 어디서 발생했는지, 누가 관련되었는지, 무엇을 하고 왜 하는지에 대한 객관적인 규정.
- 투시(Perspective): 주어진 상황에서 다른 사람들이 느끼는 감정과 반응에 대한 기술. 필요한 경우 그에 대한 설명.
- 지시(Directive): 아이에게 기대되는 행동과 말에 관한 진술.
- 통제(Control): 무엇을 할지, 상황을 어떻게 이해할지 기억하는 데 도움을 주는 전략 개발. 이는 종종 아이가 직접 제안하거나 기록하며 아이의 특별한 관심사와 통합될 수 있다.

지시 문장은 너무 많지 않도록 그리고 기술 문장과 투시 문장은 너무 적지 않도록 주의하면서 네 가지 문장 사이에 균형을 맞추어야 한다. 캐롤은 기술 문장과 투시 문장 2~5개에 지시 문장과 통제 문장 0~1개 비율로 사용할 것을 권했다. 그렇게 하지 않으면 이야기는 시기나 이유에 대한 설명이 빠진 지시 목록이 된다. 어휘는 아이의 연령, 독해력 그리고 관심 범주에 적합한 수준이어야 한다. 어릴 적에 발생한 사건에 대해 기술하더라도 보통은 현재 시제와 1인칭으로 기록한다. 이러한 방식은 이야기의 내용을 개인화시키고 시제 인식이나 구문론(time perception and syntax)과 관련된 문제를 방지한다.

먼저, 아이가 게임 규칙을 배우는 데 집중하도록 아이가 이미 성공을 거둔 상황을 가정해 이야기를 풀어간다. 미취학 아이를 위한 이야기는 단어는 큼지막한 걸로 아주 조금만 넣고 주로 사진과 그림으로 채운다. 글을 읽지 못하는 아이들은 녹음테이프를 통해 이야기를 듣도록 한다. 좀 더 큰 아이들의 부모나 교사들은 기자나 뉴스 앵커처럼 신문이나 잡지의 도표, 기사들을 활용해 이야기를 준비한다. 이를테면 친구들과의 행동규범 혹은 부모와 함께 물건을 살 때 우연히 만난 친구들에 대한 대응방식과 그들과 나눌 대화를 소재로 한 기사를 작성하는 식이다.

아래의 글은 위에서 언급한 상황과 관련된 사회적 이야기의 한 사례인데, 말하자면 점심시간에 줄을 서서 기다리는 동안 일탈 행동을 한 어떤 아이의 보고다.

우리 학교에는 많은 공간들이 있다(기술). 이 중 한 곳은 구내식당이다(기술). 대개 아이들은 구내식당에서 점심을 먹는다(기술). 아이들은 점심식사 종소리를 듣는다(투시). 아이들은 종소리가 식당 문 앞에서 줄을 서라는 뜻이라는 것을 알고 있다(투시). 우리는 오래 기다린 사람이 먼저 식사할 수 있도록 공평하게 줄을 선다(투시). 새로 도착하는 사람은 누구나 맨 뒷줄에 서야 한다(지시). 처음 줄을 설 때 나는 맨 뒷줄에 설 것이다(지시). 아이들은 배가 고프다. 아이들은 식사를 하고 싶어한다(투시). 나는 내 차례가 올 때까지 점심식사 줄에서 조용히 서 있으려고 노력할 것이다(지시). 점심식사 줄은 거북이처럼 아주 느리다(통제). 가끔 거북이처럼 멈췄다가 가기도 한다(통제). 내가 조용히 기다리면 아마 우리 선생님이 좋아하실 것이다(투시).

이 이야기는 특정 아이와 아이의 환경에 맞춰 가공됐다. 이 아이는 파충류에 특별한 관심이 있기 때문에 본문의 핵심 부분이 아이의 관심사와 연계되어 있다. 점심을 먹는 장소에 변화가 올 수 있기 때문에 '대개(usually)'라는 단어는 의도적으로 선택했다. '노력하다(try)'라는 단어도 항상 완벽을 기대할 수는 없다는 점을 부각시키려고 일부러 사용했다. '가끔(sometimes)'이나 '아마도(probably)' 같은 단어도 문자 그대로의 해석을 피하고, 아이로 하여금 일상적인 변화와 기대를 수용하게 할 목적으로 사용했다. 따라서 사회적 이야기 창작은 아이가 생활에서 매우 중요한 행동규범과 그 신호들을 이해하도록 만드는 독창적인 기법이다.

아스퍼거 증후군을 가진 아이는 자연스런 직관보다는 지적인 분석과 교육을 통해 점차적으로 행동규범을 배운다. 이들은 무엇을 해야 할지 열심히 생각해야 한다. 실제로 다른 아이들이라면, 단 1초도 생각하지 않고 반응하는 것에 대해, 어떤 아이들은 무엇을 해야 하고 무슨 말을 해야 하는지 생각하느라 시간을 소비한다. 아스퍼거 증후군을 지닌 아이에게 생각은 정말 필요하다. 다음 단락에서는 손상된 다른 사회적 행동들을 습득하는 데 도움이 되는 몇 가지 전략들을 다루게 된다.

행동 개선을 위한 가정의 역할

첫 번째 단계는 또래 아이들의 사회적 역할놀이와 행동을 관찰한 뒤 같은 놀이를 하면서 놀아주는 것이다. 만일 남자아이들 사이에서 가장 인기 있는 놀이가 공과 장난감 자동차를 가지고 노는 것이라면, 공을 던지고 다루는 기술을 가르치고, 함께 장난감 자동차를 가지고 가상놀이를 하는 식이다. 이렇게 하면 같은 놀이를 하는 데 도움이 될 뿐 아니라 놀이를 할 때 무슨 말을 하고 어떻게 행동하는지, 어떤 식으로 다른 아이를 끼워주는지 예행연습을 하는 효과도 있다. 때로는 가장 기본적인 규칙들조차 아이에게 설명해주어야 하는데, 예를 들면 상대편이 달라고 하더라도 같은 편 아이에게만 공을 던져야 한 다는 규칙 같은 것들이다. 이처럼 아이들은 기본적이면서도 구체적인 놀이기술을 배울 필요가 있다. 그렇지만 보통 아이들에게는 아스퍼거 증후군을 가진 아이와 어울려 놀아줄 만한 인내심이 거의 없기 때문에, 아이의 부모가 또래 아이들을 대신해서 좋은 놀이 친구가 되는 것이 중요하다. 이것은 어른들에게 어린 시절로 되돌아갈 수 있는 합법적인 기회다. 그러니 모험이 가득 찬 운동장에서 아이와 함께 뛰어놀고, 기찻길을 만들고, 진흙 파이를 만들고 잡기놀이를 하라. 다만 아이와 놀아줄 때는 인내심과 이해심을 가져야 한다. 또 아이로 하여금 무엇을 해야 하는지 배울 수 있도록 용기를 북돋아줘야 한다는 점을 기억하라. 다음은 아이가 다른 아이들과 놀 때 관찰하고, 아이가 배워야 할 특정한 기능들을 기록하거나 점검하면 좋을 항목이다.

어떻게 놀이를 시작하고 유지하고 끝낼 것인가

아이는 "같이 해도 되니?" "다음에 어떻게 하는 거니?" "도와줄 래?" "지금은 혼자 놀고 싶어." 같은 말들을 배워야 한다. 그렇지 않으면 아이는 "너는 내가 말한 대로 안 하잖아. 너하고 놀고 싶지 않아." 같은 노골적인 말들이 친구를 사귀는 데 도움이 되지 못한다는 사실을 인식하지 못한 채 그런 말들을 할 것이다.

융통성, 협력 그리고 함께하기

아스퍼거 증후군 아이는 놀이를 지배하고 싶어하며, 다른 아이들의 참여를 허용하지 않으려는 경향이 있다. 다른 사람의 아이디어와 도구를 받아들이고 그 덕분에 시간이 절약되고 더 나은 결과를 만든다면, 이것이 잘못된 게 아니라는 사실을 알려주는 게 중요하다.

어떻게 사회적 역할놀이를 피할 것인가

아이가 혼자 놀고 싶어하는 경우 사회적으로 허용되는 말과 행동을 가르칠 필요가 있다. 아이를 관찰해보면 아이가 고독을 즐기기 위해 공격적이라는 딱지가 붙을 것을 감수하고 그 같은 행동을 했다는 사실을 알게 된다. 아이가 무언가를 손에 넣거나 지배하기 위해 공격적인 것은 아니므로, 적절한 어법을 익힌 다음 다른 아이들에게도 아이가 하는 요구를 받아들이라고 말해주어야 한다.

무엇을 했어야 옳은지 설명하라

사회적 행동을 할 때 발생하는 실수들은 몇 가지 요인에서 비롯된다. 특히 다른 사람의 감정에 미치는 결과를 이해하지 못하고, 자신들이 어떻게 해야 하는지 혹은 보다 적절하거나 훌륭한 대안은 없었는지 몰랐던 데서 실수가 나온다. 그런 행동이 악의적인 의도에서 시작하는 경우는 드물다. 아이가 해야 할 일에 대해 그리고 아이의 말과 행동이 다른 사람에게 어떤 영향을 주는지에 대해 항상 가르치고 물어보아야 한다.

친구를 집으로 초대하라

장래에 친구가 될 수 있는 아이들을 초대하라. 아이의 부족한 놀이능력이 미치는 파장을 최소화하려면 소풍을 준비하고 어른들의 방식으로 놀아야 한다. 초대한 아이가 즐거운 시간을 보냈다면 그 아이는 다시 놀러오라는 초대를 받아들일 것이다.

모임에 아이를 가입시켜라

사회적 역할놀이를 할 가장 좋은 기회는 학교가 제공할지 모르지만, 사회 경험들은 보이스카우트 같은 모임에 들어감으로써 더 많이 얻을 수 있다. 이러한 모임은 보통 통제되고 조직적이라는 이점이 있다. 부모는 모임의 책임자에게 아이의 문제와 자신이 알고 있는 '아이를 성공적으로 다루는 전략' 등에 대해 설명하는 것이 바람직하다.

행동 개선을 위한 학교의 역할

학교는 아스퍼거 증후군을 지닌 아이에게 어디까지가 허용되는 수준의 사회적 행동인지에 대해 가르쳐준다. 다음은 몇 가지 방법들이다.

무엇을 할지 말해주는 지표로 다른 아이들을 이용하라

아이는 교실에서 통용되는 행동규범을 모르기 때문에 혼란을 일으키거나 방해하는 존재가 될 수 있다. 아이가 가벼운 실수를 저질렀을 때는 우선 다른 아이들이 어떻게 하고 있는지, 예를 들어 가만히 앉아 있거나, 조용히 공부하거나 지시된 줄에서 기다리는 모습을 보도록 해야 한다. 만일 다른 아이들이 잘하고 있다면, 아이로 하여금 다른 아이들을 주의 깊게 관찰하고, 그 아이들이 하는 대로 따라 해야 한다는 것을 주지시켜라.

협동하는 게임들을 장려하라

학급에는 소집단이 한 팀이 되어 참여하는 일련의 활동들이 있다. 다른 아이들에게 공정한 기회를 주고 그들의 의견을 반영하기 위해서는 아스퍼거 증후군을 지닌 아이로 하여금 순서를 지키도록 지시하고 이를 감독할 필요가 있다. 경쟁적인 게임을 할 때 항상 자기가 최고가 되려는 아이의 성향 때문에 문제가 발생할 수 있다. 이것은 우월한 존재가 되려는 욕구에서 나온 것이 아니라, 게임 참여자들의 순서에서 일관성을 확보하려는 욕구, 자기의 위치를 알고 싶어하는 욕구 그리고 성공을 통해 얻는 자기만족을 얻으려는 욕구에서 비롯된 것이다.

아이와 어떻게 사회적 관계를 가져야 하는지 직접 보여주어라

학급의 다른 아이들은 종종 아이의 이상한 행동에 대해 어떻게 반응해야 할지 어리둥절해한다. 아이들의 첫 번째 모델은 교사다. 교사의 접근법이 교실의 다른 아이들에게 확대 적용될 수 있다는 점에서 교사는 관용, 사회적 적응력에 대한 지침, 그리고 용기를 보여주어야 한다. 또한 급우들이 아이를 돕는 경우에는 격려하고 칭찬해야 한다.

도움을 구하는 다른 방법들을 설명하라

아이가 교사를 지식과 도움을 얻을 수 있는 유일한 원천으로 생각하는 경우도 있다. 문제가 발생했을 때 항상 교사에게 찾아가는 것보다는 다른 아이들에게 부탁하고 도움을 얻을 수 있다는 사실을 설명하는 것이 중요하다.

우정의 싹을 틔우도록 격려하라

학급의 아이들은 모두 나름의 개성이 있기 때문에 아스퍼거 증후군을 지닌 아이가 이런 아이들과 사귀는 방법을 익히기까지는 상당한 시간이 필요하다. 우선 열심히 아이를 도와주고 함께 놀아주는 소수의 아이들과 일체감을 갖고 교류하도록 하는 것이 바람직하다. 이 단계에서 친구의 성별은 중요하지 않다. 만일 조만간에 우정을 맺을 수 있는 친구들이 확보된다면, 운동장과 교실 등에서 가능한 한 자주 접촉하게 한다. 이들은 아이가 놀림받을 때나 학급의 다른 아이들에게 괴롭힘을 당할 때 지킴이가 될 수 있다. 그들은 자기네들 놀이에 아이를 끼워주려고 하고 교실에서는 아이를 대변해준다. 또 교사가 자리에 없을 때 아이에게 무슨 말을 하고 어떻게 행동해야 하는지 가르쳐주거나 기억시켜주기도 한다. 어떤 아이들은 놀라울 정도로 너그러우며 예상외로 큰 도움이 된다.

운동장에서 쉴 때 주의를 기울여라

대부분 평범한 아이들에게 운동장에서 노는 자유시간은 학교생활 중 가장 즐거운 시간이다. 하지만 아스퍼거 증후군을 가진 아이들은 종종 상대적으로 자유롭고 감독이 없으며 북적대고 시끄러운 환경을 불편해한다. 아이들은 이런 순간 가장 무력하며 취약하다. 운동장을 담당하는 감독자는 아이가 처한 어려움을 이해해야 하며 자유시

간에 참여하도록 격려하거나 아니면 혼자 있을 수 있도록 배려해야
한다. 아이는 또한 통학시간에 다른 아이들로부터 상처받을 우려가
있으므로 이러한 시간에도 관리가 필요하다.

아이에게 두 가지 성격이 있음을 인식하라

아이는 학교 행동규범을 준수해야 하고 다른 아이들처럼 행동하
며 남의 이목을 끌지 않도록 해야 한다는 사실을 아주 자주 의식한
다. 스스로를 통제하고 규율에 순응하려는 이러한 압력은 엄청난 긴
장으로 이어질 수 있다. 이런 긴장은 마치 위에서 눌린 용수철처럼
집으로 돌아온 뒤 발산된다. 이로 인해 거의 지킬과 하이드에 맞먹는
전혀 다른 성격의 아이가 나오는 것이다. 이것은 아스퍼거 증후군을
가진 일부 아이들의 특징일 뿐, 부모가 아이를 다룰 수 없게 됐다는
징후를 의미하지는 않는다. 교사가 귀가 전 아이에게 약간의 휴식시
간을 할애하거나 혼자 있는 시간을 준다면 도움이 된다. 부모도 학교
에서 쌓인 긴장을 풀 수 있도록 아이에게 기분전환이나 활달한 활동
을 위한 시간을 허용하는 방법을 고려할 만하다.

교사의 도움이 반드시 필요함을 인식하라

이 책에서 소개한 많은 기능들이 교과과정의 일부로 다뤄지는 예
는 극히 드물다. 따라서 아스퍼거 증후군 아이의 사회적 행동을 개선
하기 위해서는 반드시 개별적인 소집단 수업을 활성화하는 교사의
도움이 필요하다. 아이에 따라 요구되는 시간은 다르지만, 교사는 아

스퍼거 증후군의 본질과 치료 프로그램에 대한 지침을 알고 있어야 한다. 만일 교사의 도움을 받을 재정적 여건이 충분치 않다면, 봉사 활동을 하는 고학년 아이에게 '도우미(Buddy)' 역할을 부탁하는 방법 도 있다.

사회적 적응력을 기르는 모임

아스퍼거 증후군을 지닌 사춘기 아이들을 위한 사회적응모임의 몇몇 성공사례가 연구 보고서를 통해 발표되고 있다(Marriage, Gordon and Brand 1995; Mesibov 1984; Ozonoff and Miller 1995; Williams 1989). 이 모임들을 통해 세련된 사회 적응력을 배우고 연습할 기회를 얻을 수 있다. 연설·연극으로 구성된 고등학교 수업이나 아스퍼거 증후 군 전문가에 의해 운영되는 교육과정 등이다. 이 모임에는 다른 학 교에 다니는 아스퍼거 증후군을 가진 사춘기 아이들을 참여시킬 수 있으며, 보통 아이들 몇 명을 포함시켜 도움을 받기도 한다. 개별 지 도가 가능하고 혼란을 최소화하도록 모임의 참여 인원수는 소수여 야 한다. 모임에 앞서, 구성원들, 그들의 교사와 가족들은 사회적 적 응력이 상대적으로 좋았던 도움이 될 만한 상황들을 사례로 제시한 다. 이런 식으로 각 참가자의 강점과 약점을 알려주는 인물 소개서가 준비된다. 그런 상황들을 어느 정도 자세히 검토하는 것 또한 중요하 다. 특정 사건, 신호들, 동기들 그리고 의견들에 대한 당사자의 인식 과 이해에 대해 판단하기 위해서다. 우리는 아스퍼거 증후군을 지닌 사람들이 사회적 맥락에서 다른 사람들의 생각과 감정을 완벽하게 이해하지 못한다는 사실을 알고 있지만, 우리도 같은 정도로 이들의 생각과 감정을 완전히 이해하지는 못할지 모른다. 다음은 이러한 모임의 활동에 대한 제안이다.

· 아스퍼거 증후군을 가진 사람이 달리 어떻게 말해야 하거나 행동해야 할지 몰랐거나 혹은 신호를 잘못 이해했던 실제 생활을 재현해보도록 하라. 그다음엔 참가자들이 대안으로 내놓은 더 적절한 선택을 따라 하도록 하라.

· 부적절한 사회적 행동을 시연한 뒤 잘못된 점을 지적해보라고 주문하라. 모임을 이끄는 사람은 사회적 적응력이 극도로 떨어지는 누군가의 역을 맡아 하고 참가자들은 잘못된 점을 지적한다. 이를 통해 점차 잘못된 점이 줄어든다.

· '미스터 빈의 브리타스 제국(Mr Bean, The Brittas Empire, 영국 배우 로완 앳킨슨이 주인공 빈으로 연기하는 영국 코미디―옮긴이)' 편과 같이 훌륭한 비디오를 활용할 수도 있다. 또한 적절한 사회성을 갖추려면 어떻게 해야 하는지를 가르치기에 앞서 하지 말아야 할 것을 연기하는 것도 참가자에게는 아주 즐거운 경험이된다.

· 마거릿 듀이(1991) 그리고 하딘 엘리스와 그의 동료들(1994)은 아스퍼거 증후군을 지닌 사춘기 아이들을 위한 비공식적인 추론시험을 개발했다. 아스퍼거 증후군을 지닌 사람들과 관련된 훌륭한 자료이다. 아래에 두 가지 사례를 제시한다.

스물세 살인 찰리는 몇 달 동안이나 일을 하지 못하고 지낸 적이 있었다. 최근 그는 자기한테 딱 맞아 보이는 일자리에 지원하려던 참이어서 희망에 부풀어 있었다. 그가 면접을 치르기 위해 엘리베이터에 탔을 때, 한 낯선 사람이 "좋은 날이죠?" 하고 상냥하게 말을 건넸다. 바로 그때 찰리는 우연히 엘리베이터 버튼 옆 거울에 비친 자신의 모습을 보았다. 머리가 이상한 모양으로 위로 삐죽 솟아 있었지만 마침 빗이 없었다. 그는 친밀감이 있어 보이는 그 낯선 사람을 향해 돌아서서는 "빗 가지고 있으세요? 잠깐만 빌려 쓸 수 있을까요? 부탁해요."라고 말했다.

이 말이 상황에 적절할까? 그 낯선 사람은 어떻게 받아들였을까?

키스는 한 사무실에서 일하는 스물다섯 살의 사무원이었다. 그는 점심시간이면 도시락을 들고 작은 공원으로 가서 햇볕이 잘 드는 벤치에 앉아 점심을 먹었다. 가끔 그는 샌드위치를 잘게 잘라, 비둘기들이 먹을 수 있도록 뿌려주곤 했다. 어느 날 그가 제일 좋아하는 벤치에 도착하니 유모차 하나가 벤치 옆에 세워져 있었다. 키스는 한 젊은 엄마가 근처에 있는 그네에 아이를 태워 밀어주는 것을 보았다. 유모차의 아기가 울기 시작했지만 아기 엄마는 삐걱대는 그네소리 때문에 아기의 울음소리를 듣지 못했다. 키스는 젖먹이 조카가 크게 울 때는 종종 기저귀 핀이 빠졌다는 뜻이라는 것을 알고 있었다. 그래서 그는 아이 엄마를 귀찮게 하는 대신 아기 기저귀 핀이 열려 있는지 알아보려고 재빨리 손으로 아기 옷을 더듬어 보았다.

그가 아이 옷을 살펴봤어야 했을까? 그리고 아이 엄마가 키스를 보았을 때 무슨 생각을 떠올렸을까? 그는 다르게 행동할 수 없었을까?

· 사회적 추론기능은 미국 TV 코미디 프로그램 〈태양에서 세 번째 바위(Third Rock from the Sun, 즉 지구—옮긴이)〉의 장면들을 예로 들며 설명할 수 있다. 이 프로그램에는 인간의 형상을 한 외계인들이 나온다. 이들이 진짜 사람들처럼 생활하려고 애쓰는 순간 우스운 장면이 연출된다. 이들이 벌이는 소동과 실수들은 아스퍼거 증후군을 지닌 사춘기 아이들의 경험과 어느 정도 유사하다.

· 아스퍼거 증후군을 가진 사람들이 쓴 시와 자서전들은 이 증후군을 지닌 다른 사람들이 똑같은 상황을 어떤 식으로 경험하고 느꼈는지 알려준다. 시와 자서전은 그들과 감정을 교류할 수 있

는 좋은 기회를 제공한다. 여기에 있는 일단의 자서전들은 프란
체스카 하페가 검토한 것들이다(1991). 모임에서도 자신에 관한
시나 작문을 쓸 수 있다. 다음은 한 사회적응모임에서 발췌한
사례들이다.

한 발은 안에 그리고 한 발은 밖에
그게 바로 아스퍼거 사람들.
왜 하필 나일까 하고 때론 생각해.
어떤 때는 이게 최선이라고 생각하기도 해.
나머지 사람들과 조금 다른 게
최고가 아닌 차선이라고 생각했지.
아무도 완전히 이해하진 못해
너무나 부족한 게 많아 힘겨운 삶.
난 다른 아이들과 같아 보이지.
하지만 작은 차이들이 날 거칠게 해.
(바네사 로열)

그 모임을 주도하는 이들은 아스퍼거 증후군을 가진 사람들에게
서 다음에 이어지는 시와 같은 사례를 수집할 수 있었다.

사람들은 도처에서,
떠들고, 눈부신 색깔 옷을 입네.

떠드는 소리는 말발굽처럼 귓전을 두드리고

눈부신 색깔 옷은 눈을 어지럽혀,

떠드는 소리는 내 귀를 아프게 하고,

밝은 옷은 눈을 아프게 해.

아, 왜 사람들은 침묵하고 밋밋한 색깔의 옷은 입지 못하는 걸까.

(다이앤 미어 1994)

인간은 가장 비합리적 종족

그들이 하는 말은

그들이 하는 행동은

그 어떤 것도 무의미해.

아, 왜 인간은 합리적인 존재가 되지 못하는 걸까?

(다이앤 미어 1994)

보통 다뤄지는 주제는 아래의 짐이 쓴 시에 묘사된 다리 놓기이다.

다리 하나를 만들었지

있지도 않은 장소 밖에, 있지도 않는 공간을 가로질러

그리고 그 건너편에 무언가가 있기는 한 걸까

하고 궁금해했어.

다리 하나를 만들었지

안개 너머, 어둠을 가로질러

그리고 그 건너편에 빛이 있었으면

하고 꿈꿨어.

다리 하나를 만들었지

절망을 넘어, 망각을 가로질러

그리고 그 건너편에 희망이 있음을

알게 되었어.

다리 하나를 만들었지

지옥을 건너, 혼돈을 가로질러

그리고 그 건너편에 힘이 있음을

믿게 되었어.

다리 하나를 만들었지

지옥을 건너, 공포를 가로질러

그것은 좋은 다리, 강한 다리,

아름다운 다리였어.

내 혼자 힘으로 만든 다리였어

내 손만이 연장이었고, 내 고집만이

받침대였고,

내 신념만이 밧줄이었고, 내 피만이 쇠못이었어.

다리 하나를 만들었지, 그리고 그 다리를 건넜지,

하지만 그 건너편에는 나를 맞이해줄 사람이

아무도 없었네.

(세사로니 그리고 가버 1991)

· 가끔 아스퍼거 증후군을 가진 사람에게 그들이 사회적으로 경쟁력이 없다고 느끼는 상황이 꼭 그들의 잘못 때문만은 아니라는 점을 설명할 필요가 있다. 다음은 한 사회적응모임에 등록한 참가자의 일기에서 발췌한 사례이다.

오늘밤은 사회적응모임의 밤이다. 우리는 사람들의 보디랭귀지를 읽는 방법에 대해 아주 유익한 대화를 나누었다. 만일 누군가 스트레스를 받았다면 그런 사실은 알지만 왜 그가 스트레스를 받았는지는 모르는 것처럼, 사람들이 무슨 생각을 하는지 알지 못한 채 그들의 생각을 알아채기는 쉽지 않다. 바로 내가 그런 사람이라고 생각한다.

· 각각의 몸짓을 어떻게 해석해야 하는지, 보디랭귀지에 대해 가르쳐라. 몸짓을 보고 무슨 뜻인지 알아 맞추는 게임 등이 도움이 된다.

· 앞으로 예상되는 상황에 맞춰 무엇을 할지 예습하라. 예를 들어 놀림받을 때나 괴롭힘을 당할 때 혹은 다른 사람에게 데이트를 신청하거나 춤을 추자고 부탁하고 싶을 때 어떻게 할 것인지 미리 연습하자.

· 비디오 카메라나 녹음기는 참가자들로 하여금 자신의 행동을

돌아보는 데 도움이 된다. 평가는 주로 긍정적으로 하는 게 효과적이다. 시연과 평가는 TV게임이나 장기자랑의 형식을 빌려도 무방하지만, 참가자들이 이 장치들의 기술적 측면에 정신이 팔리지 않도록 특히 주의해야 한다.

· 일단 참가자들이 모임 내에서 능숙하게 시연할 만큼 기능들을 익힌다고 해도, 이를 실제 행동으로 옮기거나 응용하는 데 문제가 있을 수 있다. 다시 말해 무엇을 해야 할지 알지만 이를 처음 행동으로 옮기지 못하거나, 습득한 기능을 다른 상황들 속에서도 똑같이 적용할 수 있다는 사실을 알아차리지 못한다는 뜻이다. 모임과 모임 사이에 응용 연습을 하고 점검을 통해 문제점을 찾아내는 게 중요하다. 부모와 교사들이 달라진 상황에 대처할 수 있도록 아이가 어떤 기능을 새로 습득했는지 알려주어야 한다. 모임에 평범한 아이를 참가시키는 이점 중 하나는 이들이 부모나 교사가 없는 일상적인 상황에서 모임의 구성원들을 도와주고 자극할 수 있다는 점이다.

· 아스퍼거 증후군을 지닌 아이가 상대적으로 소질이 있는 놀이나 이야기를 준비하라. 아이를 영웅으로 만들어라. 아이가 관심을 갖는 사안에 대한 백과사전식 지식과 정직함, 특정 장면에 대한 기억력, 세밀한 관찰력 등이 이 같은 소질에 해당된다.

· 유명한 과학자나 예술가의 전기에서 그들 또한 모임 참가자들과 같은 개인적 경험이나 특징을 지녔음을 시사하는 내용을 찾아보라. 숙제로 내거나 도서관에서 책을 통해 찾아보게 한다. 아인슈타인이나 모차르트 전기로 시작하는 것도 좋은 방법이다.

· 앤 마르퀴스는 사회 적응력을 키워주기 위해 트리비얼 퍼슈트(주사위를 굴려 말을 움직이고 말판에 적힌 알파벳에 따라 정해진 수수께끼를 푸는 보드게임—옮긴이)'을 활용했다. 다음은 질문의 예이다.

- 다른 사람의 기분을 상하게 말한다는 뜻을 가진 i로 시작하는 말은?
- 다른 사람이 네가 정말 싫어하는 선물을 주었다면 어떻게 해야 할까?
- 네 친구들 모두가 네가 생각하는 것과 다른 계획을 짜고 있다면 어떻게 해야 할까?

물론 답은 나오겠지만 질문 그 자체가 모임의 토론을 활성화할 수도 있다. 이 질문들을 통해 상황에 따라 답이 두 개 이상인 경우가 있다는 점을 강조할 수도 있다. 이 게임이나 이와 유사한 게임을 하는 자세한 방법은 부록에 실려 있다.

· 다른 사람을 당황하게 하거나 기분을 상하게 할 우려가 있기 때문에, 명백한 사실이거나 명백하다고 생각되더라도 말을 해서는 안 되는 상황을 재현해보는 역할놀이를 하라. 아무 말도 하지 않는 게 더 나을 때도 있다.

· 참가자의 삶에서 가장 중요한 사람들에 관해, 그들의 특징뿐 아니라 개성 그리고 그들을 좋아하는 점과 싫어하는 점까지 기술하도록 하라.

· 사회적응모임은 또한 대화기술을 향상시키고 감정을 이해하고 표현하는 활동까지 아우를 수 있다. 이 활동들은 이 책의 다음 장에서 설명할 것이다. 이 모임은 교육적이면서도 즐거운 모임이 될 수 있다. 모임의 지속기간이나 과정은 단계별 능력과 참가자들의 진도에 따라 다르다. 결국 우리는 좀 더 효과적인 활동들을 평가하고 개발할 것이다. 한편 부모들과 교사들 그리고 임상의사는 저마다의 지식과 창조력을 한데 모아야 한다. 아이들 각각의 사회적 행동능력이 적힌 개별 자료에 따라 맞춤형 학습과정을 고안하기 위해서이다.

우정

우정의 개념과 표현에 있어 일련의 발전단계가 있다는 사실이 연구를 통해 확인됐다. 아이가 성장하면서 무엇이 친밀한 행동인지에 대한 생각도 바뀐다. 수 로피와 그의 동료들은 지능발달과 윤리의식 발달, 그리고 사회적 경험 사이의 복잡한 상호작용을 기술했다. 대략 4단계로 설명할 수 있다(Roffey, Tarrant and Majors 1994).

취학 전 아이들은 '다른 사람 옆에서' 노는 것에서 '다른 사람들과 함께' 노는 것으로 점차 변화한다. 아이들은 몇몇 게임과 활동을 할 때는 차례로 하고 맡은 역할에 따라 해야 한다는 것을 배우게 된다. 다투지 않으려면 어떻게 해야 하는지 익히고, 점차 덜 자기중심적이 되고 장난감 따위에 덜 독점적으로 바뀐다. 가장 인기 있는 아이들은 "같이 나가 놀자…." 같은 말을 하며 상황을 적극적으로 주도하고 다른 아이들을 반기며 자신의 놀이에 합류시키는 아이들이다. 다른 아이가 왜 친구인지에 대한 아이들의 설명은 주로 근접성 같은 단순한 기준에 바탕을 둔다. 수 로피는 이러한 발달단계를 보여주기 위해 만 세 살짜리 아이의 다음과 같은 말들을 인용하고 있다.

"줄리오는 왜 네 친구니?"
"왜냐하면 내가 걔를 좋아하니까."
"너는 왜 그 애를 좋아하니?"
"왜냐하면 걔는 내 친구니까."
"다른 이유는 없니?"
"왜냐하면 걔는 옆집에 사니까." (1쪽)

따라서 아스퍼거 증후군 아이에게는 다른 사람을 그 아이들의 활동에 초대하여 함께 지내도록 하고, 무엇을 할지 적극적으로 주도하도록 도와주는 것이 중요하다.

우정의 다음 단계는 만 다섯 살에서 여덟 살 사이에 자연스럽게 형성된다. 아이들은 우정을 지속하기 위해서는 상호작용의 요소가 있음을 이해하기 시작한다. 이 무렵 친구들은 실질적인 욕구를 채워주고 도움을 주는 존재다. 또 다른 사람의 단순한 개성도 중요하게 된다. 친구란 도움이 필요할 때 기대거나 혹은 필요한 것을 빌릴 수 있는 존재다. 또래 사이에 좋은 평판을 얻는 아이들은 친절하거나 칭찬받는 행동을 하는 아이들이다. 수 로피는 만 여섯 살 아이의 다음과 같은 말들을 인용하고 있다.

"마르티나는 왜 네 친구니?"
　"왜냐하면 걔는 내 옆에 앉아 있고 자기 연필을 빌려주니까."
"다른 이유는 없니?"
　"걔가 내 파티에 오고 나는 걔 파티에 가니까." (1쪽)

그리고 다음과 같이 인용하고 있다.

"친구는 나를 행복하게 만들어주는 사람."
"친구는 물건을 함께 나눠 쓰는 사람."

우정의 개념에서 이 발달단계에 있는 아스퍼거 증후군 아이들은 그들의 친구가 될 만한 다른 아이에 대해 칭찬하는 법, 관심과 애정을 표시하는 법을 배워야 한다. 또 학교에서 또래를 가르쳐주는 것과 같은 실질적인 사안과 활동에 있어서 다른 아이를 돕는 법을 배워야 한다.

세 번째는 만 아홉 살에서 열세 살의 사춘기 이전 단계다. 이 나이 무렵에는 동성과 이성 간의 구별이 확실해지고 우정은 동질성, 공통의 문제탐구, 감정적 지지 그리고 다른 이들에게 자신이 어떻게 비칠지에 대한 증대된 인식에 기반을 두게 된다. 친밀감을 공유하지 않는 친구란 있을 수 없다. 예를 들어 만 아홉 살 아이가 다음과 같은 질문을 받았다.

"왜 피터가 네 친구니?"

"왜냐하면 우리는 함께 웃기 때문에."

"다른 이유는 없니?"

"걔는 내가 철자법을 모를 때 도와줘."

친구는 "이야기를 나눌 수 있고 누군가 말할 때 귀를 기울여주는 사람"이다.

친구는 "나에게 친절해야 하고 나를 괴롭히지 말아야 한다." (1쪽)

이 단계의 우정은 공통 관심사에 바탕을 두곤 한다. 따라서 아스퍼거 증후군을 지닌 아이나 사춘기 아이들이 같은 능력과 관심사를 가진 이들을 만나, 다른 사람의 생각과 감정을 이해하고, 다른 사람의 말을 들으며 자신을 공개하는 기회를 갖는 것이 중요하다. 불행히도 그들은 친구들 사이에 새로 끼는 데 어느 정도 어려움을 겪으며 진실한 우정을 잃을 때에는 큰 상처를 입는다. 네 번째 단계는 사춘기에 나타나는데, 이때의 우정은 믿음, 보다 높은 수준의 자기 표현, 그리고 상호 개성에 대한 더 큰 가치 부여 같은 특징을 보인다. 이 단계에서는 두 사람 사이의 우정이 가치관을 함께하는 일단의 모임으로 이동한다. 만 열세 살 아이가 다음과 같은 질문을 받았다.

"왜 앰버가 네 친구니?"
　　"왜냐하면 내 비밀을 말할 만큼 믿을 수 있으니까."
"다른 이유는 없니?"
　　"왜냐하면 우리는 같은 방식으로 생각하니까." (1쪽)

아스퍼거 증후군을 지닌 사춘기 아이들은 지적인 우정을 선호하기 때문에, 자신의 내밀한 모습을 공개하는 데 어려움을 겪기도 한다. 이 아이들에게는 우정에 있어서의 욕구와 요구가 변화한다는 점에 대해 조언해주어야 한다. 또 스스로를 자신의 영웅들이나 잠재적인 친구들이 속한 소규모 모임과 동일시할 필요가 있다. 그들은 단 한 사람의 친구와 상대적으로 더 편안해하고 잘 사귀지만 모임에서는 위축되거나 고독해질 우려가 있다. '둘은 친구지만 셋은 (의미 없는) 집단'이라는 속담이 의미하는 바로 그런 것이다. 그들의 가치체계 역시 다른 사춘기 아이들보다는 어른의 가치체계와 비슷하다. 이 점이 또래들과 우정을 형성하는 데 장애물이 될 수가 있다. 하지만 아스퍼거 증후군을 지닌 사춘기 아이들이 친구를 발견하고 평생 동안 지속될 우정을 유지하는 게 불가능한 일은 아니다. 그들이 필요로 하는 것은 기회와 지원이다.

어린 시절, 아스퍼거 증후군을 지닌 아이는 친구가 없다는 사실에 무관심하거나 우정이 뭐냐고 물으면 미숙한 정의를 내리기도 한다 (Botroff et al. 1995). 아스퍼거 증후군을 지닌 젊은이 중에도 좋은 친구를 이루는 요소가 무엇인지 확신하지 못하는 이들이 있다. 어떤 사람은 '당신을 위해 물건을 들어주는 사람' 혹은 '돈을 빌려주는 사람'이라고 말하는 등 실질적인 도움을 주는 것 이외에 다른 것은 떠올리지 못한다. 아이에게 학교와 집에 친구가 있냐고 물으면 아마 그렇다고 대답할지 모른다. 그렇지만 부모나 교사들과 대화를 나누고, 아이를 관찰해보면 그것은 단지 아이의 희망사항이거나 진정한 친구라기보다는 일상적으로 아는 사이를 친구로 잘못 알고 있음을 알 수 있다.

아이들로 하여금 좋은 친구란 어떤 존재인지 깨닫도록 도와주는 학교 숙제, 책, 활동 등은 아스퍼거 증후군 아이의 교육과정에 필수요소다. 또한 "그건 친절한 행동이었어."라고 말해주거나 "그런 경우에 친구라면 어떻게 해야 하지?"라고 아이에게 물어봄으로써 자연스런 상황에서 우정의 실체에 대해 알려주는 것도 중요하다. 교사는 우정의 질에 관한 조사표를 만들 수 있다. 로잔느 란작은 초등학교 연령대 아이들을 위한 관련 활동들을 제시하고 있다(1987).

· 모든 아이들은 _____를 좋아한다. 그리고 그 여자아이가 _____ 라서 그 아이의 친구가 되고 싶어한다.

· 그 여자아이의 친구들을 도울 수 있는지 그 방법을 적어라.

· 네가 친구와 우애 있게 지내고 친구를 도와주는 모습을 그려라. 그것에 대해 적어라.

· 가장 친한 친구가 병원에 입원해 있다. 친구의 기운을 북돋아주려면 무슨 말을 하고 어떤 행동을 해야 하는가?

· 가장 친한 친구와 같이 있을 때 기분이 어떤가?

· 친구들을 위해 무슨 일을 하고 싶은가?

누가 너를 좋아한다면 어떻게 말을 해야 하는지, 친구라면 어떻게 해야 하는지 혹은 친구를 사귀고 싶을 땐 어떻게 해야 하는지에 관해 아이들끼리 토론하는 모임활동도 있다.

때로 아이는 학급에서 가장 눈에 띄는 아이들에게 이끌리고, 그런 아이들과 친구가 되고자 한다. 그런 아이들이 사귀기에 가장 좋은 대상은 아닌 경우도 있다. 아이가 그런 아이들과 공통의 관심사를 가질 수도 있지만 그런 아이들의 행동을 흉내 내어 비난받을지도 모른다. 어떤 아이와는 사귀라고 권하고 다른 아이와는 사귀지 말라고 말려야 하는 상황이 벌어지곤 한다.

또한 다른 아이들이 아스퍼거 증후군을 가진 아이의 순진함을 이용하거나 고의로 일을 꾸며 곤경에 빠뜨리는 문제가 생겨나기도 한다. 엄격한 가톨릭 기숙학교에 다니는 한 10대 여자아이에게 친구들이 수녀 선생님에게 가서 사적인 질문을 하라고 부추겼다. 여자아이는 자신이 음탕한 질문을 한다는 사실을 알아채지 못하고, 시킨 대로 질문했다. 여자아이는 그 질문 때문에 퇴학당했다. 교사는 아이에게 악의가 없었다는 점을 파악하고, 아이를 벌하기에 앞서 "누가 그렇게 하라고 시켰니?"라며 물어보는 것이 중요하다.

10대 시절 아이는 자신에게 진정한 친구가 부족하며 또래들의 사회 활동으로부터 소외됐다는 사실을 예민하게 감지한다. 그들은 낙담하거나, 이러한 사실에 대해 애써 무관심해하면서 자신들에게 문제가 있다는 사실을 부정한다. 다른 아이들은 왜 항상 관심의 한가운데 있고 친구들도 넘쳐나는지 혼란스러워하거나 절망하기도 한다. 아스퍼거 증후군을 지닌 사람이 다른 사람과 똑같이 행동하거나 같은 농담을 하면 비웃음의 대상이 된다. 이러한 환경에서 그들은 다른 사람과 다르다는 점을 어쩔 수 없이 인정해야 하고, 스스로 조언을 구하기에 앞서 도움을 받아야 하며 친구를 사귀고 유지할 수 있는 능력을 개발시켜주는 사회적응모임에 참여해야 한다.

고독을 선택하거나 이상한 방식으로 사귀려고 한다면 다른 10대들로부터 오해를 살 소지가 있다. 연애에 관심이 없는 사람은 동성애자로 취급받고 사회적으로 무시당하기도 한다. 이러한 평가는 아스퍼거 증후군을 지닌 혼란에 빠진 사춘기 아이들에게는 큰 고통이다. 다른 10대들은 가장 친한 친구들과 이러한 비난과 자신만의 특성, 그리고 성적 관심에 대해 이야기를 나눌 수 있지만, 이들은 그럴 만한 대상이 없을 우려가 있다. 그렇지만 부모들과 형제자매들은 가장 좋은 친구들을 대신하여 아이가 그날 하루 겪었던 고민과 골칫거리를 털어놓도록 도와줄 수 있다. 이런 일은 아이가 학교에서 돌아온 직후보다는 아이의 긴장이 풀리고 대화할 준비가 되어 있는 저녁 무렵에 하는 것이 좋다. 이때 부모와 형제자매가 해야 할 역할은 아이를 후원하고 위로하며 자신감을 북돋아주는 가장 친한 친구가 되는 것이다.

평범한 10대들을 위해 출간된 친구 사귀는 방법에 관한 책들은 아스퍼거 증후군을 지닌 아이들에게 큰 도움이 된다. 이 중 앤드류 매튜스(1990)가 상대적으로 평범한 10대들을 위해 쓴 책이 하나 있다. 이 책의 내용과 그림은 귀 기울이기와 칭찬하기, 다른 사람의 틀린 점을 어떻게 지적하고 자신의 잘못을 어떻게 인정해야 하는지 등과 같은 우정에서 중요한 쟁점과 우정의 구성요소를 개략적으로 설명한다. 경험상 아스퍼거 증후군 아이들은 자신의 잘못을 인정하고 남을 칭찬하는 데 특히 어려움을 겪는다는 사실을 알 수 있다.

누가 친구가 될 것인지 그렇지 않을지 판단하는 독특한 방법들이 있을 수 있다. 일례로, 아스퍼거 증후군을 지닌 한 젊은이는 대화 초기에 상대방이 차를 운전할 때 햇빛가리개를 올리는지 아니면 내리는지 물어봄으로써 그 사람을 판단하곤 한다. 만일 그가 햇빛가리개를 올리고 운전한다고 답하면, 대화는 돌연 중단된다. 누가 친구가 될지에 관해서는 흑백으로 극명하게 갈리는 접근방식이 있을 수 있다. 아스퍼거 증후군을 지닌 사람은 말과 행동을 따라 할 만한 배우들이 나오는 TV 연속극을 열심히 시청함으로써 우정의 개념을 이해하려 할지도 모른다. 이러한 TV프로그램들은 관계를 지나치게 극적으로 표현하는 경향이 있기 때문에 우정에 관한 정보를 습득하는 주요 통로가 되어서는 안 된다.

아스퍼거 증후군을 지닌 사람은 종종 자기 공개수준을 오판, 지나치게 자신을 드러냄으로써 장래 친구가 될 수 있는 사람이나 모임 구성원들을 당황하게 만들 수 있다. 이와 함께 주의할 점은 아스퍼거 증후군을 지닌 사람은 자신이 누군가를 좋아하면 그 사람도 같은 정도의 애정을 보여야 한다고 생각할 수 있다는 점이다. 그들은 다른 사람이 일상적인 혹은 가벼운 우정을 원할 때 내는 신호를 감지하지 못하곤 한다.

아스퍼거 증후군을 지닌 사람이 마침내 어떤 특정한 대상과 서로 애정이 담긴 관심을 나누고, 이들의 관계가 발전하기도 한다. 아스퍼거 증후군을 지닌 한 아이는 사춘기 초기의 전형적인 짧은 애정관계가 끝났을 때 눈에 띄게 당황하면서 많은 10대들이 비탄하는 것처럼 "좋아하지 않았을 때 삶이 더 편했다."고 말했다. 비록 그가 새 여자친구를 발견해 기쁘기는 했지만 그는 또한 새 여자친구가 이전의 여자친구기 좋아했던 것을 그다지 좋아하지 않았을 때 몹시 당황해했다. 일단 한 여자친구와 무슨 말을 하고 어떻게 해야 할지 배우기만 하면 다음에 사귀는 여자친구들에게도 당연히 그대로 적용할 수 있을 것이라고 생각했던 탓이다. 하지만 이것은 아스퍼거 증후군 사람들에게 한정된 특징은 아닐 것이다.

엘리자베스 뉴섬과 그녀의 동료들은 아스퍼거 증후군을 지닌 아이들과 그들의 부모를 만나 이들의 장기적인 발달 과정을 조사했다

(1985). 다음에 인용한 한 어머니 말에 묘사된 것처럼 친구를 사귀고 싶어하는 10대들의 욕구는 강렬하다.

도널드가 우리 동네의 청소년 모임을 찾아갔다. 그 애는 키가 크고 뛰어난 골키퍼였기 때문에 아이들은 맨처음 열렬히 환영했고 모두들 영웅처럼 받들었다. 하지만 아이들은 여러분들이 알다시피, 하루 저녁도 못 되어 그에게 뭔가 문제가 있다는 것을 발견했다. 그렇게 첫 번째 모임에서 집으로 돌아온 뒤 그 아이는 지역 모임 10여 곳을 기웃거려야 했는데, 집에 돌아올 때는 얻어맞거나, 다른 사람이 뱉은 침에 얼룩져 있거나, 점퍼가 갈기갈기 찢겨져 있었다…… 내가 어느 날 그 애한테 물었다. "도널드, 왜 이런 걸 참니? 너는 그 아이들보다 힘도 센데, 왜 그냥 두니?" 그러자 그 애가 말했다. "아무것도 하지 않는 것보다는 나아요, 괜찮아요." 그제야 나는 그 애가 혼자 지내기보다는 차라리 누군가에게 맞고 싶을 만큼 절실히 누군가와 사귀고 싶어하는 것을 알았다. 그리고 그것은 하나의 악몽이었다. 그 악몽은 이 모임에서 저 모임으로 전전하는 양상으로 수년간 이어졌다. (9쪽)

20대의 또 다른 남자는 친구들과 춤을 추러 가서는 친구들이 여자들과 만나는 것을 유심히 보았다. 그는 친구들과 여자들 사이에 오가는 야릇한 눈빛과 몸짓, 그리고 여자들이 비슷한 보디랭귀지에 어떻게 반응하는지 알고 있었다. 하지만 그는 다른 이들의 보디랭귀지를 따라 할 수 없었다며 "여자애들이 나를 볼 때는 눈빛이 싸늘했다. 마치 '너는 아니야, 너는 아니라구'라고 말하는 듯한 눈빛이었다."고 털어놓았다. 그는 학벌이 좋았지만 우울해졌고 여자친구가 없는 스스로를 혐오하기에 이르렀다.

인기를 얻기 위해 아스퍼거 증후군을 지닌 사람은 사회적인 대화에 경쟁력 있는 누군가를 찾아내 그의 개성, 옷차림 그리고 목소리까지 흉내 내곤 한다. 이것은 마치 그들보다 성공한 누군가의 가면을 쓰는 것과 흡사하다(Williams 1992, 1994). 이러한 특성이 배우라는 직업으로까지 발전하기도 한다. 아스퍼거 증후군을 가진 사람은 또한 같은 나이 또래나 사회적 혹은 문화적 모임에서 친구를 찾는 통상적인 방법을 따르지 않기도 한다. 불행히도 이 점 때문에 남들의 오해를 사는 경우도 있다.

친구관계를 유지하기 위한 특별한 전략을 익히기도 한다. 친구들을 만나거나 전화 통화를 할 때 이야기 소재를 미리 쪽지에 적어서 "이건 어때?"라는 질문을 던지는 식으로 친구들 각각에 대한 중요한 정보를 적거나 메모하기도 한다. 어떤 젊은 여자는 한 친구와 대화할 때 말이 끊기면 항상 런던에 있는 그 친구의 집에 대해 물어보는 나름의 대처법을 머릿속에 담아두고 잊지 않으려 노력했다. 하지만 이 질문을 너무 기계적으로 반복하다 보니 어느새 그 친구가 몇 년 전 런던에서 다른 곳으로 이사했다는 사실도 잊곤 했다.

어떤 이들은 윤리적으로 복잡한 문제를 다루는 것을 어려워하며 강력한 종교적 혹은 정치적 신념에서 사회규범 및 행동규범 지침을 구하기도 한다. 이러한 행동은 자신과 비슷한 개성을 보유한 사람이나 윤리적·사회적으로 적합한 그 무엇에 대해 확신을 지닌 사람들을 만나는 기회가 되기도 한다. 하지만 이러한 상황이 문제를 일으킬 우려도 있다. 한 젊은이는 신문기사에서 얻은 지식을 바탕으로 지역의 헬스 앤젤스(Hells Angels, 혈통상 소수파로 이루어진 악명 높은 폭주족—옮긴이) 회원들을 절도범과 마약판매업자라고 규정한 뒤, 그들을 만날 때마다 이 같은 생각을 밝혔다. 다행히 사고를 당하지는 않았지만 말이다.

각자의 관심에 따라 참가하는 모임이나 집회도 친구를 사귀는 한 가지 통로가 될 수 있다. 컴퓨터 동호회나, 역사연구 모임, 아마추어 천문가 모임이나 기차 동호회 등은 취미생활 정보를 얻고 진실한 우정을 쌓을 수 있는 광장이 된다. 인터넷, 펜팔 그리고 아스퍼거 증후군 사람들을 위한 간행물 등을 통해 편지를 교환하고, 마음을 나누고 서로 조언을 구하는 과정을 통해 친구를 사귀는 기회를 얻기도 한다. 자폐아나 아스퍼거 증후군 지역모임, 전국적인 협회 회보 등을 통해 이런 곳의 주소를 받을 수 있다.

사춘기 아이들의 자기 회의와 고독은 보통 성장하면서 조금씩 줄어든다. 중고등학교 시절 아이들은 마음이 완전히 너그럽다고는 할 수 없는 다른 10대 아이들을 따라 하도록 강요당한다. 하지만 아스퍼거 증후군을 지닌 사람이 성인이 되면 행동을 하는 데 있어 그리고 동료들을 선택하고 삶을 영위하는 데 전보다 훨씬 선택의 폭이 넓어진다. 시간도 훌륭한 교사 역할을 한다. 어린 시절에는 그토록 어려윘던 기능들도 결국에는 체득하게 된다. 10대들에게는 말하자면, 그들을 향해 열차가 돌진하는 상황이 아니며 터널이 끝나는 곳에는 빛이 있을 거라고 알려주는 것이 중요하다. 결국 그들은 자신을 이해해주고 진정한 친구가 되길 원하는 누군가를 만날 수 있다. 짐에게 그런 일이 일어났다.

나에게는, 사랑과 의무감에 이끌려 나에게 다가오고 싶어하는 부모님이 아닌, 내 상태를 직업적으로 연구하는 전문가도 아닌, 단지 나를 재미있는 사람이라고 생각해서 나에 관해 좀 더 알고 싶어하는 그런 사람도 아닌, 한 여자친구가 있다. 이 친구는 심리학이나 특수 교육을 정식으로 공부한 적도 없으면서 자기 혼자 나에 관한 어떤 지침을 생각해냈다. 그녀는 그게 뭔지 내게 말해주었다. 즉 내가 처한 환경이나 태도와 관련해 단지 그녀가 어떤 걸 생각하고 느끼고 이해했다는 이유만으로 내가 같은 식으로 생각하고 느끼고 이해하리라고 지레짐작하지 않겠다는 거였다. 또한 생각하고 느끼고 이해하는 방식에 있어서 그녀가 행동하는 식으로 내가 하지 않았다는 이유만으로 내가 어떤 것을 생각하고 느끼고 이해하지 않았으리라고 결코 미뤄 짐작하지 않겠다고 말했다. 다시 말해 그녀는 '짐작'하려고 노력하는 대신 '질문'해야 한다는 사실을 알아낸 것이다(Sinclair 1992, 296쪽).

이전에 설명한 대로, 심리학 연구를 통해 유사성이 친구를 고르는 중요한 기준 중 하나라는 사실이 입증됐다. 아스퍼거 증후군을 지닌 많은 사람들로 하여금 자신과 같은 증후군을 지닌 다른 사람을 사귈 수 있도록 이끌어주는 게 바로 유사성이다. 사실 이렇게 출발한 우정 이 성공적인 결혼생활로 이어지기도 한다.

눈맞춤

아스퍼거 증후군 아이는 대화할 때 종종 중요한 부분에서 '구두 점'을 찍는 기능을 하는 눈맞춤을 제대로 하지 못한다는 사실이 임 상관찰을 통해 확인되고 있다. 예를 들어 아이는 남을 칭찬하거나 관 심을 표현하는, 혹은 구체적인 설명을 원하거나 상대의 보디랭귀지 를 이해한다는, 아니면 이제 말을 끊겠다는 의미를 담은 눈맞춤을 하 지 못한다. 또한 연구결과(Baron-Cohen et al. 1995, Tantam Holmes and Cordess 1993)를 보면 아이는 다른 사람이 말할 때 상대를 잘 쳐다보 지도 않는다. 아스퍼거 증후군 성인들 중에는 귀 기울일 필요가 없을 때가 눈을 맞추기에 더 편하다고 말하는 이들도 있다. 눈맞춤이 정신 을 집중하는 데 방해가 된다는 것이다. 이들은 또한 눈이 그 사람의 정신상태나 감정을 전달한다는 사실도 잘 이해하지 못한다. 진단평 가를 받던 한 10대 아이는 자신의 특별한 취미에 대해 이야기하면서 불안해했다. 관심사에 대해 다른 사람에게 말하면 자기 자식이 이상 한 아이 취급을 받을 거라고 우려한 아이 부모가 남에게 말하지 말라 고 시켰기 때문이다. 그렇지만 진단관점에서 보자면 관심사와 관련,

의학적인 문제가 있었다. 불안할 때 아이의 대처법은 눈을 감는 것이었다. 눈을 감은 사람과는 계속 대화하기가 어렵다고 말해주자, 아이는 "어디 있는지 알고 있는 사람의 눈을 왜 봐야 하죠?"라고 물었다. 분명, 아스퍼거 증후군을 지닌 아이는 상대방 얼굴과 눈을 바라보는 게 단지 상대방이 어디 있는지 알기 위해서가 아니라, 얼굴 표정에 나타난 미묘한 신호들을 인식하고 그것에 반응하기 위해 필수적이라는 것을 배워야 한다.

로나 윙은 "사람들은 서로 눈빛으로 의사를 전달하지만 나는 그들이 눈으로 말하는 것을 모른다."라고 고백했던 아스퍼거 증후군을 지닌 어떤 사람에 대해 언급한 적이 있다(1992). 다음에 인용한 글에 나오는 것처럼 아스퍼거 증후군을 지닌 사람들에게 응시와 사람들의 얼굴 쳐다보기는 몹시 어려운 일일 수 있다.

> 사람들의 얼굴을 보는 것, 특히 그들의 눈을 보는 것은 나에게 가장 어려운 일 중 하나다. 사람들을 보려면 늘 의식적으로 노력해야 했고, 보통은 짧은 순간 동안만 사람들의 얼굴을 볼 수 있었다. 좀 더 긴 시간 동안 사람들을 보는 경우 그들은 내 시선이 자기들한테 실제 와닿아 있다기보다는 그냥 자신들을 향해 멍하니 투시하고 있는 것처럼 보인다고 말했다. 상대를 쳐다본다는 게 내게는 얼마나 참기 어려운 고통인지 사람들은 이해하지 못한다. 그것은 나의 평정을 잃게 하고, 굉장히 겁나는 일이다. 비록 그들과 거리가 멀어질수록 고통이 줄어들긴 하지만 말이다. 병원에 있는 동안 그리

고 나를 담당한 정신과 의사에게 진료를 받는 동안 눈을 맞춰보려고 나름대로 노력했지만 2년 반이 지나도록 별 성과가 없었다. 내 정신과 의사는 나에게 자신을 보라고 요구하긴 하지만 강요하지는 않는다. 그는 내가 다른 사람들을 보지 않으면, 남들은 내가 그들에게 관심이 없거나 뭔가 숨기고 있거나 아니면 나를 단지 버릇없는 사람으로 오해할 우려가 있다고 설명해주었다. 나도 사람들에게 오해받기를 원치 않기 때문에 열심히 노력하지만 기껏해야 단 몇 초 동안만 사람들을 볼 수 있을 뿐이다. 나는 내가 다른 사람을 보기 힘든 것만큼이나 다른 사람이 나를 보는 것도 견디기 어렵다. 나는 최근에 와서야 내가 사람을 볼 때나 그림을 볼 때 전체를 보지 않고 한 부분의 윤곽만 본다는 사실을 깨달았다. 나는 그림을 완벽히 볼 수 있지만, 한 번에 한 부분씩만 볼 수 있다. 사람의 얼굴을 볼 때도 마찬가지다. 한눈에 얼굴 전체를 보지는 못한다(Jolliffe 1992, 15쪽).*

아스퍼거 증후군을 지닌 사람도 결국에는 언제, 어떻게 눈을 맞춰야 하는지 배우게 되지만 그중 일부는 단지 이 같은 증세를 눈에 띄지 않을 정도로 줄이는 수준에 머문다. 예를 들어 아스퍼거 증후군을

---

* 이 글을 쓴 여성은 원래 어린 시절 DSMIV 기준에 따른 진단결과 아스퍼거 증후군을 지닌 것이 아니라 자폐증으로 판정받았다. 하지만 이 두 가지 장애는 일련의 같은 계열선상에 존재하는 것으로 여겨진다. 때문에 자폐증의 병력이 있는 이 여성의 설명은 아스퍼거 증후군을 이해하는 데 아주 귀중하다. 위의 글은 이 책의 몇몇 부분에서 사용된 자폐에 관한 그녀의 개인적인 설명으로부터 인용, 발췌한 것이다.

지닌 캔디는 성인이 된 지금은 눈맞춤을 지속하는 게 정말 수월해졌다면서도 자신은 그냥 응시만 할 뿐 주시하지는 않는다고 설명했다.

감정

아스퍼거 증후군의 특징에 관한 초기 목록에는 아이의 감정이입이 부족하다는 점이 있다. 하지만 아이가 다른 사람을 전혀 신경 쓰지 않는다고 오해해서는 안 된다. 이는 오히려 그들이 다른 사람의 감정 때문에 혼란스럽거나 자신들의 감정표현에 어려움을 겪는다는 의미일 수 있다. 아스퍼거 증후군에 걸린 아이의 얼굴은 정상적이긴 하지만 대화할 때나 다른 아이들과 놀 때 거의 표정이 없다. 아이는 기대되는 만큼의 다양하고 깊이 있는 표정을 보여주지 않는다. 신체언어 면에서도 마찬가지다. 물건을 가지고 무엇을 하려는지 설명하기 위해, 혹은 노여움과 절망감을 표시하기 위해 손을 움직이긴 하겠지만, 예컨대 당황스러움, 위안 혹은 자신감 같은, 다른 사람의 생각과 감정을 이해했다는 의미의 몸짓이나 보디랭귀지는 극히 적거나 결여되어 있다(Attwood et al 1988, Capps et al 1992).

상호작용이 지속되면서, 사람들은 아이가 다른 사람의 표정이나 신체언어 변화를 감지하지 못하거나 거기에 맞춰 반응하지 못한다는 것을 알게 된다. 보통 아이들은 팔짱을 낀다는 것이 어떤 사람의 인내심이 한계에 도달했음을 의미한다거나 야릇한 눈빛과 특정한 어조가 자신을 놀리고 있다는 뜻임을 알아챈다. 불행히도 그러한 민감한 신호가 아스퍼거 증후군 아이들에게는 감지되지 못한다. 예를 들어 어린 아들에게 몹시 화가 난 어머니가 눈살을 잔뜩 찌푸리면 기분이 나쁘다는 의미다. 그런데 아이는 엄마의 눈썹 사이에 생긴 주름을 손으로 가리키더니 "11이다."라고 말한다. 이 주름이 화가 났다는 표시인 것은 모른 채 새로운 인상에 호기심이 발동한 것이다. 이후 숨은 의도나 신호를 이해하지 못하는 것에 대해 지적하면 아이는 혼란스러워하거나 마음에 상처를 입기도 한다. 부모들은 말하는 어조나 얼굴표정 등 보디랭귀지를 과장되게 해야만 아이가 다른 사람이 전달하려는 의미를 알아챈다고 말한다.

다른 사람의 감정표현을 이해하는 데만 문제가 있는 게 아니다. 아이들 자신의 감정표현도 평범하지 않고, 정확성이나 세밀도가 떨어지는 경향이 있다. 전혀 모르는 사람의 입에 입맞춤을 한다든가, 혹은 특정 상황에 걸맞지 않을 정도로 괴로움을 표시하기도 한다. 대화를 할 때 적절하고 기술적으로 세련된 단어를 구사하기도 하지만 대화 내용은 감정보다는 행동의 묘사가 주를 이룬다. 저자가 사용하는 방법 중 하나는 아이들로 하여금 사진 속의 다른 아이들이 어떤 감정상태인지 평가하게 하거나 혹은 행복함, 슬픔, 분노, 공포 혹은 놀라움 같은 단순한 감정들을 표정으로 나타내보라고 시키는 것이다. 어떤 아이들은 손을 사용해 입으로 웃는 입매를 만들거나 혹은 얼굴을 특이하게 찡그리기도 하는데 그렇게 만든 인상은 기대했던 얼굴 표정과는 전혀 딴판이다. 이러한 행위는 다른 아이들에게는 매우 쉬운 일이지만 아스퍼거 증후군 아이들은 상당히 어려워하며 그들의 어려움에 대해 논리적으로 분석하거나 설명하곤 한다. 한 아이는 "내가 행복할 때 어떻게 슬픈 표정을 짓나요?"라고 대꾸했다. 아스퍼거 증후군을 지닌 조금 큰 아이들은 간단한 감정은 표현할 줄 알지만, 당황해하는 것이나 자신감 등 좀 더 복잡한 감정을 구분하고 표현하는 일은 한층 더 어려워한다(Capps et al 1992).

감정 이해에 도움이 되는 방법

아스퍼거 증후군을 지닌 사람에게 '감정의 세계(land of emotions)'는 지도에도 없는 미답지이다. 지난 몇 년간 사회적 행동을 구성하는 가장 중요한 요소 중 하나인, 즉 감정과 정서 교류에 대한 관심은 커져왔다. 다음에 인용한 글은 이와 관련된 혼란을 보여준다.

> 다른 한편 나는 입맞추고, 포옹하고 껴안는 걸 좋아하지 않는다. 내가 누군가를 포옹하거나 껴안는다면 그건 상대방이 원할 때가 아니라 내가 원할 때여야 한다. 내가 원하는 때 포옹을 하는 유일한 사람은 나를 상담하는 정신과 의사뿐이다. 포옹을 해주면 우리 할아버지는 자신이 아주 운이 좋은 사람이라고 말하지만 나는 포옹하는 것과 운 좋은 것이 대체 무슨 상관이 있는지 모르겠다(Joliffe et al 1992, 15쪽).

치료방법 중 하나는 다른 아이들이 자연스레 익히는 능력을 학습시키는 것이지만 쓸 만한 학습자료는 극히 드물다. 교사나 부모가 어느 정도 손수 자료를 맞추고 만들어야겠지만, 이 책 부록에도 아스퍼거 증후군을 지닌 아이들을 위해 내가 권장하는 참고서와 놀이법이 실려 있다. 기본 원칙은 학습주제를 정해 한 번에 한 가지 감정씩 공부하는 것이다. 예컨대 먼저 '행복'이라는 감정을 공부하려 한다면 가능한 한 행복에 관한 자료들을 많이 준비하라. '미스터 해피(Mr Happy)'가 나오는 '미스턴 맨(Mr Men)' 책 시리즈와 '만일 네가 행복하다면 이걸 알겠지(If you're happy and you know it)' 같은 노래 등이다. 스크랩북이나 콜라주(헝겊, 인쇄물 등을 오리거나 찢어 붙이는 추상미술—옮긴이)에 쓸 행복한 얼굴을 보여주는 사진이나 혹은 어른이나 아이를 행복하게 만드는 일들을 찾아보라는 과제를 내줄 수도 있다. 아이에게 혹은 아이들에게 각각 다른 수준의 행복을 설명하는 모든 단어들을 찾아 순서대로 나열해보라고 시킬 수도 있다. 좀 더 큰 아이들은 학교친구들과 어른들에게 그들을 행복하게 만드는 것들에 대해 물어보기도 하는데, 이들의 대답을 통해 사람들마다 더 좋아하고, 좋아하지 않는 것이 있음을 배울 수 있다. 행복의 개념은 특별한 감정을 표현한 그림, 색깔 선택, 음악 등으로 확대되기도 한다. "누군가를 행복하게 하려면 어떻게 해야 하니?" 그리고 "그들을 행복하게 하려면 어떤 말을 해야 하니?"와 같은 물음은 연구과제에 있어 핵심적인 질문들이다.

내가 고안한 유용한 한 가지 방법은 행복의 사례를 보여주는 아이의 스크랩북에서 한쪽을 선택하는 방식이다. 이것들에 대해 설명해보라고 한 뒤, 누군가 웃고 있는 실물 크기 사진을 그다음 쪽에 붙인다. 이건 그 사람이 행복하다는 뜻이다. 다음 단계에서는 그 사진 옆에 거울을 갖다놓고 아이에게 웃는 얼굴이 그려진 그림을 보라고 한 뒤 다시 거울을 쳐다보고 스스로 행복한 표정을 지어보라고 말한다. 아이는 행복과 관련한 생각에 몰두할 시간을 갖고, 모델의 얼굴표정을 관찰한 다음 나름의 얼굴표정을 만드는 연습을 하는 셈이다. 스크랩북과 사진 그리고 거울을 이용하는 이 방법은 여러 가지 감정연습에 적용할 수 있다.

아무것도 그리지 않은 얼굴에 서로 다른 모양의 눈, 눈썹과 입들을 접착테이프로 붙이는 '미스터 얼굴(Mr Face)'이라는 효과가 탁월한 게임도 있다. 아이는 지시받은 감정을 표현하기 위해 구성요소들을 선택해야 하는데, 예를 들면 '행복한 입(happy mouth)'이나 '행복한 눈(happy eyes)'을 찾는다. 아이로 하여금 얼굴을 이루는 구성요소들을 골라 여러 가지 감정이 담긴 얼굴그림을 만들어보게 하는 컴퓨터 게임(부록 참조)도 있다.

로잔느 란작의 책(1987)에 기초해 연습문제를 만들 수 있는데, 예를 들어 누군가가 크리스마스 선물을 열어보는 그림이나 사진을 놓고 다음과 같은 과제를 하는 것이다.

· 선물을 많이 받은 아이의 기분은 어떨까?
· 행복할 때의 가족들 얼굴을 그려봐.

교사나 부모들이 해야 할 또 다른 역할은 모델처럼 목소리나, 얼굴, 보디랭귀지 등을 사용해 특정 수준의 행복을 표현한 뒤, 아이에게 "지금 어떤 기분인 것 같니?" 그리고 "약간 행복한 것 같니, 아니면 아주 많이 행복한 것 같니?"라고 물어보는 것이다. 이러한 행동은 아이로 하여금 각기 다른 수준의 표현을 탐구하게 한다.

아이가 일단 어떤 특정한 감정과 그 표현 수준들을 이해했다면, 다음에는 '슬픔'처럼 상반되는 감정을 가지고 같은 과정을 연습한다. 이어 그림들, 이야기 혹은 아이가 '행복'이나 '슬픔' 같은 감정을 골라서 연기하는 역할놀이 등을 이용, 특정 게임을 꾸며본다. 이 게임은, 예를 들어 할머니가 왔을 때 느끼는 기쁨과 할머니가 떠날 때 느끼는 슬픔 같은 연속적인 두 감정의 양 극단에서 시작한다. 슬픔에 대해서는 "누군가 슬플 때 너는 어떻게 알 수 있니?"라고 말한 다음 곧장 "그 사람 기분을 좋게 하려면 어떻게 해야 하니?"라고 묻는다. 이를 통해 아이는 감정의 신호를 감지하는 법과 타인의 기분에 따라 어떻게 해야 할지를 배운다. 감정을 표현하는 아이의 언어 수준이 떨어지는 경우에는 슬픔에 관한 스크랩북 등이 아이가 슬픈 이유를 설명하는 데 도움이 된다.

이러한 구성을 이해시킨 뒤에는 사랑, 애정, 만족, 놀라움 같은 긍정적인 감정뿐 아니라 화, 걱정 그리고 좌절 같은 부정적인 감정 또는 자신감, 질투 혹은 당황 같은 복잡한 감정을 하나씩 가르칠 수 있다. 어린 시절에 경험한 특정한 감정을 끌어내는 사건과 생각들을 찾아내고, 이에 따른 적절한 반응을 조사하는 데 도움이 되는 학습장을 만들어도 좋다. 예를 들면 다음과 같다.

　　무엇이 너를 _____게 하니?

　　너는 _____ 때 어떻게 하니?

　　나는 _____ 때문에 화가 나.

　　모임활동으로 '모자 쓰고 연기하기(Feeling Hats)' 게임이 활용되기도 한다. 한 가지 감정을 카드에 적은 뒤 카드를 모자에 핀으로 고정시킨다. 아이들은 제각기 모자를 하나씩 골라 쓰고 자기 카드에 적힌 감정을 연기하는 시간을 갖는다. 아이들이 제각기 서로 다른 감정을 표현한 가면을 쓰고 가면에 맞춰 연기하는 '사이몬이 말하길(Simon Says)' 게임도 있다. 특별한 감정에 대해 설명하는 이야기 책들도 있다(부록1 참조).

　　10대들을 위한 사회적응모임에서는 카드 두 뭉치를 이용한 게임을 할 수 있다. 한 뭉치의 카드에는 행복, 자신감 혹은 질투 같은 감정을 지정하고 다른 뭉치 키드에는 접시닦기나 아침식사 같은 행동을 지정한다. 이 게임은 한 사람이 각각의 뭉치에서 카드 한 장을 뽑아 카드에 적힌 대로 감정과 행동을 연기하고 다른 참가자는 그 사람의 행동과 감정 그리고 표현 정도를 알아맞히는 게임이다. 아스퍼거 증후군을 지닌 사춘기 아이들이 다른 사람의 감정을 느낄 수 있도록 전통적인 웅변활동과 연기연습을 변형한 흉내 내기 무언극, 녹음테이프 청취 그리고 시 낭독 등을 해볼 수도 있다.

상대방의 기분을 알려주는 구체적 신호들을 배우는 데는 자연스러운 상황도 도움이 된다. 부모나 교사는 특정한 상황을 활용해 이 신호들을 가르칠 수 있다. 이를테면 아주 구체적인 의미를 담고 있고, 여기에 상응하는 특별한 반응을 요구하는 신호가 있는데, 눈썹 찡그리기와 삿대질하기, 오랫동안 노려보거나 침묵하기 등이 그것이다. 다른 아이들과 달리, 아이는 학교 생활 중에 교사가 보내는 민감한 신호들을 빈번하게 놓친다. 아이가 당황할 때나 실수했다는 것을 깨달았을 때, "미안해, 네가 뭘 원하는지 잘 모르겠어." "널 화나게 할 생각은 없었어." 또는 간단히 "미안해."라고 말하는 것이 무난한 해결책이 된다는 사실을 가르쳐주어야 한다. 이런 말들은 상황을 수습하는 데 도움이 되는 것은 물론 적대감이나 무관심이 아니라 선의와 순진함을 보여주는 효과도 있다. 특정한 감정을 구분하는 신호도 어른들로부터 배울 수 있다. 일례로, 미국의 동물학자이자 콜로라도 대학교 교수인 템플 그랜딘(Temple Grandin)은 "사람들을 의심하는 법을 배워야 했다. 머리를 써서 그것을 배워야 했다. 나는 다른 이들이 질시하는 표정을 알아채지 못했다."고 적고 있다.

아이와 다른 사람들 모두에게 특별한 감정을 불러일으키는 특정한 사건과 말들을 기술하고 탐구하는 일은 이 학습과정의 필수적인 요소이다. 아이가 특별한 감정을 경험했던 상황을 기억하고 설명하면 다른 사람들도 같은 감정을 가지고 있다고 아이에게 설명해줄 수 있다. 이것이 감정이입을 배우는 출발점이다.

다른 사람의 감정을 제대로 이해하지 못해 발생하는 불행한 결과

중 하나는, 극단적으로 감정을 자극하는 말을 들었을 때 다른 사람들이 어떻게 반응할지 알아내기 위해 심리학 실험을 하거나 과학자처럼 행동하는 것이다. 아스퍼거 증후군을 지닌 극소수의 성인은 다른 사람들의 반응을 떠보기 위해 일부러 아주 소름끼치고 어쩌면 도가 지나치다고 할 만한 말들을 한다. 어쩌면 다른 사람을 극단적으로 자극시키고 그들의 감정을 통제하고 조정하는 능력을 가진 것에 큰 즐거움을 느끼는 것일 수도 있다. 이런 사람은 냉담해 보이지만 사실 어떻게 하면 다른 사람의 감정을 예측하고 움직일 수 있는지 알아내려는 것뿐이다. 분명 이런 실험은 감정을 이해하고 표현하는 학습을 통해 통제되고 대체되어야 한다. 이러한 학습은 쉽지 않은 과제이며 평생 동안 풀어야 할 숙제가 되기도 한다. 물리학 박사이며 명문대학의 연구팀을 이끌던 아스퍼거 증후군을 지닌 한 젊은이가 있었다. 그는 귀가한 뒤에는 엉뚱하게도 사람들의 감정적 행태를 예측하는 수학적 공식을 개발하기 위해 애썼다. 그가 뜻한 바를 이룬다면 노벨상을 수상하고, 수천 명의 심리학자를 실직시킬지도 모를 일이다.

감정 표현에 도움이 되는 방법

어떤 감정을 적확하고 올바르게 표현하는 방법을 배우기는 어렵다. 이것은 어머니 옆에 서 있는 한 아스퍼거 증후군 아이의 사례로도 알 수 있다. 두 사람은 함께 그네를 타는 여동생을 보고 있었다. 그네에서 떨어진 여동생은 엄마에게 달래달라는 듯이 울며 뛰어왔다.

여동생이 다가오자 아이가 엄마를 돌아보며 말했다. "내가 어떤 표정을 지어야 해?" 분명 아이는 염려를 표현해야 한다는 것을 알고 있었지만 어떻게 해야 할지 몰랐던 것이다.

단지 미묘한 감정표현을 정확하게 드러낼 일상용어를 잘 모르는 경우도 있다. 약간의 불편함이 무의미한 감탄사나 과장된 보디랭귀지로 표현되기도 하는데, 다른 아이들이나 TV 프로그램 배우들을 보고 배웠을 가능성이 높은 경우이다. 전달하려는 의미는 상당히 명확하지만 표현이 지나치게 과장된 점이 문제다. 이 경우 아이는 좀 더 적절하고 정확한 말과 행동을 배워야 한다. 특정한 감정의 정도를 측정하는 척도나 지표를 이끌어내는 데는 시각적인 작업이 효과적이다. 그러한 측정에 있어 핵심은 점수를 매기고 상응하는 말과 행동을 적시하는 것이다. 다음은 분노를 측정한 한 삽화이다.

여러 가지 이야기, TV와 역할놀이에 나오는 삽화를 사용하여 단어, 어조 그리고 보디랭귀지의 사용수준을 측정해 각각 점수를 매길 수 있다. 교사, 부모 혹은 다른 아이가 행동과 말로 어떤 감정을 표현하면 아이가 그 감정에 상응하는 표현을 측정지표에서 집어내는 게임을 하는 것도 좋다. 아스퍼거 증후군을 지닌 어린아이나 아스퍼거 증후군을 지닌 10대들에게 이 지표를 사용하여 보다 정확하고 세련된 말과 보디랭귀지를 찾아보라고 시킬 수 있다. 측정 기법은 일단의 감정에 적용할 수 있을 뿐 아니라 고통이나 불안한 정도를 표현해보도록 하는 데도 유용하다. 아스퍼거 증후군 아이들은 종종 스토아학파 학자들처럼 고통을 겪더라도 거의 말이나 보디랭귀지로 나타내지 않을 만큼 참을성이 많지만, 실제는 극심한 고통을 겪고 있을 우려가 있다.

또 다른 작업은 특정 상황에 따른 적절한 감정과 언어적 대응방법을 탐구하는 학습장을 만드는 일이다. 만일 아래와 같은 상황이라면 어떻게 말하고 행동할 것인지 알아보는 식이다.

· 다른 사람이 옷차림을 놀릴 때
· 다른 사람이 글씨를 못 썼다고 흠잡을 때
· 열심히 공부했는데 성적이 나쁠 때
· 다른 사람에게 웃으면서 인사했는데 무시당할 때
· 점심 도시락을 집에 놓고 왔는데 친구가 자기 걸 같이 먹자고 말할 때
· 한 친구가 컴퓨터를 잘한다고 칭찬할 때

아이가 이런 각 상황의 얼굴과 장면을 그리고 대본을 써도 좋다. 사람을 당황하게 만드는 아스퍼거 증후군 특징 중 하나는, 작은 고통을 겪었을 때 낄낄대는 웃음, 말하자면 '웃는 건지 우는 건지' 불명확한 웃음으로 표출하는 것이다. 그렇다고 해서 아이의 유머감각이 왜곡된 것은 아니며 단지 표현방식에서 적확성과 세밀함이 부족할 뿐이다. 그런 행동이 아이가 비웃는 것으로 판단해 화를 내고 아이를 체벌하는 부모나 교사에게 어떻게 비칠지 아이에게 설명하는 게 중요하다. 때로 어떤 단어나 문장을 듣자마자 이어지는 발작적 웃음은

이상한 아이로 보이게 한다. 뚜렷한 이유 없이 낄낄대는 아이는 환청을 듣는 사람이라는 오해를 살 우려가 있다.

그러나 아스퍼거 증후군을 이해하면 원인은 아주 단순하고 합리적이다. 아이는 종종 단어들의 의미나 발음에 매혹되는데, 두 가지 뜻으로 해석될 소지가 있는 동음이의의 재담은 아이에게 순수한 즐거움을 선사한다. 한 사춘기 아이는 학교 운동장에 혼자 있을 때 낄낄댔기 때문에 이상한 애로 여겨졌다. 다른 아이들이 그 아이에게 가까이 가지 않는 이유는 "그 애는 이상하게 낄낄거려요."라는 한 아이의 대답을 통해 밝혀졌다. 알아본 결과 아이가 낄낄거린 것은 해충에 대한 반응이었다. 해충으로 인한 가벼운 불안을 그렇게 표현했던 것이다. 아이는 이런 행동을 하는 자신을 다른 사람들이 이상한 아이로 생각한다는 점을 인식하지 못했다.

아스퍼거 증후군을 지닌 사람에 의해 표현되는 보디랭귀지는 오해를 부를 수 있다. 그들의 표현방식은 공격적이라거나, 냉담하다거나, 무관심하다는 오해를 사며 특히 아스퍼거 증후군을 가진 성인에게는 큰 걱정거리가 되기도 한다. 상점 직원들은 이들이 걸핏하면 시비를 걸며 권위적인 사람이라고 여기기도 한다. 그런 의도가 아닌데도 말이다. 이때는 역할놀이와 녹화된 비디오 시청을 통해 어떤 몸짓이 오해를 샀는지 명확하게 설명하고 보다 적확하고 세련된 말과 보디랭귀지 사용법을 일러줄 필요가 있다.

아스퍼거 증후군의 일반적 특징 중 하나는 자기 공개, 말하자면 마음속의 내밀한 감정을 제대로 말하지 못한다는 것이다. 아이는 분

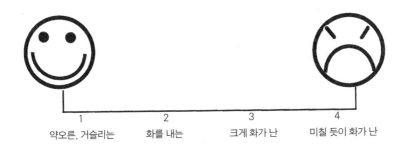

1	2	3	4
약오른, 거슬리는	화를 내는	크게 화가 난	미칠 듯이 화가 난

명 화가 났지만 자신의 감정을 표현하는 능력이 없거나 언어를 구사하지 못하기도 한다. 부모는 왜 아이가 그렇게 고민하는지 이유를 몰라 좌절하고, 적절히 위로하거나 지도하지 못한다. 만일 부모가 정기적으로 어떤 식으로 자기 공개를 해야 하는지 직접적으로 보여준다면, 예컨대 아이에게 그날 있었던 자신의 생각과 느낌을 말해준 다음, "오늘 학교에서 화나는 일 있었니?"라거나 "실망했니?"라고 물어본다면 효과가 있을 것이다. 이런 방식을 통해 아이로 하여금 자신을 공개하도록 자극하거나 상황을 조성할 수 있다.

비록 자신의 감정을 말로 표현하는 데 문제가 있을 수 있지만 일기나, 편지, 시 혹은 자서전 같은 형식의 작문 실력은 아주 탁월해 종종 사람을 감동시키기도 한다. 아스퍼거 증후군을 지닌 캔디는 다른 방식으로는 표현할 길이 없는 것들을 문자 언어로 표현하면 얼마나 쉽고 유창하게 할 수 있는지에 대해 설명해주었다. 그날 발생한 사건들뿐 아니라 개인적인 인상, 생각 그리고 감정을 담은 일기 쓰기를 권장하라. 좀 더 능력이 되는 아이에게는 감정을 그림으로 표현한 사전이 도움이 된다. 부록에는 감정을 묘사한 여러 가지 얼굴 그림이 수록되어 있는데, 짧은 시간에 적절한 단어를 찾는 지침서 역할을 해 준다. 이 사전과 일기 쓰기는 아스퍼거 증후군을 지닌 사춘기 소녀인 피오나에게 정말 유익한 것으로 확인됐다. 수업을 받던 어느 날 오후, 담임교사가 피오나에게 작은 지시를 내렸다. 그 지시사항을 완수하지 못하자 금방 극도로 불안해진 피오나는 비품들을 쓰러뜨리다 결국 교실에서 쫓겨났다. 그녀는 아무런 설명을 하지 않았고 교사와 어머니는 심각하게 고민했다.

그날 저녁, 그녀는 낮에 있었던 사건을 일기에 적고 당시 자신의 감정을 표현하는 얼굴을 그려넣었다. 점심 시간, 상급반 여자애 두 명이 피오나의 도시락을 빼앗았고 피오나가 달라고 하자 이 둘이 서로 도시락을 던지고 받고 하며 괴롭혔던 것이다. 이런 장난이 아이들에게는 꽤 재밌었겠지만, 그로 인해 결국 도시락을 못 먹게 된 피오나에게는 아주 괴로운 일이었다. 교실로 돌아왔을 당시 그녀의 보디랭귀지와 표정에는 이 같은 불안한 심리상태가 나타나 있지 않았기 때문에 교사는 피오나가 얼마나 괴로운 상태였는지 알지 못했고, 평소 하던 대로 아이에게 다가갔던 것이다. 따라서 교사는 피오나의 반응이 왜 그렇게 돌발적이고 파괴적인지 몰랐던 탓에 당황했다고 할 수 있다.

배경이 된 사건이 드러나면서 피오나에게 있어 교사의 지시를 따르지 못한 것이 격렬한 분노를 일으킨 기폭제가 됐다는 사실이 이해됐다. 이 사건은 두 가지 결론을 낳았다. 여자애들에게는 피오나한테 사과하라고 했고 피오나에게는 극도로 화가 나거나 실망스런 일이 발생할 때는 교사한테 말하라고 한 것이다. '짐은 나누면 절반이 된다'는 속담이 여기에 꼭 들어맞겠지만, 아스퍼거 증후군을 지닌 사람에게는 짐을 나눌 때뿐 아니라 감정을 나눌 때에도 이 속담이 적용된다는 점을 알려주어야 한다.

아스퍼거 증후군을 지닌 아이들에게 사회적이고 감정적인 능력을 배우는 일이 아주 힘든 과제로 여겨지더라도, 결국 아이들은 나름의 특별 학습과정에 놀라울 만큼 잘 적응하게 된다. 아이가 지적이고 동기부여가 될수록, 아이에게 좀 더 전문적이고 다양한 자원을 제공할수록 아이의 성장은 그만큼 빨라진다. 올바른 과정을 통해 우리는 왜 문제가 발생하는지, 그리고 이를 해결하는 특별한 방법은 무엇인지 배우게 될 것이다. 우리의 특별한 여정은 이제 막 시작됐지만, 우리는 이 길이 성공으로 이어질 것임을 알고 있다.

★ 방법을 가르쳐라.
  · 어떻게 사회적 놀이를 시작하고 지속하고 끝낼지
  · 어떻게 융통성 있고 협동하고 함께 나누는 아이가 될지
  · 어떻게 다른 사람 기분을 상하게 하지 않으면서 혼자 있을 수 있을지

★ 아이가 무엇을 했어야 하는지 설명하라.

★ 집에 아이의 친구를 초대해 함께 놀도록 환경을 조성하라.

★ 모임에 가입시켜라.

★ 다른 아이들이 어떻게 하는지 보고 배우라고 가르쳐라.

★ 협동적이고 경쟁적인 게임을 하게 하라.

★ 아이에게 어떻게 말해야 하는지 모범을 보여라.

★ 도움을 요청하는 여러 방법에 대해 설명하라.

★ 오래 지속될 수 있는 우정을 장려하라.

★ 휴식시간에 놀거리를 제공하라.

★ 아이에게 두 가지 기질이 있음을 인지하라.

★ 아이가 교사에게 도움을 받을 수 있는 시간을 확보하라.

★ 구체적 상황에 따른 신호와 행동을 이해시켜라.

★ 사춘기 아이를 위한 사회적응모임을 운영하라.

- 보다 적절한 대안연습
- 타인에 의한 부적절한 사회적 행동 재현
- 자기 공개와 위안을 얻는 데 도움이 되는 시와 자서전 이용
- 신체언어 연습과 지침 제공

★ 좋은 친구의 특성을 보여주는 각종 활동과 과제를 부여하라.

★ 감정 이해를 돕기 위해서는

- 한 번에 하나의 감정을 익히는 과제를 부여하라.
- 각기 다른 단계의 감정을 보여주는 신호들을 이해하고
  반응하는 방법을 가르쳐라.
- 혼란스러울 때 상황을 수습하는 말솜씨를 가르쳐라.

★ 감정 표현을 돕기 위해서는

- 시각적인 것을 측정지표로 이용하라.
- 보다 세밀하고 정확한 표현을 보여주는 녹화 비디오와 역할놀이를 이용하라.
- 자기 공개를 도와주는 일기나 유도 질문을 이용하라.

3

언어

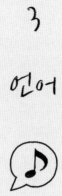

연구에 따르면 아스퍼거 증후군을 가진 아이들 중 거의 50퍼센트 정도는 언어발달이 늦지만, 보통 만 다섯 살 전에 유창하게 말할 수 있다(Eisenmajer et al. 1996). 그러나 아이들의 자연스러운 대화능력은 눈에 띌 만큼 떨어지기 때문에 확실히 이상하게 보인다. 비록 음운론과 구문론(발음과 문법)은 다른 아이들과 같은 양식을 따르지만, 어용론 (특정한 사회적 상황에 맞춰 말하는 방법)과 의미론(이를테면 말에 여러 가지 의미가 있다는 것), 그리고 운율론(특이한 음율, 악센트, 리듬)에서 차이를 보인다. 한스 아스퍼거가 처음으로 언어능력에 있어 특징적인 모습에 대해 기술했고, 카리나와 크리스토퍼 길버그의 진단기준 (1989) 중 '특이한 말과 언어적 특징들'인데 다음에서 세 가지 이상이면 이에 해당한다.

· 언어발달 지체
· 표면상 완전한 표현언어
  딱딱하고 현하저인 언어
· 이상한 운율, 특이한 목소리
· 글자 그대로의, 내포된 의미들의 착각

이번 장에서는 이러한 특징들에 대해 설명할 것이다. 피터 스자마리와 동료들은 특이한 언어를 진단하는 기준을 제시했는데(1989), 아이가 너무 말을 많이, 혹은 너무 적게 하는 것, 대화에 집중하지 못하는 것과 독특한 단어구사 그리고 반복적인 말투 등을 추가했다. 미국정신과협회와 세계보건기구는 진단기준에 언어능력을 언급했지만 "전반적 언어발달에 임상적으로 중요한 지체는 없다."고 규정하고 있다. 불행히도, 이 말은 언어능력에 있어 이상한 점은 전혀 없다고 해석될 수 있다. 만 5세가 되면 아스퍼거 증후군을 지닌 아이는 언어발달에 전반적인 지체를 보이지는 않지만 특정한 언어능력에 문제를 가지고 있다. 가장 현저한 지체는 실용적 측면에서 나타난다.

대화의 기법

사회적 상황에 따른 언어사용에 문제가 있다(Baltaxe et al. 1995, Baron-Cohen 1988, Eales 1993, Tantam et al. 1993). 아스퍼거 증후군을 지닌 사람은 다른 사람과 대화할 때 이 점이 두드러진다. 사람들은 대화 중에 몇 가지 주목할 만한 실수를 알아차린다. 상황에 맞지 않거나 사회적 · 문화적 규약에 어긋나는 방식으로 대화를 시작하기도 한다. 예를 들면 한 아이가 슈퍼마켓에서 낯선 사람에게 다가가 "원통형 잔디깎기 기계를 가지고 있으세요?"라고 말한 뒤 자기 혼자 잔디깎기 기계에 관한 백과사전식 지식을 늘어놓는 식이다. 일단 대화가 시작되면 입을 닫을 기미를 안 보이며, 미리 마음먹고 준비한 '대본'을 끝마쳐야 멈춘다. 부모는 종종 아이가 다음에 무슨 말을 할지 정확히 예상하기도 한다. 아이는 듣는 사람이 어떻게 받아들이는지, 심지어 그만 듣고 싶다거나 명확하게 당황스럽다는 신호를 보내더라도 이를 눈치채지 못하는 것처럼 보인다. 사람들은 아이가 상대방의 말을 듣지 않고 있다거나, 대화 중에 상대방의 말이나 감정 혹은 지식과 어떤 식으로 조화를 이룰지 모르고 있다는 인상을 받는다.

따라서 아이는 대화기법을 배울 필요가 있다. 통상적인 인사말이나 외모에 대한 언급 그리고 상황에 맞는 질문이 여기에 포함된다. 이런 것들은 역할놀이 게임을 통해 익힐 수 있다. 주어진 특정 상황에 특정한 말이 왜 인사말로 부적절한지 설명하는 식이다. 교사는 극단적인 예를 들고, 아이는 보다 적절한 대안을 익히게 되는데 이 과정에서 아이에게 무엇이 잘못됐는지, 교사가 어떻게 말해야 하는지 지적해보라고 요구한다.

이 밖에 아이가 어려워하는 영역은 다음과 같다.

· 대화 수정
· 불확실한 것이나 실수에 대처하는 능력
· 상습적인 부적절한 말투 극복하기
· 참견하지 말아야 할 순간 구분하기

대화가 혼란스러울 때, 아마도 다른 사람이 부정확하거나 기대했던 대답이 분명치 않을 경우, 일반적인 반응은 명확히 말해달라고 요청하는 것이다. 이를 통해 두 사람은 모두 같은 대화의 '궤도'와 주제를 고수할 수 있다. 아스퍼거 증후군을 지닌 아이는 무엇을 말해야 할지 자신이 없을 때 대답에 앞서 오랫동안 침묵하거나 대화의 주제를 바꾸는 경향이 있다. 아스퍼거 증후군을 지닌 아이는 "네가 무슨 말을 하는지 잘 모르겠어."라든가 "잠깐 생각해볼게."라고 말하는 대신 무슨 대답을 할지 상당히 오랫동안 생각하거나, 자기에게 익숙한 대화 주제로 바꾼다. 이것은 대화를 매우 지루하고 답답하게 만들거나 대화가 항상 아이가 좋아하는 관심사로 옮아간다는 인상을 심어준다. 비록 처음 주제가 여름방학에 관한 것일지라도 몇 분이 채 안되어 공룡으로 바뀌는 식이다.

아이는 질문에 대한 정답을 모를 때 대답을 꺼리거나, 자신감 부족으로 인해 "몰라." 혹은 "혼란스러워."라는 말을 하지 않으려고 한다. 아이는 이런 경우 자신이 혼란스럽다는 것을 설명하고 명확하게 말해달라고 요구해야 한다는 점을 배울 필요가 있다. 무슨 말을 할지 자신이 없더라도 실패할 것이라고 느끼지 않도록 아이에게 적절한 어법이나 대답하는 법을 설명하고 가르쳐주어야 한다. 아이가 대화 할 때 특정한 관심사를 자주 끌어들이는 원인 중 하나는 그 주제에 관해서는 상당한 지식과 어휘력을 갖췄으므로 대화나 이해에 자신감을 가질 수 있기 때문이다. 아스퍼거 증후군을 지닌 사람은 또한 멍청하게 보이지 않으려는 강한 욕구가 있다. 이것은 션 배런의 말에 잘 드러나 있다.

나는 사람들이 하는 '평범한' 방식의 대화를 하지 못하고, 무슨 말을 하는지 이해가 안 되어 그들의 대화에 낄 수 없다는 것을 느끼기 때문에 사람들에게 미국의 주(州)에 관해 질문하고 싶은 욕구에 사로잡히곤 했다. 다른 사람들이 하나같이 별로 힘들이지 않고 얘기하고, 대화가 시냇물처럼 부드럽게 이어지는 것을 볼 때면 나는 아주 열등하고, 소외되고, 하찮은 사람이라는 느낌을 받는다. 나는 내게 부족한 무엇인가를 상쇄해야 하는데, 사람들에게 50개 전체 주의 이름과 지도상의 위치와 모양을 알고 있다는 것을 보여주는 것보다 더 좋은 방법이 있을까? 나는 모든 사람들에게 질문을 던짐으로써 내가 실제 얼마나 똑똑한지 보여줄 필요가 있었고, 지금도 그렇게 하고 있다. 나는 결코 "어떤 주에 가보았니?"라고 질문하지 않고 대신 내가 모든 주들에 대해 알고 있다는 것을 보여줄 수 있도록 "몬타나에 가본 적 있니?"라는 식으로 질문한다. (Barron and Barron 1992, 107~108쪽)

또 다른 특징은 상관없는 말을 하는 경향이다. 대화 주제와 아무 상관없는 논평이나 질문, 무의미한 말의 조합, 이전에 한 대화의 한 토막이나 아주 괴상한 발성 같은 것들이다. 아이는 자신의 말이 다른 사람을 얼마나 당황하게 만들지 생각하지 않고, 머릿속에 가장 먼저 떠오른 생각을 말하는 듯하다. 이러한 특징의 원인은 정확히 규명되지 않았다. 이런 상황에서 사람들은 부적절한 말에 대꾸를 해야 할지, 아니면 아무 일도 없었다는 듯이 하고 있던 대화를 계속 이어가야 할지 갈피를 잡기 어렵다. 나는 그러한 말들을 무시하고 대화의 핵심 주제에 집중하는 쪽이다.

또 다른 사람의 말을 방해하거나 다른 사람이 얘기하는 중간에 불쑥 끼어드는 경향도 있다. 템플 그랜딘은 다음과 같이 적고 있다 (1995).

> 지난 몇 년간, 나는 사람들 사이에 일종의 '전기'가 통한다는 것을 더 확실히 알게 되었다. 나는 관찰을 통해 몇몇 사람들이 모여 담소를 즐길 때는 말투와 웃음에 일정한 리듬이 있다는 사실을 깨달았다. 사람들은 모두 함께 웃고 난 후에는 다음에 웃을 때까지 조용히 대화한다. 나는 늘 이러한 리듬을 맞추는 데 어려워하며, 무의식적으로 대화를 방해했다. 문제는 내가 리듬을 따라가지 못하는 데 있었다. (91~92쪽)

캐롤 그레이는 만화식 대화(Comic Strip Converations)라고 이름 붙인 기법을 개발했는데(1994), 그 기법은 대화 중에 나타나는 여러 단계의 의사교환을 그림으로 표현한 것이다. 손발과 몸통을 선으로 묘사한 사람 그림(stick figures), 대화와 생각 풍선들(bubbles), 상징과 색깔은 아이들로 하여금 그 동안 이해하지 못했을지도 모르는 부분을 발견하도록 고안됐다.

예를 들어 사람을 화나게 할지도 모르는 아스퍼거 증후군 특징 중 하나는 남들의 말을 방해하는 것이다. 아스퍼거 증후군을 지닌 사람은 언제 말을 시작해야 할지 알려주는 신호들(즉 일시적인 대화 중단, 대화 주제의 종결 혹은 '이제 네 차례'라는 의미를 담은 보디랭귀지와 눈맞춤)을 제때 알아채지 못한다. 그들은 또한 대화 흐름을 방해했을 때 파생되는 결과나 다른 사람의 감정을 인식하지 못한다. 대화를 방해하거나 다른 사람의 기분을 상하게 하지 않고 대화에 끼어드는 기술에 대해 설명하기는 어렵지만, 그림 하나가 천 마디 말보다 도움이 될 수 있다.

캐롤의 만화는 대화 끼어들기에 대해 보여준다. 이 기법은 대화와 사회적 적응방법에 관한 문제들에 광범위하게 적용될 수 있다. 대화

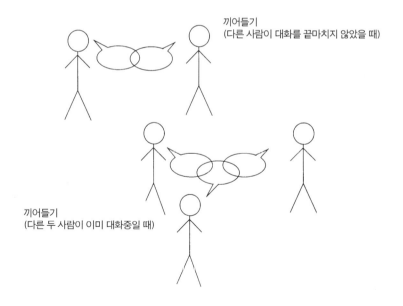

그림 3.1 대화에 끼어들기: 내 말과 다른 사람의 말이 상충할 때

풍선은 무슨 감정을 전달하느냐에 따라 다양한 방법으로 그릴 수 있는데, 화가 났음을 보여주는 끝이 뾰족한 풍선이나 불안을 보여주는 물결 모양 풍선 등이 그런 예이다. 색깔도 동원될 수 있다. 행복하거나 호의적인 말은 초록색으로 적고, 반면 기분 나쁜 생각은 붉은색으로 적는 식이다. 당황스러운 말은 분홍색으로, 슬픈 감정은 파란색으로 적는 등 색깔 도표(A whole colour chart)를 만들 수 있다. 그다음, 이 색깔들을 그 사람의 어조나 신체 언어로 옮기게 할 수도 있다. 만화식 대화는 아이가 연속적인 대화나 놀이의 의도와 의미를 분석하고 이해하도록 도와준다. 아스퍼거 증후군을 지닌 많은 아이들은 놀림을 받거나 비꼬는 말에 혼란스러워하고 당황해한다. 색깔 선택, 말과 생각 풍선을 통해 숨은 뜻을 설명할 수 있다. 캐롤은 아이들은 종종 다른 사람들이 자신들과 똑같이 생각하거나 자신들이 말한 그대로 생각할 것이라고 간주하고 있다는 사실을 발견했다. 만화식 대화는 사람들이 같은 상황에서 서로 아주 다른 생각과 감정을 갖기도 한다는 사실을 보여주는 데 사용되기도 한다. 이 방법의 또 다른 장점은 대화에 있어서의 연속적인 흐름을 보여주고, 대안으로 제시된 말과 행동의 잠재적 효과를 보여주는 것이다.

사람들은 대화할 때 '대화 대본(script)'을 바꾼다는 신호를 보낸다. 예를 들면 쇼핑에 관해 말하는 동안 사람들은 누군가 불행하게 지갑을 잃어버린 적이 있다는 것을 알게 되면 대본을 수정하여 위로의 말을 건네기도 한다. 아스퍼거 증후군을 지닌 사람들은 대화할 때 자발적인 위로의 말을 거의 하지 않는다. 하지만 어른이 적절한 시범을 보여준다면 아스퍼거 증후군 아이가 이 말을 신호 삼아 나름대로 위로하는 말을 하기도 한다(Loveland and Tunali 1991). 이처럼 아이는 어떤 신호들의 중요성을 인지하지 못하거나 동정적인 반응을 이끌어내는 자극이나 시범이 필요한 경우도 있다. 만일 아이가 적절히 반응한다면 부모나 교사가 먼저, 아이로 하여금 적절한 말을 하도록 유도하는 위로의 말을 할 수도 있다. 또한 아이의 교육과정에는 이야기 형식으로 이끌어주는 과정도 있어야 한다. 즉 대본변경이나 위로의 말을 암시하는 신호가 무엇인지 가르쳐주는 것이다.

대화의 기법에 있어 다른 사람의 의견, 능력 등에 관해 알아보거나 의견을 밝히는 것도 중요한 부분이다. 그렇게 함으로써 위로와 동의, 칭찬을 할 수 있고 대화의 주제를 흥미롭게 할 수 있으며, 언제 그리고 어떻게 다른 사람의 말을 듣고 쳐다봐야 할지를 알게 된다. 이것들은 아스퍼거 증후군을 지닌 아이나 10대들에게는 어려운 매우 복잡하고 수준 높은 기능이다.

아스퍼거 증후군을 지닌 아이에게 그러한 기능을 고양시키려면 똑같이 아스퍼거 증후군을 지닌 아이들이나 일반 아이들 혹은 어른들과 대화의 장을 마련해주어야 한다. 이때 부모나 교사는 아이 곁에서 함께해야 한다. 아이 귀에 언제, 무슨 말을 해야 하는지 속삭여주어야 하기 때문이다. 개인 교사(tutor)처럼 적절한 신호를 알려주고 이에 적합한 대답을 가르쳐주거나 자극함으로써 아이로 하여금 점차 혼자 대화하고 행동할 수 있도록 격려하는 역할이다. 예를 들면 "사이먼한테 무슨 TV 프로그램을 제일 좋아하는지 물어보렴." 혹은 "나도 그 프로그램 좋아한다고 말하렴." 하고 속삭여줌으로써 대화가 늘상 반복되는 질문들에서 벗어나도록 돕는다. 대화능력을 키우는 수업을 할 때 아이들은 두 명을 한 조로 배치한다. 아이들은 각각 낯선 사람과 어떤 식으로 대화를 시작할지, 혹은 친구들과 대화를 어떻게 끌고 갈지 연습한다. 수업에 앞서 "안녕, 기분이 어때?"라거나 "오늘 날씨가 어떨 것 같니?" 혹은 그날 주요 뉴스와 같은 인사말을 가르쳐주어야 한다. 부모와 교사는 또 아이와 대화를 나눌 상대방에 관한 질문을 미리 익히고 기억해야 한다. 예를 들면 "아저씨 결혼식은 재미있었니?", "너희 할머니 건강은 좀 어떠시니?" 혹은 "너희 아버지 새 차는 어떤 모양이니?" 같은 질문들이다. 이 밖에 대화를 통해 공통된 관심거리를 찾아내도록 노력하는 활동도 있다. 사춘기 아이들의 대화와 연극수업 과정을 변형하여 훌륭한 대화기법의 핵심 요소를 찾아내 설명하고 연습할 수 있다. 일부 아이들은 놀림받았을 때, 혼자 있고 싶을 때, 도움을 구하거나 게임에 졌을 때와 같은 특별한 상황에 맞춰 준비한 '모범 대본(good conversation skills)'을 미리 학습하는 게 필요하다. 아스퍼거 증후군을 지닌 사람들의 또 다른 언어 특징을 기술하기에 앞서, 다음에 인용하는 글, 즉 저명한 여행작가 빌 브라이슨과 아스퍼거 증후군을 지닌 것으로 추정되는 한 남자의 우연한 만남에서 오고 간 말들은 독자들로 하여금 생활에서 생기는 말실수들에 대해 알려준다(1995).

나는 기차여행 중 말을 건네는 사람은 대부분 기차여행을 하는 동안 함께 이야기하고 싶지 않은 사람이라고 정의 내리고 오랜 동안에 걸쳐 그 같은 생각을 굳혔다. 최근 들어서는 주로 혼자서 잔 모리스(『잔 모리스의 50년 간의 유럽여행』 저자—옮긴이)나 폴 써루 (『폴 써루의 유라시아 횡단 기행』 저자—옮긴이) 같은 좀 더 떠들썩한 부류의 작가들 책을 읽는 것으로 대화의 즐거움을 대신하곤 한다.

한번은 그렇게 혼자 앉아서 독서삼매경에 빠져 있는데 애초 내 의도와는 정반대로, 바스락거리는 아노락(anorak, 두건 모양의 머리쓰개가 달린 에스키모들이 입는 모피 외투—옮긴이)을 입고 지나가던 한 남자가 힐끔 보고는 "아니, 그거 써루 책이죠!"라고 큰 소리로 떠들며 어느새 맞은편 좌석을 차지하고 앉으려는 모습이 내 눈에 들어왔다. 흐트러진 백발에, 잘 저어 거품이 일어난 머랭 끝처럼 뾰족하게 올라간, 지나치게 무성하게 자란 축제용 장식 같은 눈썹을 한 60대 초반의 남자였다. 그의 눈썹은 마치 누군가 그것들을 움켜쥐고 남자를 들어올리기라도 한 것 같은 모양이었다. "그 사람은 자기가 탄 기차들에 관해 아는 게 없어요. 그렇죠?"라고 남자가 말했다.

"뭐라구요?"라고 내가 조심스레 되물었다.

"써루요." 남자가 내 책을 가리키며 끄덕였다. "그 사람 자기가 탄 기차를 하나도 모르죠. 만약 안다면 자기 혼자만 알고 있는 거죠." 남자가 이 대목에서 배꼽을 잡고 웃더니 너무 재미있는지 같은 말을 되풀이하고는 손을 무릎에 올려놓고 마치 남자와 내가 함께 이처럼 즐거웠던 지난 시절을 회상이라도 하는 듯 빙긋 웃었다.

나는 남자의 재담을 이해했다는 표시로 고개를 까닥이고는 책에

다시 눈을 파묻었다. 나는 그 남자가 나의 이 행동을 '나를 그냥 놔주세요'라는 신호로 알아채기를 원했다. 하지만 남자는 오히려 한 손가락을 구부린 손을 뻗어서는 내가 보던 책을 끌어당겼는데, 한참 독서삼매경에 빠져 있던 나는 그 행동으로 몹시 기분이 상했다. "그 사람이 쓴 『아시아를 종단하는 위대한 열차여행(The Great Railway Bazaar, 국내에서는 '폴 써루의 유라시아 횡단기행'이라는 제목으로 번역―옮긴이)』이라든가 뭐라든가 하는 책이 있는 거 아시나요?"

나는 고개를 끄덕였다.

"그 책을 보면 써루가 라호르(파키스탄 북동부에 위치한 펀자브주 주도―옮긴이)에서 이슬라마바드(파키스탄 수도―옮긴이)까지 델리 특급열차를 타고 가면서도 기차 종류에 대해서는 한마디도 안 하잖아요."

남자가 내 대답을 바라고 있다는 것을 눈치챈 나는 "그런가요?"라고 맞장구를 쳐줬다.

"한마디도 안 한다니까요. 그게 말이나 됩니까? 기차 종류에 대해 말하지 않는 열차여행 책이라는 게 무슨 쓸모가 있겠어요."

"기차를 좋아하시나 보죠?"라고 말한 순간 괜히 말했구나 하고 곧 후회했다.

다음 순간 책은 내 무릎 위에 놓여 있고 나는 세상에서 가장 따분한 남자의 말을 듣고 있는 나 자신을 발견했다. 사실 남자가 했던 말에는 별로 귀 기울이지 않았다. 솟아 올라간 남자의 눈썹과, 눈썹만큼이나 무성한 그의 코털에 눈을 박고 있었던 것이다. 남자는 그것들을

'미라클 그로 제품'(미국의 비료 제조사—옮긴이)에라도 담근 모양이었다. 그는 단순한 '기차동호인(a train spotter)'이 아니라 훨씬 심각한 상태의 '기차광(a train-talker)'이었다.

"지금 이 기차는 말이죠. 스윈던(영국 남부 브리스톨 인근 소도시—옮긴이) 공장에서 만든 메트로-캄멜(영국의 기차 몸체 및 자동차 제작사—옮긴이)' 사의 자동봉합형(self-sealed unit) 기차인데, 추측컨대 아마 86년 7월에서 8월 사이에 제작됐거나 88년 9월에 나온 최신형일 겁니다. 처음에는 좌석등받이의 X자형 십자뜨기 박음질 때문에 86~88년 사이 스윈돈에서 만들어진 제품일 리가 없다고 생각했지만 옆 계기판에 박힌 끝이 동그란 대갈못을 발견한 뒤에는, 아 이게 내가 잘 알고 있던 하이브리드(혼성형 엔진 기관차—옮긴이) 중 하나구나 하고 생각하게 됐죠. 이 세상에는 확실하건 별로 없지만 메트로-캄멜의 동그란 대갈못만큼은 절대 거짓말을 안 하거든요. 그런데 고향이 어디십니까?"

약간의 시간이 흐른 뒤에야 질문을 받았다는 사실을 깨달았다.

나는 반쯤은 거짓으로 "아, 예. 스킵턴(영국 요크셔 북부 소도시—옮긴이)요."라고 말했다.

남자가 "거기 크로세 앤 블랙웰 교차로가 있죠."와 비슷한 무의미한 말을 했다. "저는 지금 세번 강 유역의 업톤(영국 남동부 에섹스 주의 소도시—옮긴이)에 삽니다."

"아, 세번 강 어귀." 나는 반사적으로 말했지만, 남자는 내 말귀를 알아채지 못했다.

"맞아요. 강줄기가 집 앞을 지나죠." 남자는 마치 내가 주요 관심사로부터 그를 떼어놓기라고 한다는 듯이, 약간 짜증 섞인 기색으로 바라보았다. 그다음 우리는 '애보트 앤 코스텔로'제 수평 반동추진엔진이 장착된 자누시(세탁기, 드라이어 등을 만드는 이탈리아 가전제품사—옮긴이) Z-46의 회전주기에 대해 이야기했다. "Z-46는 봉합 부위에서 '카토잉크-카토잉크'가 아니라 '파투쉬-파투쉬' 하는 소리가 나기 때문에 아무 때나 구분할 수 있죠. 언제나 정체를 완전히 누설하는 셈이죠. 당신은 그런 걸 몰랐을 거예요."

결국에는 남자가 안됐다는 생각이 들었다. 남자의 부인은 2년 전에 죽었는데—자살한 것이 아닐까 싶다—그때부터 남자는 기차의 대갈못을 세고, 기차갑판 번호를 기록하면서 기차로 영국을 여행하는 데 몰두했고, 나머지 시간에는 신께서 자비로운 죽음을 내려주실 때까지 자신과 같은 불쌍한 사람들이 소일거리 삼아 하는 그런 일들을 하는 데 골몰해 왔다. 나는 최근 영국심리학회에서 한 발표자가 기차동호인을 아스퍼거 증후군이라고 부르는 자폐증의 한 형태로 설명했다는 신문기사를 읽은 적이 있다.

그는 파곳 앤드 그래비의 12톤짜리 혼합용 탄수차(증기 기관차의 뒤쪽에 연결된, 석탄과 물을 싣는 차량—옮긴이)가 그날 아침에 들어온다는 소문에 이끌려 프레스타틴(영국 북웨일스의 소도시—옮긴이)에서 내렸다. 나는 기차가 출발할 때 창가에서 그를 향해 손을 흔들어준 뒤 갑자기 찾아온 평화를 만끽했다. 기차가 철길을 맹렬히 달려가는 소리를 듣는데, 그 소리가 마치 "아스퍼거 증후군, 아스퍼거 증후군."이라고 말하는 듯했다. 란두드노(영국 북웨일스의 소도시—옮긴이)까지 남은 나머지 40분간 나는 하릴없이 대갈못을 세면서 시간을 보냈다 (193~195쪽).

비록 빌 브라이슨은 짜증 났지만 그의 길동무는 아마 자신이 가장 좋아하는 관심사에 대해 혼자 떠들 수 있는 기회를 만끽했을 것이다.

글자 그대로 이해하기

아스퍼거 증후군을 지닌 사람은 타인이 하는 말을 액면 그대로 받아들이는 경향이 있다. 예를 들어 한 젊은 남자가 아버지로부터 차 한 주전자 준비하라는 말을 들었다. 시간이 지난 뒤에도 차를 가져오지 않자 궁금해진 아버지가 아들에게 "차는 어떻게 됐니?"고 물었다. 아들은 "주전자에 있잖아요."라고 대꾸했다. 그 젊은 남자는 차 한 주전자 준비하라는 말 속에는 차를 준비해서 사람들에게 한 잔씩 대접하라는 뜻이 들어 있다는 것을 몰랐던 것이다. 그런가 하면 수업 중에 교사가 아이에게 "공부 제대로 해라(Put your work right, 그대로 옮기면 '숙제를 오른쪽에 두라'—옮긴이)."라고 말했다. 아이는 어리둥절한 듯 보이더니 천천히 학습장을 책상 오른쪽으로 옮겼다. 한 아버지는 최근 들어서야 가까스로 아들이 "나가서 자전거를 타고 아래층으로 가라(아래층으로 내려가 자전거를 타라는 의미)"에 따라 곧이곧대로 하는 것을 멈출 수 있었다. 병원에서 진단평가를 받는 한 여자아이에게 "열까지 셀 수 있겠니?(열까지 세어보겠니?)"라고 물었더니 아이는 그냥 "예."라고만 대답한 뒤 조용히 하던 놀이를 계속했다. 한 친절한 손님이 어느 가족을 방문해 그 집 아이에게 "너는 아빠를 닮았구나 (You have your father's eyes, 그대로 옮기면 '너는 네 아빠 눈을 가졌구나'— 옮긴이)"라고 말했다. 그러자 아이는 몹시 당황하며 자기 어머니를 돌아보면서 "나는 내 눈을 가지고 있어요, 엄마."라고 말했다. 그림들도 액면 그대로 받아들이는 경향이 있다. 한 아이가 〈로드 러너(Road Runner, 워너브러더스 사의 만화영화—옮긴이)〉를 보고 있었는데, 마침 악당 코요테가 계곡에서 떨어질 때 돌연 낙하산처럼 우산이 펼쳐지는 장면이 나오고 있었다. 이 장면을 전혀 이해하지 못한 아이는 "왜 비도 안 오는데 코요테가 저렇게 해요?"라고 물었다.

이들이 일부러 사람들을 성가시게 하거나 멍청한 것이 아니다. 오히려 숨겨진 속뜻이나 중의적 의미를 파악하는 데 서투르다고 할 수 있다. 이러한 특징은 일상어, 관용구 혹은 다음과 같은 은유를 이해하는 데 영향을 미친다.

고양이가 네 혀라도 물었니? (왜 말을 하지 않니?)

푸른색 밖. (뜻밖에, 불시에.)

앞서 걷다. (이기고 있다.)

너는 내 다리를 잡아당기고 있다. (너는 나를 놀리고 있다.)

공을 주시하라. (방심하지 마라.)

납작한 건전지. (방전된 건전지.)

네 마음을 바꿔라. (네 생각을 고쳐라.)

나는 그의 눈을 잡았다. (나는 그의 관심을 끌고 있다.)

네 명 모두. (두 명에서 네 명이 하는 카드놀이의 일종.)

달의 너머. (크게 기뻐한다.)

눈빛이 살인을 할 수 있다. (잡아먹을 듯이 노려보다.)

목소리가 부서진다. (변성기에 접어들었다.)

신부를 위해 건배하자. (결혼을 축하하자.)

<u>스스로</u>를 잡아당겨라. (기운을 차려라.)

저자는 이러한 구문들이 어느 정도 헷갈리게 만든다는 사실을 발견했는데, 부모들은 이 구문들이 단지 비유적 표현이라는 점을 설명해주어야 한다.

앞장에서는 캐롤 그레이가 개발한 사회적 이야기들에 관한 내용이 포함되어 있다. 그것들은 비유적 표현을 이해시키는 데 도움이 된다. 캐롤은 위의 구문 중 하나를 설명하기 위해 다음과 같은 예문의 사회적 이야기를 사용했다.

사람은 때로, "내 마음이 바뀌었다."고 말한다.

이 말은 전에 어떤 생각을 가지고 있었지만, 지금은 새로운 생각을 가지고 있다는 의미이다

누군가 마음을 바꾸었을 때 나는 그냥 침묵하고 있을 것이다.

누군가 "내 마음이 바뀌었다."고 말할 때, 나는 누군가 무언가를 적

고, 긁어낸 뒤 새로 적었다고 생각할 수 있다.

아이들은 "싸늘하게 하다('냉정해진다'는 의미)."나 "나중에 너를 잡는다('안녕 잘 가'라는 의미)."와 같은 혼란스러운 구문을 직접 지적하고 그 말의 의미를 추론하기도 한다. 구문의 의미와 그러한 구문이 쓰여지는 상황을 설명해주기 위해 이야기를 지어내기도 한다.

아이들은 종종 놀림받을 때 심한 혼란을 겪는다. 이러한 게임의 규칙과 유머러스한 의도가 이해되지 않는 경우도 있다. 부모들이 농담일 뿐이라고 설명해야 하는 경우도 있다. 일례로, 로버트는 무슨 이유로 교장 선생님의 팔뚝을 물게 됐는지에 관해 질문을 받았다. 상담교사는 목소리와 표정, 몸짓에 골려주거나 혹은 농담을 하고 있다는 의미를 담아 배가 고파서 교장 선생님을 깨물었냐고 물어보았다. 교사의 속뜻을 알아듣지 못한 것이 분명한 아이는 조용히 "아니요, 점심은 먹었는데요."라고 말했다. 풍자, 아닌 척하기, 혹은 거짓말을 할 때도 비슷한 혼란이 일어난다. 다른 아이들이 TV 인기 프로그램이나 영화에 나온 사람을 흉내 낼 때 아스퍼거 증후군을 지닌 아이는 왜 아이들이 그들의 이름과 기질을 바꾸려 하는지 몰라 당황해한다. 다른 사람이 거짓말을 할 때 알아채지 못하는 문제도 있다.

다른 아이들은 아이의 이런 순진함을 이용하는 데서 엄청난 즐거움을 얻는다. 또 액면 그대로 받아들이기 때문에 문제행동이 반복되기도 한다. 일례로 도나 윌리엄스는 자서전을 통해 이렇게 말하고 있다.

다른 사람이 내게 한 말이 단순한 단어가 아니라 그 의미로서 내 마음에 새겨지는 경우에도 나는 그 말을 특정한 때나 특정 상황에 한정해서 적용했다. 요컨대 한번은 국회의사당에 소풍 가서 낙서를 했다고 심하게 훈계를 받고, 절대로 같은 행동을 하지 않겠다고 약속한 다음 불과 10분 뒤 학교 담에다 다른 내용의 낙서를 하다가 붙잡힌 적이 있다. 내 입장에서는 사람들의 말을 무시하거나 장난하려는 것이 아니었다. 나는 이전에 내가 한 낙서와 똑같은 낙서를 하지는 않았던 것이다. (1995, 61쪽)

부모, 교사 그리고 가족들은 아이에게 액면 그대로 받아들이는 경향이 있음을 알아야 하고 자신들의 말이나 지시가 얼마나 아이를 혼란스럽게 만들고 잘못 받아들여질 우려가 있는지 먼저 생각해봐야 한다. 아이는 교사가 농담을 시작하거나, 중의적인 말이나, 풍자, 반어법 혹은 동음이의의 재담을 할 때 불안감을 느낄 우려가 있다. 아이에게 공책에다 이 같은 말들과 숨은 의미를 적어보도록 하거나, 만화를 모으게 하거나, 액면 그대로 이해한 특정 장면을 그리게 하는 것도 효과적이다. 만화식 대화법은 일상 대화에 나타나는 이러한 양상을 찾아내는 데 이상적인 수단이다. 실수가 발생할 때는 언제나 말에 숨은 의도나 전체적인 의미를 설명하도록 하라. 아스퍼거 증후군을 지닌 한 10대 소녀가 전화를 받았더니, 상대방이 "거기 폴 있니?('폴 좀 바꿔주세요'라는 의미)"라고 물었다. 그 방에 폴이 없었기 때문에 소녀는 "아니요."라고 대답한 뒤 즉시 전화를 끊었다. 소녀에게 액면 그대로 받아들이는 경향이 있다는 사실을 미리 알고 있던 상대방은 전화를 다시 걸어 만일 폴이 거기 없으면, 네가 폴을 찾아서 전화를 받으라고 전해줬으면 좋겠다고 설명해주었다.

단조로운 어조

대화할 때 사람들은 어떤 단어를 강조하거나 감정을 표현하기 위해 음조와 성량을 바꾼다. 아스퍼거 증후군을 지닌 사람의 말을 들어보면 음조, 강세와 리듬, 혹은 멜로디가 부족하다(Fine et al. 1991). 음의 변화가 부족해서 말이 단조롭고 평이하거나 모든 음절에 강세를 주는 지나치게 정확한 화법을 구사하기도 한다. 때로는 도나 윌리엄스가 기술한 것처럼 기묘한 변화가 나타나기도 한다.

나는 종종 무언가 설명할 때 억양과 음조 그리고 말투가 오락가락한다. 때로 내 억양은 너무 '우아하고(polished)' 세련된 듯이 보인다. 나는 종종 빈민굴에서 나고 자란 사람처럼 말한다. 내 목소리는 평범할 때가 있는가 하면 가수 엘비스 흉내를 내는 듯이 저음일 때도 있다. 그렇지만 내가 흥분했을 때는 도로용 롤러에 깔린 미키 마우스의 목소리처럼 아주 높은 음조로 단조롭게 들리기도 한다. (1995, 74~75쪽)

아이의 억양이 그 지역 아이들과 다를 때도 있는데, 아마 어머니의 억양을 따라 한 까닭일 것이다(Baron-Cohen and Staunton). 사람들은 보통 아이의 억양이 학교의 또래 집단의 억양처럼 바뀔 것을 기대한다. 다른 억양을 구사하는 지역으로 이사했을 때 이러한 바람은 가장 두드러진다. 아스퍼거 증후군을 지닌 아이는 지역의 다른 아이들 억양을 덜 따라 하는 경향이 있다. 때로 아이의 억양은 그들이 아주 좋아하는 TV 프로그램에 나오는 억양과 똑같다. 부모는 사람들에게 왜 아이의 억양이 미국식(아마 〈세서미 스트리트〔미국의 어린이 TV 프로그램—옮긴이〕〉를 시청한 때문일 것이다)이냐는 질문을 받거나, 미국에서 최근 이민 온 가족이라는 오해를 살지 모른다. 아이가 어떤 단어나 구문을 들으면, 처음 발음한 그대로 따라 해 발음을 잘 구별하는 사람은 아이의 억양이 메아리 같다는 사실을 곧 알아차릴 수 있다.

아이의 음색이 단조롭고 그로 인해 지루하거나 이상하다면(마치 '미스터 빈'의 목소리처럼), 억양과 음색 혹은 강세를 변화시키기 위해 배우들이 고안한 방법을 치료에 적용하는 언어치료사나 언어와 연극 교사의 도움을 받아 아이의 운율을 개선해야 한다.

아이는 또한 다른 사람의 말을 들을 때 음색 변화, 특정 단어의 음성 변화 혹은 강조가 가지는 의미를 잘 이해하지 못하기도 한다. 이러한 미묘한 신호는 다른 의미들을 구별해내는 데 아주 중요하다. 다음의 예는 앤드류 매튜스의 친구 사귀기(Making Friends, 1990, 129쪽)라는 책에서 발췌한 것인데 다른 단어에 강세가 주어졌을 때 어떻게 문장의 의미가 바뀌는지 보여준다.

나는 그녀가 내 돈을 훔쳤다고 말하지 않았다.

나는 그녀가 내 돈을 훔쳤다고 말하지 않았다(하지만 누군가 그 말을 했다).

나는 그녀가 내 돈을 훔쳤다고 말하지 **않았다**(나는 절대 그 말을 하지 않았다).

나는 그녀가 내 돈을 훔쳤다고 말하지 않았다(그러나 나는 그것을 암시했다).

나는 그녀가 내 돈을 훔쳤다고 말하지 않았다(그러나 누군가 돈을 훔쳤다).

나는 그녀가 내 돈을 **훔쳤다**고 말하지 않았다(그러나 내 돈을 어떻게 한 것은 사실이다).

나는 그녀가 내 돈을 훔쳤다고 말하지 않았다(그녀는 내가 아닌 다른 사람 돈을 훔쳤다).

나는 그녀가 내 **돈**을 훔쳤다고 말하지 않았다(그녀는 돈이 아닌 다른 것을 훔쳤다).

글자 하나 바꾸지 않고 이처럼 여덟 가지 다른 의미가 나온다. 역할 놀이와 언어와 연극 연습을 통해 강세 변화의 의미와 방법을 익힐 수 있다. 일례로, 수 로비는 '장막 뒤에서 말하기(Behind the Screen)' 게임을 추천한다. 한 아이에게 형용사나 부사가 적힌 단어목록을 가지고 장막 뒤에서 0부터 10까지 세면서 형용사나 부사가 의미하는 내용을 표현하게 한다. 나머지 사람들은 그게 어떤 단어인지 맞추는 것이다. 또 다른 게임으로는 음색 대화가 있다. 두 아이가 짝을 짓고, 한 아이가 특별한 음색으로 대화를 시작하거나 대본을 읽으면, 아이의 짝이 같은 음색으로 응답하는 게임이다.

현학적인 말

사춘기 시절, 아이들의 말은 현학적이거나 지나치게 딱딱해지기도 한다(Kerbeshian, Burd and Fisher 1990, Ghaziuddin and Gerstein 1996). 일례로, 일과가 끝난 사무실의 청소원으로 일하며 아버지를 돕고 있던 한 10대 소년이 쓰레기통들을 전부 비우라는 지시를 받았다. 잠시 후 쓰레기통 몇 개가 비워지지 않았다는 사실을 확인한 아버지가 짜증을 냈다. 아버지가 왜 비우지 않았느냐고 묻자 아들은 "그것들은 쓰레기통이 아니고 고리바구니(wicker baskets, 버들고리로 짠 뚜껑이 없는 바구니―옮긴이)예요."라고 말했다. 아이는 분명 너무 현학적이어서, 아버지의 지시를 제한적으로 혹은 액면 그대로 받아들인 것이다. 그렇지만 이러한 특징은 자동차 종류별 최고 속도와 여러 지역의 제한 속도에 온통 마음이 빼앗긴 한 젊은 미국인의 예에서 볼 수 있듯이 대화하는 양쪽 모두를 화나게 만들 우려가 있다. 이 젊은이와 호주에서 온 한 방문객의 대화는 방문객이 연료를 절감하기 위한 저속 주행 효과에 대해 말할 때까지는 상당히 화기애애하게 진행됐다. 하지만 연료절감이라는 말이 나오자 젊은이는 갑자기 단호하게 연료가 아니라 가솔린이 맞는 말이라며 흥분하기 시작했다.

방과 후 집으로 데려다주기 위해 학교로 찾아온 언니에게 "어머니는 집에 계셔(Is my mother home)?"라고 물었다는 한 다섯 살짜리 소녀의 경우에서 볼 수 있듯이 단어 선택이 지나치게 경직되기도 한다. 아이의 언니는 "엄마는 아직 집에 안 왔어(No, Mum's not home yet)."라고 대답했다. 분명히 그 가족은 '엄마(Mum)'라는 말을 사용하지만, 아스퍼거 증후군을 지닌 소녀는 자기 엄마를 어머니(Mother)라고 부르며 유별나게 경직된 언어를 사용해온 것이다. 이 증상을 지닌 아이들은 다른 사람을 부를 때 "안녕, 메리"라고 하는 대신 "안녕, 메리 스미스"라고 성과 이름을 함께 부른다. 때로 아이는 어른들에게나 적합한 단어를 선택하곤 하는데, 이로 인해 다른 사람들은 아이가 아니라 마치 어른에게 이야기하는 듯한 인상을 받는다. 아이의 말하는 방식과 구문은 어른들에게 배운 것인데, 아이의 말하는 형식에 있어 어른들이 미치는 영향은 다른 아이들의 영향에 비해 훨씬 심대하다. 아이는 추상적 개념과 애매한 표현을 견디기 힘들어, '어쩌면, 아마도, 조만간에'와 같은 말을 피하는 법을 익히게 된다. 일례로 다음 발췌문에서 저자가 설명하는 것처럼 말이다.

삶은 정말 하나의 전투다. 다른 사람들이 사소하다고 치부하는 것들이 미결정 상태로 남아 있으면 나는 심리적으로 엄청난 고통을 받는다. 예를 들어, 식구 중 누군가 "우리 내일 쇼핑하러 갈지도 몰라."라거나 누군가 "어디 한번 두고 보자."라고 말하는 경우가 있는데 이들은 이 같은 불확실성이 상당한 심적 고통을 일으키고, 나로 하여금 무슨 일이 일어날지 혹은 일어나지 않을지 끊임없이 신경 쓰이게 한다는 것을 모르는 것 같다. 어떤 일이 미결정 상태로 남아 있음으로 인해 나는 어디에 물건을 놓아야할지 어디에서 물건을 찾아야 할지 망설이게 되고, 남들이 내게 기대하는 일에도 주저하게 되는 것이다. (Jolliffe et al. 1992, 16쪽)

때로 아이는 무슨 일이 일어날 것인가에 관해 자기 확신을 얻기 위해 끊임없이 질문 공세를 펼 것이다. 애매모호함을 피하고 정확해지기 위해, 부모도 아이처럼 현학적으로 바뀌기도 한다.

독특한 단어 사용

아이는 특이한 단어(신조어)를 만드는 남다른 능력을 지닌 듯이 보이며 자신만의 독창적이고 독특한 언어를 구사한다(Tantam 1991, Volden and Loud 1991). 아스퍼거 증후군을 지닌 어떤 아이는 얼음덩어리에 박힌 초콜릿 부스러기를 가리키는 '스누크(snook)'와 자석을 의미하는 '클링크(clink)'라는 말을 만들어냈다. 다른 아이는 왜 어린 동생에 대해 관심이 없느냐고 물었더니 "애는 못 걸어요, 말도 못 해요, 망가졌어요."라고 대답했다. 또 다른 아이는 침실을 어지럽히고 거실에 장난감을 어수선하게 흐트러뜨릴 때, '정리정돈(tidying up)'의 반대라는 의미로 '안정리정돈(tidying down)'하고 있다는 말을 쓴다. 한 여자아이는 발목을 가리켜 '발뚝(wrist of my foot)'이라 하고, 네모

난 얼음덩어리를 '딱딱한 물(water bones)'이라 부른다.

때로 특이한 단어사용과 발음은 사람들을 웃기거나 낄낄대게 만든다. 그러나 이 같은 아이의 독특한 재치가 교사나 부모를 몹시 당황하게 만들기도 한다. 언어에 대한 색다른 관점을 보여주는 이 같은 능력은 매혹적이며, 아스퍼거 증후군의 순수하고 사랑스러우며 창조적인 측면이다. 아마 아이가 이야기책을 쓴다면 색다른 단어, 구문 혹은 표현을 생각해 내는 능력, 즉 고정관념을 뛰어넘는다는 측면에 있어 '독창력상'을 받을 만큼 훌륭할 수도 있다.

떠오르는 생각 말하기

어린아이들은 하나같이 혼자 혹은 다른 사람과 놀면서 머리에 떠오른 생각을 말로 표현하는 경향이 있다. 아이들은 학교에 들어가기 전 머리에 생각을 담아두는 법을 배우게 된다. 결국 혼자 뭐라고 떠들어대는 것은 다른 사람들에게 제정신이 아닌 걸로 받아들여진다. 아스퍼거 증후군을 지닌 아이 중 일부는 사람들이 예상하는 시기보다 몇 년이 지난 뒤까지도 생각은 담아두지 못하고 계속 중얼거린다. 이렇게 함으로써 종종 교실에서 다른 아이들을 방해하거나, 운동장에 혼자 있는 동안 혼잣말을 함으로써 놀림받는 원인이 되기도 한다. 아이가 자기만의 대화에 너무 몰두한 탓에 교사의 지시를 듣지 못하는 경우도 있다. 이러한 행동은 몇 가지 원인에서 비롯된다. 첫째, 또래 아이들이 중얼거리지 않고 조용한 것에 별로 구애받지 않고 남의 눈에 띄는 것을 별로 의식하지 않기 때문일 수 있다. 또 건설적인 의도에서 혹은 스스로 용기를 북돋우기 위해 중얼거리는 것일 수도 있다. 예를 들어, 어떤 사람은 "혼잣말을 하면 문제를 풀고 생각을 표현하는 데 큰 도움이 된다."고 설명한다. 또 다른 사람은 다음과 같이 말하기도 한다.

> 내 목소리가 외로움을 막아주기 때문에 나는 나의 목소리 듣는 것을 좋아한다. 말을 많이 하지 않으면 목소리를 잃을지도 모른다는 두려움도 조금은 있는 듯하다. 당신이 알다시피 나는 거의 다섯 살이 될 때까지 말을 하지 않았다. (Dewey 1991, 204쪽)

또 다른 이유는 다음날을 대비해 예상된 대화를 연습하거나 완전히 이해하기 위해 대화를 반복하는 것이다.

왜 혼잣말을 하는지 이유를 찾아내는 것이 중요하다. 혼잣말이 생각을 가다듬거나 스스로 위안을 찾는 수단 역할을 하는 단순한 발달지체일 수 있다. 만일 이러한 언어습관이 문제가 된다면 주위에 있는 사람들이 아이로 하여금 소리를 낮춰 혼잣말을 하게 하고 나아가 '생각만 하고 입 밖에 내지 말도록' 도와줘야 한다. 일부 아스퍼거 증후군을 지닌 성인들에게서는 생각이 떠오르는 대로 조용히 입술을 달싹거리는 습관이 목격되기도 한다.

청각 변별과 왜곡

아스퍼거 증후군을 지닌 몇몇 사람은 자서전을 통해 여러 사람들이 이야기할 때 한 사람의 목소리에 집중하는 어려움과 사람들의 말을 왜곡해서 인지하는 문제를 언급하고 있다. 아스퍼거 증후군을 지닌 한 아이가 두 교실 사이의 칸막이를 없앤 통합교실에서 공부하고 있었다. 다른 학급의 교사가 철자법 시험 문제를 읽는 동안 아이의 담임교사가 수학 시험 문제를 읽어주고 있었다. 아이의 답안지를 채점한 담임교사는 아이가 두 시험에 대한 답안을 모두 적어둔 것을 발견했다. 캔디는 '여러 목소리가 섞이면 얼마나 알아듣기 어려운지' 그리고, 자신은 너무 많은 사람들이 한꺼번에 말할 때, 특히 교실 한쪽에서 잡담할 때처럼 모두가 같은 주제에 대해 이야기할 때 아주 혼란스러워진다는 사실을 토로했다.

말의 왜곡에 관해서는 대런 화이트의 설명을 보라(White and White 1987).

나는 때때로 처음에는 한두 단어 듣고 이해하다가도 그다음 많은 단어들이 서로 뒤엉키는 것처럼 되어 앞뒤를 분간하지 못하곤 했다. …내 귀에는 선생님이 가르치는 소리가 왜곡되어 들리거나, 칠판을 제대로 보지 못할 만큼 윙윙거리게 들려서 수업에 집중하지 못하는 때가 적지 않았다. 그럴 때 선생님은 "대런, 정신차려."라고 지적하고는 했다. (224~225쪽)

도나 윌리엄스(1992)는 이렇게 적고 있다.

내가 들은 모든 소리들은 마치 검문소에서 검문 절차를 거치듯 판독 절차를 걸쳐야 했다. 어떤 문장은 이상하게 들리고 종종 무슨 뜻인지 이해하지 못하기 때문에 사람들은 내가 특정한 문장을 몇 개의 단어로 나눠 들을 수 있도록 같은 문장을 몇 차례씩 반복해서 말해야 했다. 이것은 마치 누군가 TV 음향 스위치로 장난치는 것 같았다. (61쪽)

템플 그랜딘도 다음과 같이 말한다(1991).

심지어 지금도 소리를 차단하는(tuning out, 잡음이나 CF가 들리지 않도록 수신기 다이얼을 조정하는 것—옮긴이) 문제를 가지고 있다. 내가 아주 좋아하는 노래를 라디오에서 듣다가도 문득 절반은 듣지 않았다는 사실을 깨닫는다. 갑자기 귀가 닫히는 현상이다. 대학 시절 나는 귀가 저절로 닫히지 않도록 끊임없이 적어야 했다. (61쪽)

혹시 아이가 '선택적 청력 상실(selective deafness)'처럼 보이는 이러한 문제를 안고 있다면, 언어병리학자에게 청각을 통한 아이의 정보 습득능력을 측정받아야 한다. 도움을 받기 싫거나 멍청해 보일 거라는 두려움이 있더라도, 사람들에게 말을 알아듣기 쉽게 혹은 몇 단어씩 끊어서 말해달라고 부탁하도록 아이의 용기를 북돋아주는 것도 효과적이다. 아이가 당신 말을 제대로 이해했는지 의심되는 경우엔 아이에게 한 말을 큰소리로 반복하게 하는 것도 한 가지 방법이다. 예를 들어 "네가 뭘 해야 한다고 말했는지 얘기해볼래?"라고 물어보는 식이다.

더불어 말할 때 아이가 생각할 시간을 갖도록 문장과 문장 사이를 쉬고 적어서 지시하는 방법도 도움이 된다. 이러한 기법의 장점은 다음 인용문에 설명되어 있다(Jolliffe et al. 1992).

> 나는 발음이 비슷한, 즉 볼(ball, 공)과 불(bull, 수소), 펜드(fend, 받아넘기다)와 벤드(vend, 행상하다), 빔(beam, 들보)과 빈(bean, 콩), 멈(mum, 침묵)과 넘(numb, 마비), 체이스(chase, 추적)와 케이스(case, 사건), 배드(bad, 나쁜)와 백(bag, 가방) 등의 단어를 재생하고 이해하는 데 어려움을 겪는다. 사람들은 내 발음의 잘못된 점을 지적하지만, 그들은 잘 모르는 것 같다. 자기들이 말을 할 때 나로서는 많은 경우 애를 써야 무슨 의미로 쓰였는지 유추가 가능할 정도로 판별하기 힘든 단어들이 모든 문장에 사용되고 있다는 사실을 말이다. 누군가 내게 말할 때 어떤 단어들이 쓰이고 있는지 알아듣기라도 하려면 정말 주의를 기울여 들어야 했다. 초중고등학교와 대학 시절, 미리 주제를 읽어두거나, 내용이 칠판에 적혀 있거나, 연구가 논리적으로 진행되면 이해하기가 한결 수월했다. 학생들에게 새로운 내용을 가르쳐야 하기 때문에 교사들이 지나치게 빨리 말하는 것을 자제하고, 모든 문장마다 1~2초씩 간격을 두는 듯이 천천히 말

을 해주는 경우엔 무슨 말인지 더 확실히 이해할 수 있었다. 책을 읽을 때는 단어가 무슨 의미로 쓰였는지 눈으로 즉각 확인하는 게 가능했기 때문에 판독하는 데 어려움이 없었다. (14쪽)

저자가 아는 몇몇 아스퍼거 증후군 사람들 중에는 질문에 대한 답을 생각하는 동안에는 말을 시키지 말라고 부탁하는 이들도 있다. 대답을 준비하는 동안 남들이 이야기하면 헷갈리고 오히려 대답하는 데 시간이 걸린다는 이유에서다. 이런 사람들은 하나의 목소리에만 집중하거나 지시나 질문을 할 때마다 간격을 둘 때, 그리고 관련 정보를 읽을 수 있을 때, 그렇지 않은 경우보다 더 잘 이해하는 경향이 있다.

달변

아이가 너무 많이 혹은 너무 적게 말하는 경우도 있다. 자기 관심 분야에 빠진 아이는 종종 끊임없이 재잘대는 '실개천(사람들을 혼란스럽게 만들 소지가 있는 또 하나의 언어적 특징이다)'처럼 수다스러워진다. 아이의 수다에 대한 욕구는 가끔 지겹기도 하지만 꽤 사랑스러울 때도 있다. 아이는 자신이 아는 지식과 유창한 언변을 증명하고 싶어하며 관심 분야에 대한 새 정보를 배우기 원한다. 관심 주제가 그들의 대화를 지배하기도 하지만 이것은 정서적이고 지적인 열정의 표현일 뿐이다. 아이들은 입을 다물어야 하는 순간을 암시하는 신호들을 배워야 할지도 모른다.

반대로 어떤 아이들은 때로 말을 잃어버린 듯이 보이며 심지어 벙어리처럼 보이기도 한다. 임상 경험을 통해 아스퍼거 증후군을 지닌 아이들 가운데 다른 아이들이나 부모하고만 말하려 하고 일부 어른들에게는 입을 닫는 아이가 있음이 확인되고 있다. 학교 운동장에 들어서면 입을 닫는 아이도 있었다. 왜 이런 일이 생기는지 밝혀지지 않았지만 한 자서전이 이에 대한 설명이 될 수 있다(Jolliffe et al. 1992).

비록 해가 지날수록 더 수월해지기는 하지만 말하는 것은 여전히 종종 힘들고 때로는 불가능하기까지 하다. 머릿속에서는 말이 떠오르지만 입으로 나오지 않는 경우도 왕왕 있다. 때때로 입에서 나온 말이 부정확할 때도 있는데, 나는 어쩌다 그 사실을 알아챌 뿐이지만 다른 사람들은 자주 지적한다.

자폐증으로 인해 가장 좌절감을 느끼는 것 중 하나는 내가 어떤 느낌인지, 즉 어떤 일이 고통스럽거나 무서운지 혹은 언제 몸이 불편하고 언제 혼자 버티기 어려운지 설명하기 힘들다는 점이다. 나는 물리적인 공포 증상을 줄이기 위해 가끔 '베타 블로커(Beta Blokers, 신경안정제의 일종─옮긴이)'를 복용한다. 비록 지금은 어떤 것이 무서워지면 사람들에게 말할 수 있지만 그래도 막상 무서운 일이 벌어지는 동안에는 결코 말하지 못한다. 마찬가지로 좀 더 편안할 때에는 단 한 번만 듣고도 전화번호나 공식을 기억하지만 어쩌다 낯선 사람이 이름을 물었을 때는 내 이름조차 기억나지 않는 경우가 있다. 사람이나 어떤 물건에 크게 놀랐을 때나 고통스러울 때는 종종 말은 하지 못한 채, 소리를 지르고 몸을 흔들기도 한다. (14쪽)

따라서 말을 잃거나 심지어 입이 닫히는 현상은 심각한 불안에서 비롯됐을 가능성이 있다. 아스퍼거 증후군을 지닌 일부 성인은 불안할 때 말을 더듬는 경향이 있다. 이런 문제는 확실히 언어능력이 손상되었기 때문이 아니라 말하는 능력이 감정에 영향을 받은 탓이다. 이런 문제가 두드러질 경우 불안 해소에 도움이 되는 일련의 대책들이 있다. 이에 대해서는 다음 장에서 논의한다.

대화의 기법

★ 가르쳐라.

- ·적절한 인사말
- ·혼란스러울 때 설명과 도움을 청하는 방법

★ 잘 모른다고 자신있게 인정할 수 있도록 용기를 북돋아라.

★ 대답하고 대화에 끼어들고 대화 주제를 바꾸는 시점을 의미하는 신호

들을 가르쳐라.

★ 위로하는 말을 어떻게 쓰는지 시범을 보여라.

★ 아이의 귀에 다른 사람에게 해야 할 말을 속삭여주어라.

★ 대화기술을 높이기 위해 언어와 연극 활동을 활용하라.

★ 의사소통을 위한 다양한 수준의 말이나 그림으로 보여주는 '사회적 이

야기'나 '만화식 대화'를 활용하라.

글자 그대로 이해

★ 말과 지시가 어떻게 잘못 받아들여질 우려가 있는지 생각하라.

★ 은유와 말이 상징하는 내용을 설명해주어라.

단조로운 어조

★ 주요 단어를 강조하고 감정을 표현하기 위해서는 어떻게 강세와 리듬, 음조에 변화를 주는지 가르쳐라.

현학적 언어

★ 추상적이며 정확성이 떨어지는 말을 피하도록 하라.

특이한 언어

★ 아스퍼거 증후군의 순수한 창조적 특성을 장려하라.

떠오르는 생각 말하기

★ 다른 사람이 가까이 있을 때 '생각만 하고 말로 하지 않도록' 하거나 작게 말하도록 장려하라.

청각변별과 왜곡

★ 지시한 말을 반복해달라고 요청하도록 북돋아주어라.
★ 지시하는 말 사이에 간격을 두어라.

달변

★ 불안감으로 말문이 닫히기도 하는데 이런 경우는 치료를 받아야 한다.

4

관심사와 기계적 행동

연구 보고서에서 충분히 밝히지 못한 아스퍼거 증후군의 두 가지 특징이 있다. 아이에게 자신이 지닌 시간 동안 거의 몰입하고 대화 내용의 대부분을 차지하는 특별한 관심사와, 반드시 절차대로 이행해야 하는 기계적 행동이 있다는 점이다. 이런 특징은 가족의 정신 건강에 상당한 영향을 미치며, 이 특질이 상대적으로 굳건하게 고착화된 것이라는 임상증거와 연구결과가 있긴 하지만 어쨌든 그러하다 (Piven et al. 1996). 아이는 다음의 자서전에 기술된 것처럼 특정 품목을 수집하는 데 관심을 나타내기도 한다.

> 나는 또한 '스마티(네슬레의 초콜릿, 사탕 등 과자 상표—옮긴이)' 통 뚜껑 모으기를 좋아했다. 이 뚜껑들은 주황, 초록, 파랑, 빨강과 노란색이었는데 뚜껑에는 알파벳이 있었다. 내게는 오렌지색이 많았고 파란색도 조금 있었지만 알파벳을 전부 모은 적은 없었다. 나에게 유일한 문제는 사탕가게에 갈 때마다 스마티 뚜껑 아랫부분에 무슨 알파벳이 인쇄되어 있는지 보기 위해 모든 스마티 통의 뚜껑을 벗기고 싶어했다는 점인데, 나의 이런 행동이 다른 사람들을 화나게 만드는 것 같았다. (13쪽)

이처럼 사람들이 주로 모으는 품목은 맥주병 상표, 나비, 열쇠고리 등이다. 그런데 어떤 아이들은 정말 이상한 것들, 예를 들면 노란색 연필, 진공청소기 또는 화장실 청소용 솔 등을 모으기도 한다. 뒤에 언급한 이상한 품목을 수집하는 취미 때문에 가족은 고민스러워한다. 아이가 남의 집에 들어가 처음 하는 일이 화장실 청소용 솔을 모으고 검사하는 것이라면 그게 어떤 느낌인지 미루어 짐작할 것이다. 아이는 이런 행동을 통해 누가 진정한 친구인지 찾아낸다.

아이는 기회가 생길 때마다 이런 품목을 모으는 데 열의를 보인다. 아이는 꽤 멀리 떨어져 있어도 종류별로 감정해내는 날카로운 눈을 가진 듯 보이며 수집품을 하나 더 늘릴 기회가 오면 결코 포기하거나 다른 것에 정신을 파는 법이 없다. 마침내 아이의 관심이 새로운 대상으로 바뀌기도 하지만, 또래들 사이에 유행하는 것과는 거의 상관없는 혼자만의 취미는 지속된다. 한 아이는 부모에게 생일 파티 때 도로 표지판들만 선물해달라고 요구했다. 그 부모는 나름대로 머리를 써서, 그렇게 해주겠노라고 했다.

관심의 속성에는 순서가 있는 듯한데, 처음에는 특정 물건에 사로잡히고, 그다음에는 특정 주제에 사로잡히게 된다. 일반적인 주제는 탈것(특히 기차와 트럭), 공룡, 전기 제품 그리고 과학이다. 아스퍼거 증후군을 지닌 사람은 관심 있는 것에 관해 탐욕스럽게 읽고, 끊임없이 질문하면서 백과사전식 지식을 쌓는다. 그러나 관심거리는 주로 하나에 집중되어 있고 또래들 사이에 유행하는 관심거리와는 별개다. 일반적 특징 중 하나는 통계, 질서와 대칭에 매혹되는 것이다. 일례로 럭비 경기에 푹 빠진 일곱 살짜리 아스퍼거 증후군 소년이 있었다. 이 아이는 열심히 TV 경기를 시청하면서 해설을 기억하고, 이전 경기 득점 기록과 팀별 경기 순위를 머릿속에 집어넣었다. 아이는 럭비에 관해서라면 몇 시간 동안이라도 이야기하려고 했다. 아이의 부모는 이러한 관심을 활용해야겠다고 생각하고 아이를 어린이 럭비 팀에 등록시켰다. 첫 번째 경기가 열린 날, 호각이 울리자마자 아이는 마치 경기 해설자라도 되는 것처럼 큰 소리로 끊임없이 동작에 대해 해설을 늘어놓기 시작했다. 드디어 공이 자신에게 전달되자 아이는 질색을 하면서 공을 다른 곳으로 던져버렸다. 실제 럭비 경기에는 전혀 관심이 없었던 것이다.

관심사는 때로 상당히 독창적이다. 한 젊은이는 트럭들과 각각의 제조회사 그리고 트럭 종류에 사로잡혔다. 일을 마치고 집으로 걸어오는 동안 눈에 뜨인 트럭을 기억하고 희귀한 정도에 따라 점수를 매기곤 했다. 상대적으로 흔한 볼보 트럭에는 1점을 주고, 보기 드문 메르세데스 트럭은 5점을 주는 식이다. 그는 집에 도착하면 점수를 배분해 자신만의 독특한 트럭 제조사 순위표를 정정하곤 했다.

이러한 관심은 균형 있고 치밀한 열정을 통해 예술이나 건축으로 표현되기도 한다. 전자공학과 컴퓨터는 때로 자신의 안전을 등한시할 정도로 몰입하는 또 다른 관심 대상이다. 어떤 젊은 남자는 전자 회로도와 사진조명 장치에 큰 흥미를 보였다. 마침내 그의 호기심은 사진조명 설비를 집의 전기회로에 직접 연결하면 얼마나 버틸까 하는 데 이르렀다. 결국 폭발사고가 발생했고 남자는 간신히 살아남았다.

사람이나 동물을 아주 열심히 흉내 내는 아이도 있다. 바이킹 이 야기와 생활방식에 푹빠진 어떤 일곱 살짜리 여자아이는 자기 엄마 에게 짧은 양가죽 코트(tunic)와 푸딩 주발에 뿔을 붙여 바이킹 모자 를 만들어달라고 부탁했다. 아이는 그 바이킹 옷을 입고 동네를 돌아 다니면서 만나는 모든 사람에게 자신이 바이킹이라고 자랑했다. 전 기기술자, 경찰관, 벽돌공 흉내를 내는 경우도 있다. 아이가 이들의 생활 방식이나 직업에 관해 열심히 배우면 관심은 상당한 수준의 상 상력과 독창성으로 이어진다. 하지만 아이의 생각과 놀이를 지배하 는 취미는 보통 혼자만의 것에 그친다. 개미, 말 같은 동물이나 곤충, 심지어 외계인을 끊임없이 흉내 내는 등 상당히 특이한 경우도 있다. 아이의 관심은 강렬하지만 단순하고, 아이가 잠잘 때 부모가 어떤 책 을 읽어주느냐에 따라 바뀌기도 한다. 결국 아이의 관심거리로 인해 아이의 침실과 집안 전체는 결코 버리지 못하는 물건들로 가득 차게 된다.

아마 마지막 단계는 실제 사람을 대상으로 한 관심일 것이다. 이 는 지적이라기보다는 정서적인 단계이다. 이 단계는 사춘기나 그 이 후 나타날 확률이 높고, 사춘기의 홀딱 반하는 현상이나 몰입과 비슷 한 것일 수 있다. 이들이 관심을 보이며 쫓아다니는 상대방이 어리둥 절해하기도 하며, 아이의 부모는 이 같은 관심이 오해를 사지 않을까 우려하기도 한다. 아스퍼거 증후군을 지닌 한 10대 소녀가 남자 가 수의 열렬한 팬이 되었다. 가수를 묘사한 그녀의 그림과 조각은 정말 훌륭하고 정교했다. 그 덕분에 중앙 일간지에 이와 같은 일이 보도

되어 유명세를 타기에 이르렀다. 가수는 감명을 받았고 한 기자의 소개로 마침내 두 사람이 만났다. 순수한 우정이 쌓이자 소녀는 자신이 흠모하는 영웅의 집에 자주 머물렀고 가수의 아내와도 친하게 지냈다. 그런데도 어느 날 소녀는 다시는 가수와 만나지 않겠다고 결심했다. 그가 개 한 마리를 사왔는데 개 짖는 소리를 참을 수 없었기 때문이었다. 소녀는 이후 단 한 번도 그 가수에 대해 언급하지 않았다. 하지만 몇 주일이 채 못 되어 새로운 영웅이 출현했다.

진단을 통해 특별한 관심사와 관련된, 아니면 전혀 별개인 또 다른 특징을 파악할 수 있다. 아스퍼거 증후군을 지닌 아이는 기계적인 행동을 지속하고 강요하는 경향이 있다. 아이가 정해진 대로 되지 않거나 변화가 생기면 몹시 괴로워하고 불안해하는 탓에 부모들은 정해진 대로 따라야 한다. 일단 행동양식이 정해지면 지켜야 한다. 불행히도 시간이 갈수록 기대되는 행동양식의 내용물이 늘어나기도 한다. 일례로, 장난감 세 개를 나란히 세우는 것에서 시작된 잠자리 습관이 엄격한 질서와 대칭에 따라 장난감 수십 개를 정렬하는 정교한 의식에 이르기도 한다. 정해진 한 장소로 이동할 때 몇 차례 같은 길로 가면 계속 이 길로 갈 것이라는 기대가 형성되고 이를 벗어나는 일은 용납되지 않는다. 다음에 인용하는 글은 굳이 질서를 세우려고 하는 이유를 말해준다(Jolliffe et al 1992).

자폐 성향의 사람들에게 현실은 혼란스럽고, 사건들, 사람들, 장소들, 소리들 그리고 신호들이 뒤엉켜 상호작용하는 덩어리이다. 거기에는 명확한 경계나 질서 혹은 어떤 의미 있는 일도 없어 보인다. 나는 삶의 상당 기간을 단지 이런 모든 것들 뒤에 감춰진 질서를 알아내려고 애쓰면서 허비했다. 일상적인 절차, 시간, 특정한 길과 의식을 정하는 방식은 하나같이 참을 수 없이 혼란스러운 삶에 질서를 부여하는 데 도움이 되었다. (16쪽)

진단기준

아스퍼거 증후군에 관한 길버그의 기준(1989)은 관심사와 기계적 행동에 관해 명확히 언급하고 있다. 길버그가 제시한 두 번째 기준이 바로 '제한적인 관심사'인데 다음의 내용 중 하나 이상이면 이에 해당된다.

· 다른 활동의 배제
· 반복적인 집착
· 의미를 두기보다는 기계적으로 암기하기

길버그의 세 번째 기준은 '반복적인 기계적 행동'에 관해 언급하는데, 그 대상은 다음의 둘 중 하나다.

· 자신의 삶의 측면
· 다른 사람들

피터 스자마리와 그의 동료들의 기준(1989)에는 이 두 가지 특징이 빠져 있다. 임상경험에 따르면 아스퍼거 증후군을 지닌 사람들 가운데 소수만이 이런 특징들을 보이는데 그 정도는 무시할 만한 수준이다. 그런데도 이 특징들은 미국정신과협회와 세계보건기구 기준에 포함되어 있다. 현재 이러한 특징의 본질을 규정하는 두 가지 기준에는 주목할 만한 차이점이 있으며, 일부에서는 심지어 이런 특징을 진단기준에 넣어야 하는지 의문을 표시하고 있다. 그렇지만 아스퍼거 증후군을 지닌 사람이 특별한 관심사나 그들의 삶에 심대한 영향을 미치는 기계적 행동을 가지고 있다면 다음 내용들은 왜 그런 일이 일어나는지, 그리고 이런 양상을 최소화하거나 긍정적으로 유도하려면 어떻게 해야 하는지 잠정적인 설명을 제시할 것이다.

과도한 관심

아스퍼거 증후군에서 관찰되는 괴벽스러운 관심이 보통 사람의 취미와 다른 점은 대부분 혼자서 즐기고, 종류가 기이하며 한 사람의 시간과 대화를 완전히 점유할 만큼 몰입의 정도가 강하다는 데 있다. 이 같은 관심은 그 사람이 진실로 자신의 관심거리를 즐기며 여기에 저항하려 하지 않는다는 점에서 강박적 심리장애와 다르다. 그렇다면 왜 이런 일이 일어날까? 몇 가지 설명이 가능하다.

대화를 원활하게 하기 위해

누군가 대화에 능숙하지 못하다면, 언제 어느 때 어떤 말을 해야 하는지 자신감을 갖기 어렵고 (특히 대화주제가 사회적 지식이나 감정교류를 필요로 하는 상황에서) 종종 말을 잃기도 한다. 그런 경우 대화주제가 자신의 특별한 관심거리라면 안심하게 되고 말도 유창해진다. 광범위한 지식과 경험을 통해 말이 술술 이어지는 것이다.

지적 능력을 보여주기 위해

아스퍼거 증후군을 지닌 사람은 대부분 다른 사람에게 멍청하게 보이지 않으려는 열망을 가지고 있다. 이를 위해 그들은 자신의 지적 능력을 보여주는 한 가지 방법으로 듣는 사람에게는 익숙하지 않은 전문 용어를 구사하며 혼자서만 이야기한다. 하지만 이러한 특징이 아스퍼거 증후군에 국한된다고 할 수는 없다. 일부 컴퓨터 전문가, 학자, 변호사와 (정신과 의사를 포함한) 여타의 전문가들도 지식의 우월함을 보여주기 위해 자신들만 알고 있는 전문 용어를 사용한다. 실제 이러한 전문직은 아스퍼거 증후군을 지닌 이들의 첫 번째 역할 모델이나 직업 후보군이 되기도 한다.

질서와 일관성을 제공하기 위해

아스퍼거 증후군을 지닌 사람은 종종 일상생활의 변화와 요구에 적응하고 대처하는 데 어려움을 겪는다. 그들의 관심사에는 정보를 분류하거나 목록을 만드는 과정과 같은 질서 부여하기가 포함된다.

컴퓨터가 그토록 매력적인 이유 중 하나는 컴퓨터와는 말을 할 필요가 없고, 사회적 관계를 맺지 않아도 될 뿐 아니라 컴퓨터는 논리적이고 일관적이며 기분에 좌우되지 않기 때문이다. 이런 이유로 아스퍼거 증후군을 지닌 이들에게 컴퓨터는 이상적인 취미이다.

위로의 수단으로

이처럼 혼자만의 그리고 반복적인 취미는 사회적 접촉으로 인한 스트레스를 피하고 일상적인 일을 통해 안도감을 얻는 기회가 된다. 하루에도 몇 차례씩 예법에 맞춰 녹차를 마시는 취미를 가진 한 여성이 있었다. 이러한 예법과 조화미는 분명 매력적이다. 하지만 이 여성에게 왜 다도에 그토록 큰 관심을 보이느냐고 묻자 마음을 편하게하는 데 도움이 된다는 대답이 돌아왔다. 다도가 분명 일상의 걱정근심으로부터 벗어나게 해주었던 것이다. 저자는 임상경험을 통해 관심의 정도가 스트레스 정도와 비례한다는 사실을 감지했다. 스트레스가 크면 클수록 관심거리에 더욱 집착하게 되는 것이다.

순수한 즐거움을 위해

그다지 남과 어울리고 싶지도 않고 그런 일이 힘들기조차 하다면, 또한 소파에 죽치고 앉아 하루 종일 TV를 보고 싶지 않다면, 다른 무슨 일을 하며 시간을 보낼 것인가? 관심거리는 단지 시간을 메우는 수단이 아니다. 이것은 순수한 즐거움을 제공한다. 데이비드 메드지아닉은 다음과 같이 설명한다(1986).

나는 항상 난로를 수리하는 가스검침원의 모습에 매혹되었다. 그 모습은 나를 흥분시켰고 가스불꽃이 타오르는 것을 보며 나는 팔짝팔짝 뛰었다. 나는 어렸을 때부터 항상 팔짝팔짝 뛰었다. (88쪽)

아스퍼거 증후군을 지닌 사람은 대부분 일상생활에서 그다지 즐거움을 발견하지 못한다. 이들은 특별한 관심거리에 몰두함으로써 진정한 기쁨을 맛본다. 그러한 기쁨의 정도가 말 그대로 사람을 뛰어오르게 만드는 수준에 이르기도 한다.

과도한 관심에 대처하는 법

가족들의 견디기 힘든 고민은 아이가 같은 주제에 대해 끊임없이 질문하고 다른 활동에는 전혀 관심을 보이려 하지 않고, 자신의 관심거리와 관련된 자료에만 접근하는 행태이다. 많은 부모들은 어떻게 하면 자식들의 특별한 관심을 줄이거나 심지어 없앨 수 있는지 묻는다. 쉬운 과제는 아니지만 여기 두 가지 제안이 있다

접근성의 조절하기

아마 부모들은 아이를 관심의 원천에서 떼어놓고 별개의 흥미거리를 제공하는 방식으로 문제를 해결하려 할 것이다. 경험은 자신의 관심에 몰입하려는 아이의 욕구가 보통 그것을 막으려는 부모의 욕구보다 더 강렬함을 보여준다.

보다 효율적인 방법은 접근의 정도를 조절하는 것이다. 문제는 아이의 행동 자체가 아니라 행동의 지속기간과 그로 인해 다른 관심거리에는 신경을 쓰지 않는 점이다. 시계나 시간기록기(timer)를 이용하면 행동에 몰입하는 시간 제한이 수월하다. 정해진 시간이 지나면 행동은 멈추도록 한다. 이에 더해, 아이가 좋아하는 다른 활동을 하도록 격려하고, 문제의 관심거리와 관련된 물건들을 볼 수 없도록 치우는 조치가 필수적이다. 다시 말해 '눈에서 멀어지게 하여 마음에서 멀어지게' 하는 방법이다. 관심사를 지속하려는 욕구가 누그러지는 동안 아이의 마음을 사로잡은 다른 대체물이 있어야 한다. 아이에게 다른 방에 가서 익숙하고 잘하는 과제를 하게 하든가 계속 심부름 등을 시키는 방식이다. 아이가 힘들어하면 언제 원하는 것을 할 수 있는지 확실히 보여주는 시간표나 일정표를 말해주는 방식으로 아이를 안심시킨다.

관심거리가 본래 몇 주일 혹은 몇십 년 이어져온 것이더라도, 일단 그것이 사라지고 나면 곧 다른 것으로 대체된다. 과하지만 않다면 받아들일 만한 관심사라면 접근 정도를 적절히 조절해주는 것이 바람직하다. 만일 관심거리가 허용하기 힘들다면, 즉 불법적이거나 위험한 행동으로 이어질 가능성(일례로 무기나 불 혹은 독약에 대한 관심)이 있다면 부모는 아스퍼거 증후군을 다룬 경험이 있는 임상 정신과 의사의 도움을 받아야 한다. 여기서 요구되는 사항은 본래 관심사에 빠지지 않도록 유인물을 제공하고 대안을 받아들이도록 고무하는 일이다. 첫 번째 대안으로 컴퓨터가 가능한데, 이는 다른 아이들이 좋아하는 관심대상이면서도 상대적으로 정보에 접근하기 쉽고, 건설적인 직업이나 경력으로 이어질 수 있기 때문이다.

건설적인 차원으로 발전시키기

보통 아이들은 그들의 교사, 부모 혹은 친구들을 기쁘게 하려고 경쟁적인 혹은 협동적인 아이가 되거나 다른 아이들을 흉내 내기도 한다. 아스퍼거 증후군을 지닌 아이는 이러한 의욕이 매우 부족하다. 부모와 교사는 흔히 자신들이 아이에게 권한 활동에 열의를 보이지 않는 점을 걱정한다. 반면, 아이는 자신의 특별한 관심사에 몰두할 때는 엄청난 열의와 관심을 보인다. 방법은 아이가 지루하다고 생각하거나 동기 부여가 되지 않는 활동에 흥미를 불어넣는 것이다. 아이는 노력하고 순응하는 대가로 자신의 관심사에 접근할 수 있게 되고, 부모로서는 어떻게 하면 이러한 관심이 사회적 접촉을 촉진하는 데 도움을 줄지 혹은 하나의 직업이 될지 진지하게 생각할 수 있다.

아스퍼거 증후군을 지닌 많은 아이들은 TV 프로그램인 〈꼬마 기관차 토마스(Thomas the Tank Engine)〉와 관련 상품에 큰 관심을 보인다. 이것은 질서와 예측 가능성, 일관성과 대칭에 사로잡히는 아이들의 성향을 고려할 때 이해할 만한 일이다. 기차의 차량은 일렬로 늘어서야 하고 기차는 예정된 철길을 따라서만 움직일 수 있다. 나란한 철길과 침목들은 대칭과 규칙성으로 마음을 사로잡는다. 토마스 기차의 특별한 개성 하나는 바로 기관차 정면에 있는 얼굴이다. 만일 아이가 눈과 입의 모양 변화가 감정을 전달한다는 사실을 제대로 이해하지 못한다면 토마스 기차의 줄거리와 이에 따른 토마스 기차 얼굴표정 변화에서 감정을 표현하는 방법을 배울 수 있다.

TV 프로그램과 함께 나오는 음악도 단순한 반복 리듬이어서 아이들의 마음을 사로잡는다. 이런저런 이유로 '토마스와 멋진 기관차 친구들(Thomas and friends)'은 상당수 아스퍼거 증후군을 지닌 아이들에게 매력적인 대상이다. 이 나이 또래 아이들은 읽는 법을 배웠더라도 사람이 주인공인 진부한 책에는 흥미를 보이지 않는다. 그러나 아이가 토마스 시리즈 책과 관련 상품을 통해 처음 읽기를 접하게 된다면 아이의 동기 유발은 거의 확실하다. 기관차의 얼굴은 아이에게 감정들에 대해 알려주는 특별 프로그램이 될 수 있다.

산수를 가르치는 경우 깃발 그림을 모으는 취미가 있는 아이에게는 블록 대신 깃발 그림을 세도록 하라. 만일 아이가 수업중에 배운 기본 개념을 이해하지 못한다면 아이의 관심사에서 사례를 찾는 게 좋다. 일단 '마법의 단어들(magic words, 즉 관심사에 관한 언급)'을 입에 올리면, 아이가 흥미를 보이고 그 관심은 지속된다. 템플 그랜딘은 자신의 관심거리 중 하나가 긍정적으로 저용된 사례를 다음과 같이 말했다(Grandin 1988).

내가 병적으로 집착했던 또 다른 대상은 대형 상점이나 공항에 설치된 자동문이었다. 어떤 교사는 "어떻게 자동문에 대한 집착이 수학, 과학 그리고 영어에 응용될 것인가?" 의문을 표시할지 모른다. 아이가 초등학교 수준이라면 자동문 회사에 제품 목록을 보내달라는 등의 간단한 숙제가 가능하다. 어른들은 그런 목록이 지루하다고 생각하겠지만 자동문에 집착하는 자폐 성향의 아이들에게 목록은 매혹적인 물건이다. 수학과 지리라면 아이들에게 지도에서 자동문을 만든 회사 위치를 찾아보고 학교에서 그 회사까지 거리를 재보게 하는 식으로 응용할 수 있다. (3쪽)

좀 더 큰 아이들은 정신을 집중하고 노력할 때만 관심거리에 접근하도록 허락한다. 아이가 계산 문제 10개를 모두 맞힐 경우 10분 동안 도서관에서 관심거리를 소재로 한 책을 읽게 하는 식이다. 만일 아이가 정해진 시간 동안 관심거리에 대한 질문으로 수업을 방해하지 않았다면, 수업이 끝난 뒤 아이가 관심거리에 접근할 수 있도록 추가 시간을 주는 방식도 가능하다.

관심거리 중 일부는 나중에 돈을 버는 수단이나 직업이 된다. 정원용 기계류에 대한 관심은 계약직 정원사와 같은 직업으로 이어진다. 날씨에 대한 관심은 기상학자로서의 출발점이 되며 지도에 대한 관심은 택시기사라는 직업으로 연결된다. 이러한 실례는 템플 그랜딘의 직업에서 잘 그려져 있다. 그랜딘은 과거 교사들이 어떤 식으로 자신의 특별한 관심거리를 활용했는지 다음과 같이 적었다(Grandin 1990).

칼록 선생님은 이동식 소 우리에 대한 나의 집착적인 관심을 활용해 과학을 공부하고, 과학 색인 활용법을 익히도록 했다. 선생님은 내게 정말 이동식 우리에 대해 알고 싶다면 과학적 방법을 배우고 학교에서 공부해야 한다고 말했다. 심리학자와 상담전문가들은 나의 이상한 관심을 없애고 싶어했지만 칼록 선생님은 그것을 협소한 집착으로부터 끌어내 평생 가는 직업의 기반이 되도록 지평을 넓혀주었다. 오늘날 나는 전 세계를 돌며 주요 도축 공장에서 사용되는 사육장과 이동식 우리를 설계하고 있다. 최근, 나는 좀 더 개선된 가축 가둠 장치를 고안했는데 이 장치는 아마 대부분의 주요 소 도축장에 설치될 것이다. 이제 나는 내 분야의 선두주자가 되었으며 가축 다루기에 관해 100편이 넘는 기술 논문을 남겼다. 만일 심리학자가 이동식 소 우리에 대한 나의 집착적 관심을 없애는 데 성공했다면 아마 지금쯤 나는 어딘가에서 시시한 연속극이나 보면서 무료하게 지내고 있을 것이다. (2쪽)

예술가나 만화가 기질을 지닌 아이도 있다. 이런 아이가 작문에 특별한 재능을 지닌 아이와 어울리기도 한다. 한 아이는 학교에서 상을 받은 책의 삽화가가 되고 다른 아이는 그 책의 저자가 된다. 아이가 관심을 갖는 분야를 개인 교습시키는 게 도움이 되기도 한다. 건설적인 효용을 지닌 타고난 재능을 계발하고 스스로에 대한 긍지를 키우도록 하기 위해서이다. 아이가 재능을 지닌 분야를 인정받는다면, 교사들과 다른 아이들도 아이의 특이한 사회적 행동을 좀 더 관대하게 봐줄 것이다. 템플 그랜딘은 "어떤 사람에 대해 이상하다고 여기더라도 사람들이 어떻게 다른 이의 재능을 존중해줘야 하는지"

에 대해 말한다(Grandin 1992). 아스퍼거 증후군을 지닌 사춘기 아이들을 위해 현재 과학과 외국어 같은 분야에서 재능을 가속시키는 프로그램이 개발중이다(Barber 1996). 그건 창조적인 아이로 만들어보자는 뜻에서이다. 아이는 자신이 그린 기차와 건물 그림을 팔 수 있고, TV 크리켓 경기 해설자나 지식과 열의로 명성을 떨치는 유명한 천문학자가 될 수도 있다.

컴퓨터에 대한 관심도 장려되어야 한다. 단순히 취직에 필요한 수단이라기보다는 컴퓨터가 자신감을 키우고 사회적 접촉을 북돋아준다는 이유에서이다. 아이는 학급에서 다른 아이들에게 컴퓨터를 가르치는 개인교사가 될 수도 있다. 다른 아이들은 컴퓨터, 수학 혹은 과학을 가르쳐준 데 대한 보답으로 다른 상황에서 아이를 도와줄지 모른다. 컴퓨터 분야에서는 전문가 수준이었지만 같은 학급 아이들과의 일상대화에서는 따돌림을 당하는 한 10대 아이가 있었다. 다른 아이들이 파티, 심한 장난, 그리고 새로 알게 된 성(性)에 관한 지식에 대해 이야기를 나눌 때 아이는 끼지 못했다. 아이는 외로워 보였고 실제로 외로웠다. 그런데 컴퓨터 수업이 시작되고 컴퓨터 몇 대가 작동을 멈추자 다른 아이들은 그 아이의 조언과 경험을 애타게 원했다. 아이의 태도와 표정이 바뀌었다. 마침내 아이가 부탁을 받고 합류한 것이다. 컴퓨터 동호회와 컴퓨터 경매장도 같은 취향을 지닌 사람들을 만나고 동일한 관심에 기초한 우정을 쌓는 기회의 장이 된다. 따라서 특별한 관심은 아스퍼거 증후군이라는 구름을 뚫고 내리는 한 줄기 햇살이 될 수 있다.

관심거리는 또한 일상의 사회적 생활을 꾸려나가는 데 어려움을 지닌 이들에게 필수적인 위안과 즐거움을 얻는 원천이 되기도 한다. 관심거리에 몰두하는 것은 치료에 가까운 효과가 있다. 부모는 아이가 스트레스를 받았을 때, 즉 학교 생활이나 일터에서 힘든 하루를 보낸 저녁 같은 경우에는 아이가 관심사에 접근하는 것을 사실상 장려해야 할지 모른다.

타인에 대한 과도한 관심은 감정, 우정 그리고 행동규범을 익히는 기회로 활용될 수 있다. 아스퍼거 증후군을 지닌 성인에게 상당히 인기 있는 등장인물 중 하나는 〈스타트렉(Star Trek, 1960년대부터 미국 TV에서 방영됐던 인기 SF 시리즈물—옮긴이)〉 시리즈에 등장하는 '데이터'이다. 데이터는 아주 뛰어난 지적 능력을 지녔지만 인간이 되기를 꿈꾸는 복제인간이다. 그는 특히 인간의 구애, 감정 그리고 유머를 이해하는 데 어려움을 겪는다. 데이타가 처한 어려움은 아스퍼거 증후군을 지닌 성인이 갖는 문제와 아주 유사하기 때문에 데이터의 문제에 공감하는 이들이 데이터를 영웅시하는 것은 놀랄 만한 일이 아니다. 교사나 부모는 사회적 상황들에 따른 대처방법의 핵심을 설명할 때 진퇴양난에 처한 데이터를 활용할 만하다.

기계적 행동

새로운 것, 혼란 혹은 불확실성이 견디기 힘들기 때문에 삶을 예측 가능케 하고 질서를 부여하기 위해 기계적 행동을 하는 듯하다.

이런 행동은 또한 불안을 줄여주는 역할을 한다. 도나 윌리엄스는 (1992) 다음과 같이 기술했다.

> 나는 물건을 모방, 창조하고 정돈하는 것을 좋아했다. 나는 우리 집의 백과사전 전집을 사랑했다. 이 책들의 옆면에는 문자와 숫자가 붙어 있었는데, 나는 책들이 문자와 숫자별로 잘 정리되어 있는지 확인하기 위해 항상 점검했고 그렇지 않은 경우에는 재정리했다. 분류는 백과사전 전집에 국한된 것은 아니었다. 나는 전화번호부를 뒤적이며 브라운이라는 이름이 몇이나 있는지, 어떤 특정 이름에서 변형된 이름들은 몇 개나 되는지 세어보거나 희귀한 이름들을 헤아리고는 했다. 나는 일관성이라는 개념을 찾고 있었다. 내 세계는 뒤죽박죽되어 있는 것처럼 보였지만 나는 일관성을 확보하고 싶어했다. 끊임없이 변화하는 대부분의 것들은 결코 나로 하여금 그것들에 대비할 어떤 기회도 주지 않는 듯이 보였다. 일관성 덕분에 나는 같은 일을 하고 또 하고 하면서 즐거움과 위안을 발견했다. (38~39쪽)

따라서 기계적 행동이 고착되면 변화의 여지가 없어진다. 임상적 증거에 따르면 아스퍼거 증후군을 지닌 사람이 그들의 삶에 있어 중요한 인물, 편의시설, 일상의 기계적 행동과 기대에 있어 최근 변화를 경험했을 경우 기계적 행동이 한층 강력해지고 정교해진다. 불안은 또한 사회적으로 어떻게 어울릴지 확신하지 못하는 데서 그리고 자신이 실수할지 모르며, 일상이나 기대에 있어 일어날 변화를 모르고 있다는 우려에서 비롯된다. 일반적 반응은 주문을 외는 것과 같은 의례 혹은 기계적 행동을 발전시키거나 아니면 사다리 아래로 지나가지 않는 등의 미신적인 행동들을 계발하는 것이다. 심리학에서는 전문 용어로, 이러한 행동이 불쾌한 감정을 없애주는 요소, 즉 '부정적 강화인자(negative reinforcer)'로 작용하고 있다고 말한다. 따라서 기계적 행동의 고착화는 아스퍼거 증후군의 부차적 결과이며 불안감을 줄이고 일관성을 확보하는 수단으로 쓰여진다.

기계적 행동이 지나치게 되는 것을 막으려면 어떻게 해야 하나?

아이는 기계적 행동의 변화를 막기 위해 고집을 부리고 막무가내로 행동할 우려가 있다. 부모는 지속적으로 타협하고 대안을 제시해야 한다. 아이가 시계를 사용할 줄 알고 계획표와 일기를 작성하여 시간 개념을 익히면 도움이 된다. 그러면 언제 특정한 행사를 벌일지 그리고 하루의 일과를 어떻게 꾸밀지 정할 수 있기 때문이다. 삶이 갑자기 예측 가능해지는 것이다. 만일 일과표를 사용한다면 개별 행동마다 따로 카드를 준비해 끈끈이천이나 고무찰흙으로 일정판(board)에 붙이는 방법이 도움이 된다는 사실을 기억하라. 이러한 조치는 일정에 예기치 못한 변화가 발생하는 경우에 대비하기 위해서인데, 그런 경우 카드를 수정한다. 아이가 크면 보통 기계적 행동은 줄어들지만, 변화는 결코 쉽게 받아들이려 하지 않을 것이다.

학년 말에는 항상 새 교실과 새 선생님으로 바뀌는 변화를 대비해야 한다. 마지막 학기 몇 달 전부터 새로 맡을 교사가 아이가 수업 받는 모습과 지금 교사의 가르치는 방식을 관찰하는 방법도 나쁘지 않다. 아이가 새 학급을 배정받은 다음에는 이전에 아이를 가르쳤던 교사의 조언이 바람직하다. 학교 측은 또한 교사의 교대, 교생 배정 및 담당교사의 출산 휴가가 아이의 일상을 혼란스럽게 만든다는 사실을 파악하고 있어야 한다.

아스퍼거 증후군을 지닌 아이의 경우 일상에서는 물론, 특히 개인적으로 반드시 거쳐야 하는 육체적·환경적 변화기, 즉 사춘기 때는 늘 일정한 정도의 안정성이 확보되어야 한다. 이 기간 동안에는 불필요한 혼란을 최소화하도록 노력하고 불안에 대처하는 개인적인 방편으로 어느 정도 기계적 행동을 하더라도 묵인해야 한다. 어린아이나 사춘기 아이가 보이는 기계적 행동의 수준은 그들의 스트레스와 불안 정도 나타내는 '지표(barometer)'로 활용될 수 있다. 만일 기계적 행동이 지나치다면 아이가 안정을 찾고 불안에 대처하도록 조치를 취해야 한다. 다음 장에서는 아스퍼거 증후군을 지닌 사람들의 불안을 줄이는 데 효과적인 전략을 다룰 것이다.

· 관심사와 기계적 행동에 대처하는 전략 ·

과도한 관심 이해

★ 대화를 원활하게 하는 기능

★ 지적 능력을 보여주는 기능

★ 질서와 일관성을 제공하는 기능

★ 즐거움과 위안을 주는 기능

첫 번째 전략

★ 몰입하는 시간을 제한하는 식으로 접근 조절하기

★ 아래와 같은 건설적 방식의 적용

- ·동기유발 촉진
- ·직업과 사회적 접촉의 원천이 되도록 하기

두 번째 전략

★ 타협을 지속한다.

★ 활동 일정을 보여주는 계획표와 시간의 개념을 가르친다.

★ 아이의 불안을 줄여준다.

5

운동신경

아스퍼거 증후군을 가진 아이들의 운동신경을 보여주는 지표 중 하나는 이들이 흔히 기대되는 시기보다 몇 개월 늦게 걸음마를 배운다는 점이다(Manjiviona and Prior 1995). 학교에 들어가기 전에는 공놀이를 잘 못하고, 신발끈을 맬 줄 모르며, 걸음걸이나 달리는 모습도 이상하다. 학교에 들어가서는 글씨 쓰기가 서툴고, 체육수업에 흥미를 보이지 않아 교사를 걱정하게 만들기도 한다. 10대 시절 일부 아이들은 안면에 틱 반응(facial tics)을 보이는데, 무의식적으로 안면근육이 떨리거나 빠르게 눈을 깜빡거리고 때때로 얼굴을 찡그린다. 이 모든 특징들은 운동신경이 둔감하고 특별한 운동장애를 지녔음을 의미한다.

둔감한 운동신경이 아스퍼거 증후군에만 나타나는 것은 아니다. 일련의 발달장애와 연결되어 발생한다. 그렇지만 아스퍼거 증후군을 지닌 성인과 아이들 중 50~90퍼센트는 몸을 유기적으로 움직이는 데 문제를 보인다는 연구결과가 나와 있다(Ehlers and Gillberg 1993, Ghaziuddin et al. 1994, Gillberg 1989, Szatmari et al. 1990, Tantam 1991). 따라서 코리나 길버그와 크리스토퍼 길버그는 자신들의 여섯 가지 진단에 둔감한 운동신경을 포함시켰다. 반면 피터 스자마리와 그의 동료들 그리고 미국정신의학협회(APA)는 둔감한 운동신경에 대해 아무런 직접적인 언급도 하지 않았다. 그러나 APA가 가지고 있는 아스퍼거 증후군과 연계된 특징들을 적은 목록에는 취학 전 아동들의 운동신경이 둔감한 편이고 주요 운동지표에서 뒤진다는 내용이 들어 있다. 게다가 이들의 기준에 따라 현장실험을 해본 결과 아스퍼거 증후군에서는 운동발달 지연과 둔감한 운동신경이 아주 흔히 나타났다(Volkmar et al. 1994). 둔감한 운동신경을 진단기준에 넣어야 할지 여부를 둘러싸고 여전히 논란이 남아 있다. 하지만 아이들에게 이같은 문제가 발생한다면 그들의 삶에 심대한 영향을 미치게 된다는 사실만은 의심할 여지가 없다.

손상되는 능력

일련의 표준화된 실험을 통해 아스퍼거 증후군 아이들의 둔감한 운동신경을 조사한 몇몇 연구들이 있었다. 그리피스, 브루닝스-오세레스키, 그리고 헨더슨 레비전의 '둔감한 운동신경 실험'이 이에 해당한다. 실험결과는 엉성한 몸동작이 전체 운동신경과 세부 운동신경 등 폭넓은 분야의 능력에 영향을 미친다는 사실을 확인시켜준다. 또한 좀 더 구체적인 운동기능에 대한 연구들도 진행되어 왔으며 운동능력에 관한 임상관찰을 통해 상당한 양의 정보가 축적되었다. 저자는 이 증후군을 지닌 아이들의 운동능력 문제가 과연 어느 정도인지 물리치료사와 치료기술 전문가에게 종합적인 평가를 받아보라고 권하는 바이다. 다음은 둔감한 운동신경이 두드러지게 나타나는 영역과 특정 운동기능을 향상시키는 방법들이다.

운동능력

아스퍼거 증후군을 지닌 사람이 걷거나 달릴 때 동작은 보기 흉하거나 허수아비 같고 어떤 아이들은 팔을 자연스럽게 흔들지 않고 걷는다(Gillberg 1989). 전문 용어로는 수족의 조화가 부족하다고 할 수 있다(Hallett et al. 1993). 이런 특징은 쉽게 남의 눈에 띄고 다른 아이들의 놀림감이 되며 학교에서 달리는 운동이나 체육시간을 기피하는 원인이 된다. 물리치료사나 치료전문가는 몸동작이 조화를 이루도록 하는 교정 프로그램을 고안할 수 있다. 커다란 벽거울과 비디오녹화, 시범과 음악과 춤을 사용한 좀 더 '유연한' 동작 흉내 내기가 여기에 동원되기도 한다. 흥미롭게도 수영은 이 아이들이 상대적으로 가장 덜 어색하게 몸동작을 구현해 내는 종목이다. 아이가 할 수 있다는 자신감과 제대로 동작을 취했을 때 다른 사람의 부러움을 함께 경험하도록 한다는 점에서 수영은 권장할 만한 운동이다.

공 다루는 기술

공을 잡고 던질 때 무엇보다 정확성이 부족해 보인다(Tantam 1991). 두 손으로 공을 잡을 때 팔동작이 종종 부자연스럽고, 시간차를 맞추지 못하는 문제가 노출된다. 손들이 정확한 위치에서 포개지더라도 순간적으로는 늦게 반응하기 때문이다. 이 아이들은 공을 던지기 전에 흔히 목표방향을 쳐다보지 않는다는 사실이 연구를 통해 확인되었다(Manjiviona and Prior 1995). 임상관찰 결과 아이는 공을 찰 때도 몸놀림이 자연스럽지 못하다. 공놀이에 서툰 탓에 운동장에서 함께 노는 아이들로부터 따돌림을 당하기도 한다. 아스퍼거 증후군 아이들은 스스로 재능이 없다는 점을 깨닫고 그런 놀이를 피하거나, 팀에 부담이 되는 존재가 되고 싶지 않아 스스로 빠지기도 한다. 따라서 아이들이 혼자 연습을 해 공 다루는 기술을 향상시킬 확률은 낮다. 부모는 아이가 어릴 때부터 공 다루는 연습과 개인교습을 시킬 필요가 있다. 아이를 뛰어난 운동선수로 키우기 위해서가 아니라 아이에게 게임에 참여할 수 있는 정도의 기본적인 경쟁력을 키워주기 위해서이다. 어떤 아이들은 소년 축구단이나 소년 야구단 등에 가입해 유기적인 몸동작을 향상시키고 게임하는 방법을 익히기도 하는데 이것도 바람직하다. 아이가 안경을 썼을 경우 시력검사를 통해 아이의 눈과 손이 더 잘 조응할 수 있는지 알아보는 것도 중요하다.

균형감각

눈 감고 한 발로 서 있는 능력실험에서 확인되는 것처럼 균형감각 문제를 안고 있는 경우도 있다(Manjiviona and Prior 1995, Tantam 1991). 템플 그랜딘은 또한 한 발을 다른 발 앞에 놓았을 때(Tandem walking, 한 줄로 걷기), 즉 팽팽한 줄 위를 걷는 것처럼 아이에게 직선 위를 걷게 할 때 몹시 균형 잡기 힘들어한다고 적고 있다(1992). 이런 문제는 놀이공원 기구를 이용하는 능력과 체육관에서 하는 활동에 영향을 미치기도 한다. 아이가 균형감각을 요구하는 활동을 연습해야 하고 다른 사람은 그렇게 하도록 격려하는 게 바람직한 경우도 있다.

손재주

이 영역의 동작기능은 양손을 사용하는 능력, 예컨대 옷 입는 법, 운동화 끈 묶는 법, 수저나 포크 등을 이용해 식사하는 법 등이다 (Gillberg 1989). 또한 자전거 타기를 배울 때처럼 발과 다리를 조화시키는 것도 여기에 해당할 수 있다. 아이가 손재주에 문제를 안고 있다면 '손에 손을 잡고(hands on hands)' 가르치는 방법이 효과적인데, 이는 부모나 교사가 아이의 손과 발 동작을 따라 하며 바람직한 동작을 보여주고 점차 물리적인 도움을 줄여가는 방법이다. 이러한 특징적인 동작기능이 이어져 성인기의 손재주에까지 영향을 미친다. 템플 그랜딘은 다음과 같이 적고 있다(1984).

나는 한 가지 동작은 아주 능숙하게 할 수 있다. 굴삭기 같은 수압장치를 운전할 때 나는 한 번에 하나의 조정간은 완벽히 사용할 수 있다. 내가 잘못하는 것은 한 번에 두 개 이상의 조정간을 조정하는 것이다. 나는 연속해서 빠르게 조정간들을 작동시키는 방식으로 문제점을 보완한다. (165쪽)

글씨 쓰기

교사는 아이가 읽어내기 어려울 정도로 휘갈겨 쓴 글씨를 해독하고 바로잡는 데 상당한 시간을 쏟아야 할지 모른다. 아이도 자신의 글씨가 엉망이라는 사실을 인지하고 글씨를 많이 써야 하는 활동을 기피하기도 한다. 일부 아이들에게는 불운한 일이지만, 고교 교사들과 고용주들은 깔끔한 필체를 지적인 능력과 성격을 보여주는 척도로 여긴다. 따라서 아스퍼거 증후군을 지닌 아이들은 글씨를 깔끔하고 고르게 쓰지 못하는 스스로에 대해 당황해하거나 자책하기도 한다. 임상전문의와 치료전문가들로 하여금 아이를 평가하도록 하는 게 좋겠지만 현대 과학기술이 이 문제를 최소화하는 데 도움이 되기도 한다. 많은 아스퍼거 증후군 아이들이 컴퓨터와 컴퓨터 자판을 다루는 데 탁월하며 과제나 시험을 치를 때 손으로 쓰기보다는 자판을 선호한다. 이 경우 아이들의 작업은 다른 아이들에게 뒤지지 않는다. 아이가 휘갈겨 쓴 숙제나 답안을 읽기 쉽도록 부모나 교사가 도움을 주는 방법도 있다. 아스퍼거 증후군을 지닌 수천 명의 아이들에게 매우 다행스러운 일은 미래 사회에서는 필체가 현재보다는 중요하지 않을 것이라는 점이다.

동작 조절

가위로 모양을 오리는 것처럼 동작조절이 필요한 행위를 할 때, 많은 아스퍼거 증후군 아이들이 대충대충 하려는 경향이 있다고 연구는 밝히고 있다(Manjiviona and Prior 1995). 이들은 충동적인 성격 탓에 천천히 신중하게 하지 못하는 듯이 보인다. 급히 서두르다 보니 실수도 생겨난다. 이런 실수가 아이와 교사, 부모를 화나게 만들기도 한다. 아이가 실수를 바로잡을 만한 여유를 가지고 적절한 속도로 작업하도록 격려하고 감독할 필요가 있다. 때로 아이에게 한 행동과 다음 행동 사이 숫자를 세도록 하고 적절한 속도를 알려주는 메트로놈을 사용해, 천천히 하도록 격려하는 게 바람직하다.

관절

진단평가 과정에서 드러난 특징 하나는 느슨한 관절이다(Tantam, Evered and Hersov 1990). 이것은 신체구조의 이상인지, 아니면 근육의 긴장상태가 떨어지기 때문인지 모르지만 데이비드 메드지아닉은 다음과 같이 기술하고 있다(1986).

> 유치원에 다닐 때 나는 여러 가지 게임을 하고 글씨 쓰기를 배운 기억이 난다. 유치원과 초등학교 시절 사람들은 펜을 잘못 쥔다고 나를 야단치곤 했다. 오늘날까지도 나는 펜을 썩 잘 쥐지 못하며 이 때문에 글씨체가 좋았던 적은 한 번도 없다. 펜을 잘못 쥐는 여러 가지 이유를 생각해보았는데, 손가락 끝의 관절이 이중 관절이고 손가락을 뒤로 젖힐 수 있기 때문이 아닌가 생각한다. (4쪽)

만일 관절이 느슨하고 쥐는 힘도 약하고 방식이 특이하다면 임상 전문가나 물리치료사에게 진단과 처방을 받아야 한다. 아이들은 학교 생활을 할 때 연필이나 펜을 아주 많이 사용하므로 시급히 조치를 취해야 한다.

리듬감

한스 아스퍼거가 처음 증후군의 특징들을 규정할 때, 그는 여러 가지 리듬을 따라 하는 데 큰 문제를 지닌 한 아이에 대해 언급했다. 이 특징은 템플 그랜딘의 자서전(1988)에 기술되어 있다.

> 나는 어린 시절은 물론 어른이 되어서도 리듬에 맞춰 동작을 움직이는 데 문제를 안고 있다. 연주회에서 사람들이 곡 중간중간에 박수를 칠 때, 나는 옆사람들을 따라 해야 했다. 혼자 있을 때는 적절히 리듬을 맞출 수 있지만, 다른 사람이나 악기에 내 리듬을 일치시키는 데 어려움을 겪는다. (165쪽)

아스퍼거 증후군을 지닌 사람 옆에서 걸을 때 이들이 상당히 두드러져 보이는 한 가지 이유는 여기서 비롯된다. 앞의 설명은 그에 대한 이유를 말해준다. 두 사람이 나란히 걸을 때 이들은 군인들이 행진할 때 흔히 그렇듯이 손동작과 발동작을 일치시키는 경향이 있다. 이 두 동작이 한 리듬을 타는 것이다. 아스퍼거 증후군을 지닌 사람은 전혀 별개의 북에 박자를 맞춰 걷는 듯이 보인다. 이것은 또한 악기를 연주하는 능력에도 영향을 미친다. 이들은 혼자 연주할 때는 훌륭할지 모르지만 다른 연주자들과 어울릴 때는 상당한 난관에 부딪친다.

동작 모방하기

사람들은 대화하는 동안 자연스럽게 상대방의 자세, 손짓과 발짓 그리고 습관을 따라 한다. 이러한 행위는 크게 공감하거나 동의할 때 더 자주 나타나며, 무의식적으로 표출된다. 앞서 말한 대로 아스퍼거 증후군을 지닌 사람은 타인의 동작을 모방하거나 모사하는 데 어려움을 겪는다. 이들은 다른 사람의 몸 움직임을 보자마자 그대로 따라 함으로써 문제를 극복하려고 하기도 한다. 임상경험에 따르면 이들 중에는 눈에 띄게 어색할 정도로 다른 사람의 자세를 그대로 따라 하는 사람들이 있다. 이들은 상황에 맞는 적절한 자세가 무엇인지 확신하지 못한다. 남의 행동을 따라 하는 이유는 동작을 맞추기 위해서이다. 이러한 문제가 나타날 경우 부자연스럽거나 어색하게 보이지 않으면서도 상대방과 움직임을 조화시키는 방법을 찾기란 사실 아주 어렵다.

연관된 동작장애

투렛 증후군

아스퍼거 증후군과 자폐증을 지닌 일부 아이와 성인들이 투렛 증후군(Tourette Syndrome, 반향어 증세나 외언증을 수반하는 운동실조증─옮긴이)을 보인다는 증거는 늘어나는 추세다(Kerbeshian and Burd

1986, 1996; Marrage and Miles 1993, Sverd 1991, Wing and Attwood 1987), 징후는 크게 동작, 언어, 행태의 세 가지 범주로 나눌 수 있다. 동작 징후는 반복적이고 무의식적인 동작이 특징이다. 일반적인 틱 동작에는 눈 깜빡거림, 안면경련, 어깨 으쓱거림과 머리 혹은 다리 떨림이 있다. 때로 복잡한 틱 동작은 깡충깡충 뛰거나 몸을 꼬는 형태로 진전된다. 이 모든 이상동작은 '신경과민 습관'으로 오인될 소지가 있다. 음성 징후는 통제되지 않고 예측 불가능한 소리들이다. 예를 들면 빈번하게 목을 그르렁대는 소리, 툴툴거리는 소리, 콧김 소리, 또는 개 짖는 소리나 원숭이가 끽끽거리는 것 같은 동물소리 등이다. 다른 음성적 장애는 자신의 말을 되풀이하는 동어반복이나 다른 사람의 말을 따라 하는 반향어가 있다. 다른 부분에서는 유창하게 언어를 구사하는 사람일지라도 앞에 언급한 이런 특징들을 보이곤 한다.

행태 징후는 집착적이거나 강박적인 행동, 예를 들면 계속해서 잠자리를 폈다 정돈했다 하는 행동이나 문이 잠겼는지 몇 번이나 눈으로 확인하는 행동 등이다. 아스퍼거 증후군을 지닌 이들은 종종 사회적으로 비난받을 만한 충동적인 행동을 한다. 공공장소에서 성기를 만지거나 갑자기 상황이나 분위기에 맞지 않는 외설적 행위가 이에 해당한다. 이런 특징이 발견되면 정신과 의사나 신경과 의사의 진단을 받아야 한다. 치료는 약물요법과 임상심리학자에게 받는 인지행동요법이 있는데 효과가 상당히 뛰어나다. 투렛 증후군을 지닌 이들과 그 가족을 돕기 위한 후원모임도 있다.

긴장병과 파킨슨병

긴장병의 징후는 자폐증과 아스퍼거 증후군 모두에서 확인되고 있다(Realmuto and August 1991, Wing and Attwood 1987). 긴장병을 지닌 사람은 특이한 손동작을 취하고 하던 동작을 일시적으로 멈추기도 한다. 잘 훈련된 행동, 즉 아침식사를 하거나 침구를 정리할 때 마치 '얼어붙은' 듯이 몇 초 동안 아무런 움직임 없이 멈칫하고는 한다. 이런 행동은 약한 간질 이상이나 백일몽이 아니며 단지 손발을 다시 움직이는 데 문제가 있는 것이다. 이런 동작은 겉보기에는 예순 살 이상에서 주로 발생하는 파킨슨병 증상과 비슷하다(Maurer and Damasio 1982, Szatmari et al. 1990, Vilensky, Damasio and Maurer 1981). 증상으로는 흡사 가면을 연상시키는 무표정한 얼굴, 새로 움직이거나 동작을 취하는 데 있어서의 어려움, 질질 끄는 듯한 걸음걸이, 근육 강직이나 떨림 등이 있다. 저자의 광범위한 임상경험에 따르면 아스퍼거 증후군을 지닌 몇몇 젊은이들은 파킨슨병의 양태와 유사하게 동작 기능에 있어서 퇴행이 나타난다. 그렇지만 이런 사례는 극히 드물다는 점이 강조되어야 한다. 만일 긴장병이나 파킨슨병의 징후를 보인다면 신경과 의사나 신경정신과 의사에게 동작기능에 관한 정밀검사를 받아야 한다. 약물은 이러한 희귀 동작장애를 줄이는 데 상당히 효과적이며 새롭게 동작을 가르치거나 재활운동을 돕는 손쉬운 방법들도 있다. 예를 들어 움직여야 할 이들의 팔과 다리를 다른 사람이 건드려주거나 이들과 똑같은 장치를 착용하고 옆에서 나란히 걷는 것도 상당히 효과적이다. 음악감상은 유연한 동작을 유지하는 데 도움이 된다. 흥미롭게도 특정한 양식의 음악이 보다 더 효과적이라는 사실이 입증되었다. 구성과 리듬이 분명하고 일관된 음악, 즉 바로크 음악과 컨추리 음악(미 테네시 주 등지에서 시작된 미국 전통음악—옮긴이), 미 웨스턴 음악(미 중서부 개척자나 카우보이들이 즐겨 부르고 연주한 음악—옮긴이)이 여기에 해당한다. 파킨슨병을 지닌 사람들을 위해 물리치료사들이 개발한 치료법도 위의 증상을 지닌 젊은이들에게 적용할 수 있다.

소뇌 기능 장애

진전된 뇌 촬영기법 덕분에 신경정신과 의사와 신경 전문 의사들은 자폐증과 아스퍼거 증후군을 지닌 사람들의 특정 뇌 부위를 관찰할 수 있게 되었다. 에릭 코치슨이 처음 소뇌라고 부르는 특정 뇌 부위의 이상을 찾아냈다. 그의 선구적 연구는 아스퍼거 증후군 진단기준에 부합하는 환자들을 대상으로 시행한 별개의 연구에 의해 그 진가가 확인되었다(Courchesne 1995, El-Badri and Lewis 1993, Hashimoto et al. 1995, McKelvey et al. 1995). 소뇌는 오랫동안 근육신경 조절, 손발 움직임, 동작조절, 언어, 자세, 균형과 감각조절을 관장하는 데 중요한 역할을 담당하는 것으로 알려졌다. 템플 그랜딘은 자기공명영상(MRI, Magnetic Resonance Image)으로 자신의 뇌를 촬영했는데(1988), 그 결과 그랜딘의 소뇌도 보통 사람 것보다는 작다는 사실이 밝혀졌다. 따라서 우리는 이제 임상적으로 관찰된 동작장애를 확인해주는 생리적 증거를 확보한 셈이다. 부모와 교사들은 동작장애가 게으름이 아니라 생리적 문제라는 점을 인지해야 하며 동작 분야 전문가들 특히 신경정신과 의사와 물리치료사들의 치료를 받도록 도와주어야 한다.

걷기와 달리기

★ 팔과 다리의 조화를 향상시켜라.

공 다루는 기술

★ 아이가 공으로 하는 게임에 참여할 수 있도록 공을 잡고 던지는 기술을
   향상시켜라.

균형감각

★ 놀이공원이나 체육관 시설을 이용하라.

손재주

★ 손에 손을 잡고 가르치도록 하라.

글씨 쓰기

★ 치료 차원으로 연습시켜라.

★ 키보드 사용법을 가르쳐라.

동작 조절

★ 동작을 천천히 하도록 격려하고 감독하라.

관절

★ 물리치료사에게 치료 프로그램을 받아라.

동작장애

★ 틱, 눈 깜빡거림, 무의식적인 움직임을 검사하라.

★ 이상한 자세, 몸이 굳거나 발을 질질 끄는 걸음을 검사하라.

★ 관련된 전문 의사의 진찰을 받게 하라.

6

인지

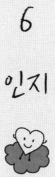

인지에는 사고, 학습, 기억, 창의와 같은 모든 인식 과정이 포함된다. 인지심리학의 전반적인 영역은 1950년대부터 부각되었으며 오늘날 이 분야의 지식은 아스퍼거 증후군을 이해하는 데 많은 도움을 준다. 유타 프리스와 그의 동료들은 이 증후군을 지닌 아이들은 '마음을 읽는' 능력에 근본적인 결함을 지니고 있다는 가설을 세웠는데 이는 중요한 학문적 진전 중 하나다(Frith 1989, Happé 1994).

마음 이론

보통 아이들은 네 살 무렵부터 다른 사람들이 그들의 행동에 영향을 미치는 생각, 지식, 믿음과 욕구를 가지고 있다는 사실을 이해하게 된다. 아스퍼거 증후군을 지닌 사람들은 다른 사람의 생각과 감정을 개념화하고 이해하는 데 어려움을 겪는 듯하다. 예를 들어 그들은 자신의 말이 다른 사람의 기분을 상하게 하거나 당황하게 만들고, 미안하다는 말이 다른 사람의 상한 감정을 보듬어주는 데 도움이 된다는 사실을 깨닫지 못하기도 한다. 저자가 사용하는 아스퍼거 증후군 진단평가에는, 아이가 다른 사람의 생각을 고려하는지 알아보는 일런의 항목이 있다. 여러 가지 이야기를 들려준 다음 아이에게 자기 생각을 말하도록 시키는 방식이다. 이러한 이야기들은 쉰 목소리를 내보라고 하는 간단한 비유적 표현부터 선한 거짓말에 이르기까지 다양하다(Happé 1994). 다음은 선의의 거짓말을 이해하는지 평가하기 위한 예문이다.

헬렌은 크리스마스에는 부모님한테 토끼를 선물해달라고 부탁할 수 있다는 것을 알기 때문에 1년 내내 크리스마스를 기다렸다. 헬렌은 세상에서 무엇보다 토끼가 갖고 싶었다. 마침내 크리스마스가 왔고 헬렌은 부모님이 선물한 커다란 상자를 풀어보기 위해 달려갔다. 헬렌은 상자 안에 작은 토끼가 들어 있을 거라고 확신했다. 그러나 가족들이 주위에 둘러선 가운데, 상자를 열어보았을 때 헬렌은 선물이 바로 자신이 원하지도 않았던 따분하고 케케묵은 백과사전 전집이라는 사실을 발견했다. 그렇지만 부모님이 선물이 맘에 드느냐고 묻자, 헬렌은 "정말 좋아요, 고마워요, 제가 바로 갖고 싶었던 거예요."라고 대답했다.

헬렌의 말이 진심일까?
헬렌은 부모님한테 왜 그렇게 말했을까?

초등학교 또래 아이들은 헬렌이 부모님의 마음을 상하게 하지 않으려고 그런 대답을 했다고 말한다. 아스퍼거 증후군을 지닌 아이들은 이런 포인트를 놓치곤 한다. 어떻게 하면 헬렌이 새 백과사전에서 토끼에 관한 부분을 읽을 수 있는지에 대해 말하거나 아니면 헬렌이 거짓말을 한 이유를 몰라 완전히 어리둥절해하기도 한다. 일부 아스퍼거 증후군 아이들은 설정 인물의 생각이나 감정을 이해한 뒤 적절히 대답하지만, 거의 즉시 대답하는 일반 아이들과 달리 질문에 어떻게 대답해야 할지 생각하는 데 몇 초씩 걸린다.

다음은 이중으로 꼬아놓은 또 다른 예문이다.

어느 전쟁에서 붉은 군대가 푸른 군대 병사 한 사람을 포로로 잡았다. 붉은 군대는 이 병사가 자기 부대의 탱크들이 어디 있는지 말해주기를 바랐는데, 그들은 탱크가 산이나 바다 중 한 곳에 있음을 알고 있었다. 붉은 군대는 포로가 말하고 싶어하지 않는다는 것, 포로가 자기 군대를 지키고 싶어한다는 것, 그래서 분명 자신들에게 거짓말을 하리라는 것을 알고 있었다. 포로는 아주 용감하고 똑똑했다. 포로는 적이 자기편 탱크를 찾아내도록 두지 않을 것이다. 사실 탱크들은 산속에 있었다. 이제 적군이 포로에게 탱크가 어디 있느냐고 물어보자 포로는 "탱크들은 산속에 있다."고 대답했다.

포로가 한 말이 진실인가?
적군은 탱크들을 찾기 위해 어느 쪽을 수색할까?
포로는 왜 그렇게 말했을까?

아스퍼거 증후군을 지닌 아이들은 일반적으로 포로가 진실을 말하고 싶어했다거나 농담을 했다고 대답하며, 포로의 복잡한 책략을 이해하지 못한다. 아이는 분명 충분한 언어능력과 이러한 이야기 속의 사건들을 이해하는 지적 능력을 가지고 있다. 그러나 사람들은 종종 다른 아이들에게는 아주 쉬운 과제가 아스퍼거 증후군 아이들에게는 너무나 어렵다는 사실에 놀라게 된다.

이러한 특징으로 말미암아 허구를 다룬 소설류보다는 정보를 다룬 책을 선호한다. 소설류는 등장인물과 사람들의 개인적 경험 그리고 그들의 상호작용에 관해 묘사하기 때문이다. 꾸며낸 이야기인 픽션(fiction)은 사회적이고 감정적인 경험을 중요시한다. 반대로 논픽션은 사람들과 그들의 생각과 감정, 경험을 같은 정도로 이해하지 않아도 된다(Garnett and Attwood 1995). 이야기를 들려주는 시간에 학급의 나머지 아이들은 넋을 잃고 들어도, 아스퍼거 증후군 아이들이 그토록 지루해하고 산만해하는 이유이다. 템플 그랜딘은 다음과 같이 설명한다(1992).

나는 사실에 근거한, 꾸며내지 않은 읽을거리를 좋아한다. 나는 사람들의 관계가 복잡하게 얽힌 소설에는 별 관심이 없다. 소설을 읽을 때는 흥미로운 장소에서 발생하는 여러 가지 서술적 묘사가 곁들여진 단순명료한 이야기를 더 좋아한다. (123쪽)

이제 우리는 '마음의 문맹(mind blindness)'이라는 특징이 있음을 알게 되었다. 아이가 이와 관련된 과정을 익히도록 하려면 과연 어떻게 도와야 할까. 최근 연구는 '사회 적응력 프로그램'을 활용하고 있다. 사회적으로 꼭 알아둬야 할 원칙들을 명료하고 체계적으로 가르치기 위한 것이다(Ozonoff and Miller 1995). 미로 속에서 눈을 가린 다른 사람을 안내하거나 앞에서 예로 든 두 가지 상황과 비슷한 대본들을 활용해 역할놀이를 하게 하는 것 등 다른 사람의 생각이나 관점을 이해하는 데 도움을 줄 목적으로 만든 대본들을 행동으로 옮기는 프로그램이다.

아스퍼거 증후군을 지닌 이들이 다른 사람의 생각에 대해 알고 있지만 이러한 지식을 효과적으로 적용하지는 못한다는 연구 및 임상 증거도 있다(Bowler 1992). 그들은 다른 사람의 생각이나 느낌을 지적으로 분석할 수 있지만 언제 그러한 능력이 요구되는지 알지 못한다. 이는 일관성을 향한 중심적 추진력의 결핍이라고 불려왔다. 말하자면 서로 다른 유형의 지식이 특정한 상황에 타당한지 여부를 판단할 능력이 없다는 뜻이다(Frith and Happé 1994). 예를 들어 다른 아이가 가장 좋아하는 장난감을 허락받지 않고 가져 오게 한 다음 다른 아이의 기분이 어떨 것 같냐고 질문하면 아이는 적절한 대답을 할 수 있을 것이다. 그러나 장난감을 빼앗는 시점에서는 그러한 생각이 머릿속에 떠오르지 않는 것처럼 보인다. 즉 지식이 있더라도, 그 지식이 상황에 활용되지는 못한다. 부모와 교사는 아이들이 행동하기에 앞서 결과를 생각하도록, 즉 '다른 사람이 어떻게 느낄지 행동하기에 앞서 멈춰 생각하라'고 가르쳐야 한다. 다른 사람의 생각과 감정은 늘 고려해야 할 대상이다.

기억력

───────

부모들은 종종 아이의 오래 지속되는 기억력에 대해 말한다. 예를 들어 앨버트의 부모는 '앨버트가 어릴 적 단 한 번 일어났고 아무도 말해주지 않았던 사건 등에 대해 몇 년이 지난 뒤 아주 세세한 부분까지 얼마나 잘 기억해내는지' 이야기해주었다(Cesaroni and Garber 1991, 308쪽). 아이들의 발달과정에서 언어발달 전에 일어난 사건들은 정확히 기억하지 못하는 게 자연스런 현상이지만, 아스퍼거 증후군 아이들 중 일부는 앨버트의 다음 이야기처럼 자신의 유아기를 생생하게 기억한다.

> 한 살 때 내슈빌에 갔을 때, 이따끔 공기에서 장작 냄새가 났던 것으로 기억한다. 음악을 들었던 기억이 나는데, 아주 듣기 괴로웠다. 나는 낯선 장소에 있다는 것을 알고 있었는데, 오래된 건물들이 들어찬 곳 같았다. (307쪽)

기억들은 주로 눈에 보이는 듯이 선명한데, 예를 들면 캔디는 자신의 기억이 "사람들이나 개인에 관련된 것보다는 물건들로 채워져 있다."고 설명했다. 장면들을 정확히 회상하는 능력이 어느 정도냐 하면, 특정 책의 모든 페이지를 기억하기도 한다. 저자는 이런 능력을 활용해 시험 중 주요 교재의 긴 내용을 완벽하게 답안에 옮기고 그 결과 시험부정 의혹을 산 어떤 아스퍼거 증후군 여대생을 알고 있다. 어쨌든 이런 직관적 혹은 사진과 같은 기억력은 시험 볼 때 아주 유용하다. 긍정적 측면에서, 경이적으로 오래 지속되는 기억력과 특별한 관심사에 관한 사소한 사실과 정보의 축적은 〈미스터마인드(Mistermind)〉 같은 TV퀴즈쇼 출전자에게는 장점이 될 수 있다. 퀴즈 게임 '트리비얼 퍼슈트(Trivial Pursuit)'에서 뛰어난 능력을 선보였던 아스퍼거 증후군을 지닌 한 젊은 남자가 동네의 퀴즈 게임에 참가해, 유력한 챔피언 후보로 인정받았다. 옛날 영화에 특별한 취미가 있었던 이 남자는 그러나 결선에서 영화 〈바람과 함께 사라지다〉가 언제 제작됐는지에 관한 문제를 못 맞춰 1점차로 탈락했다. 그의 대답은 틀렸고, 남자는 묵묵히 자신의 실수를 인정했다. 남자의 부모는 아들이 실수했다는 사실을 믿을 수 없어 그 영화에 관해 약간 알아보았다. 결국 그들은 아들이 사실 정답을 말했음을 확인했는데, 남자의 답은 영화가 '촬영된' 해였고 정답 카드에 적혀 있던 답은 그 영화가 '개봉된' 해였던 것이다.

대안적 사고

아스퍼거 증후군을 지닌 사람들은 종종 사고의 유연성 때문에 어려움을 겪는다. 한쪽 방향으로만 생각한다는 의미이다(Minshow et al. 1992). 그들의 생각은 경직되어 있고 변화나 실패를 수용하지 않으려는 경향이 있다. 이들은 문제를 해결할 때 단 한 가지 접근법만 고수하기도 하는데 이 때문에 대안적 사고를 키워줄 필요가 있다. 어린 아이들은 게임을 통해 "그것 말고 무엇이 될 수 있을까?" 혹은 "그걸 하는 다른 방법은 없을까?" 같은 질문에 대답하면서 유연성을 키울 수 있다. 각각 다른 플라스틱 블록들은 규칙에 따라 서로 다른 덩어리로 분류되기도 한다(일례로 큰 것은 큰 것끼리 작은 것은 작은 것끼리, 모양에 따라, 색깔이나 두께에 따라). 추상적인 대상이나 그림들은 아이가 마음대로 생각할 수 있는 대상이 된다. 좀 더 큰 아이들의 사고 유연성을 키워주기 위해서는 교육 기자재 제작사인 '러닝 디벨롭먼트 에이드'가 만든 '무엇이 잘못됐니(What's Wrong)?' 카드가 유용하다. 각 카드에는 기괴하거나 불가능한 상황이 묘사되어 있다. 아이는 무엇이 잘못됐는지 찾아 설명해야 한다. 또 다른 게임으로는 "사물(일례로 벽돌, 옷걸이 등)을 이용하는 방법을 얼마나 많이 생각할 수 있니"가 있다.

사고가 유연하지 못해 불리한 점 중 하나는 실수로부터 배우는 것이 적다는 점이다. 계속 실패하면서도 방법을 바꾸지 않고 같은 행동을 끈질기게 지속하는 아이를 보며 부모와 교사는 정신적 장애물이 있다고 보고하기도 한다. 자주 듣는 말 중 하나는 "결과를 통해 배우지 않는다."는 것이다. 연구를 통해 이러한 특징이 확인됐다(Prior and Hoffmann 1990). 한 부모는 "아들이 먼저 자기 식으로 해본 뒤에야 도움을 청한다."고 말했다. 이 아이에게는 행동을 멈추고 다른 방법을 생각해보거나, 교사나 다른 아이들에게 도움을 부탁하도록 격려해야 한다. '백지장도 맞들면 낫다'는 속담이 바로 그것이다.

　유연하지 못한 사고는 아이의 수업태도에 영향을 미치기도 한다. 한 부모는 아이가 무언가를 해야겠다고 결심하면 그 무엇도, 그 누구도 저지하지 못한다며 "아이가 듣고 싶어하지 않는 말에 귀 기울이게 할 수 없다."고 하소연했다. 이 아이는 잘못된 것을 곁에 두고 보지 못하고 토론이나 논의를 할 때 다른 사람을 화나게 할 만큼 고집이 센 듯하다. 일단 이 아이의 생각이 한쪽으로 정해지면, 결정이 잘못 됐다거나 아무런 효과가 없더라도 바꾸기가 불가능해 보인다. 이런 경우 최선책은 단지 다른 생각을 갖도록 설득하는 것이다. 아스퍼거 증후군을 지닌 아이들은 일단 한 가지 방법을 배우면, 이를 변화시키거나 배운 것을 다른 상황에 맞게 일반화하지 못한다. 한쪽으로 고정된 생각 때문에 자신들이 배운 것이 여러 상황에서 활용될 수 있다는 것을 깨닫지 못하기도 한다. 부모와 교사들은 아이에게 특정한 한 가지 기능과 관련된 각기 다른 상황들을 가르치고 상기하도록 해야 한다. 때때로 교사와 부모들은 또 다른 환경 속에서 아이가 한 실패는 일정 부분 다른 사람의 잘못에서 비롯됐다는 사실을 일깨워줄 필요가 있다. 어떤 행동을 언제 해야 적절한지에 대해 아이는 아주 경직된 이해를 하기도 한다.

　어느 한때 적절한 행동이었다고 해서 아이가 그 행동을 융통성 없이 고수하는 경우도 있다.

어휘력과 수 이해력

아스퍼거 증후군 아이들 중 상당수는 읽기, 철자법, 숫자에 아주 탁월한 능력을 갖고 있다. 일부 아이들은 엄청난 어휘력(hyperlexia)을 쌓는다. 이들은 단어 인지력이 뛰어나다. 그러나 단어나 줄거리 이해력은 상당히 떨어진다(Tirosh and Canby 1993). 읽고 있는 내용의 숨은 뜻을 파악하는 데 큰 어려움을 보이는 아이들도 있다. 한스 아스퍼거는 그의 첫 번째 모임에 난독증을 보이거나 맞춤법에 어려움을 가진 아이들이 있었다고 기록했다(1944). 반면 어떤 아이들은 아주 어릴 적부터 숫자에 매료되어 셈하는 데 유별나게 빠른 발달을 보였다. 예컨대, 한스 아스퍼거는 학교에 들어가자마자 5 더하기 6은 얼마냐는 질문을 받았던 한 아이에 대해 적고 있다. 아이는 다음과 같이 말했다.

"나는 더하기를 별로 좋아하지 않고 대신 1,000에 1,000을 곱하는 것을 더 좋아해요." 아이가 한동안 무의식적인 계산과정을 마친 뒤, 우리는 아이에게 주어진 문제를 풀어야 한다고 강요했다. 그러자 아이는 다음과 같은 독창적이지만, 괴상한 방법을 보여주었다. "봐요, 내가 어떻게 문제를 풀었는지. 6 더하기 6은 12이고 5 더하기 6은 이보다 하나 적으니까, 11이죠." (75쪽)

'하로'라는 이름을 가진 또 다른 아이는 다음과 같은 방식을 사용했는데, 이는 아이보다는 어른들이 사용되는 방식일 것이다.

문제: 34 빼기 12는?

답: 34 더하기 2는 36, 12를 빼면 24, 24 빼기 2는 22.

문제: 47 빼기 15는?

답: 양쪽에 3씩 더하고, 더한 3을 다시 없애거나

처음에 7을 빼고 나서 8을 뺀다.

이 방법으로 나는 누구보다도 더 빨리 문제를 푼다. (55쪽)

리처드는 열일곱 살 때 자기 삶에 관해 기록했다. 어릴 적부터 숫자에 매료됐던 것에 관해 적고 있다(Bosch 1970).

그건 우리가 살던 마을 빵가게 벽에 걸려 있던 오래된 달력에서 시작됐다. 나의 열정은 커다란 검고 붉은 숫자들에 의해 불붙었는데, 당시 세 살짜리 남자애였던 나는 그것들에 사로잡혔다. 나는 곧이어 그러한 모양들이 집 문, 책 페이지 그리고 신문에도 있다는 사실을 발견했다. 갑자기 내 작은 세계는 숫자로만 채워지게 되었고, 나의 부모님은 크게 걱정하며 내가 잠든 동안 (내 베개 밑에 놓아두곤 했던) (빵가게에서) 수집한 달력 종이들을 없애버렸다. 그들은 숫자에 대한 나의 갈증을 채워주려는 아무런 준비도 되어 있지 않았지만 나는 세 살 무렵 1부터 100까지 숫자에 대한 명확한 개념이 아주 자연스레 형성됐다는 것을 지금까지 기억한다. 나는 세 살이라는 나이가 어떤 의미인지 알고 있다. 보통은 1, 2, 3의 세계에 속해 있던 나이다. 그 나이에 나는 거의 도움을 받지 않고 숫자 세기에서 산수까지 과정을 거쳤다. 네 살 때는 어머니에게 기뻐하면서 "말해주지 않아도 4 곱하기 25가 얼마인지 알아. 답은 100이야. 왜냐면 2 곱하기 50도 100이니까."라고 말했다고 한다. 내 기억에 내가 어른들의 숫자 비밀들을 발견할 때면 어머니는 신경을 많이 썼던 것 같다. 어머니가 싫어했지만 나는 아주 집요하게 매달렸다. 나는 지금도 2학년 때 숫자들이 수십억까지 올라갈 수 있다는 사실을 깨닫고 큰 기쁨을 맛보았던 일을 기억한다. (42~43쪽)

수학에 대한 아이의 관심은 수학자 같은 빛나는 직업으로 이어지기도 한다. 실제로 저자는 아스퍼거 증후군을 지닌 몇몇 수학 교수들을 만난 적이 있다.

흥미로운 특징 중 하나는 아스퍼거 증후군 아이는 공부방식을 익힐 때 전통적인 일련의 단계를 밟지 않는다는 점이다. 아이는 기초적인 능력을 체득하는 데 시간이 걸린다. 또 제 나이에 비해서는 조숙한 방법이나 나름의 독창적인 방식을 체득하는 데도 어느 정도 시간이 걸린다. 아이는 사고할 때나 문제를 풀 때 색다른 방식을 사용하는 듯이 보인다. 교사는 아이가 사용한 방법들을 검토하는 게 바람직하다. 아이가 교실의 다른 아이들과는 다른 방법을 사용한다는 이유만으로 아이의 방법이 잘못됐다고 판단해서는 안 된다. 그것들은 다른 방법일 뿐이며 그 아이에게는 틀에 박힌 다른 방식들보다 쉬울 수도 있다. 따라서 아이가 무엇을 할 수 있느냐는 것뿐만 아니라 어떻게 하는지도 살펴보아야 한다.

수업 중에 그런 아이들을 유심히 관찰하면 또 다른 특징을 발견하게 된다. 실패나 비난 혹은 불완전함에 대한 유별난 두려움 같은 것이다. 잭은 다음과 같이 설명한다(Dewey 1991).

나는 비난받는 것에 병적으로 민감하고, 사람들이 나를 싫어하지 않을까 두려워한다. 나는 내가 혹시 실수했는지 혹은 잘못 말했는지 지금까지 해놓은 모든 성과를 망치지나 않을지 신경 쓴다. 우연찮게 한 어떤 일로 인해 그런 사태가 벌어지기도 한다. (202쪽)

어떤 아이들은 조금이라도 실패할 확률이 있거나 실망할 기미라도 보이는 경우엔 새로운 행동을 하려고도 하지 않는다. 교사는 용기를 북돋아주는 태도를 취할 필요가 있으며, 어떠한 비난도 자제해야 한다. 실수를 하더라도 동정을 삼가고 조용하고 단호하게 지침을 내려주며 아이의 잘못이 아니라 과제가 어려웠다고 설명하는 게 가장 좋다. 손을 들어 질문하면 바보처럼 보이고 다른 아이들로부터 놀림을 받을지도 모른다고 생각해 도와달라는 말을 하지 않는 아이가 있다면 아이와 교사 둘 사이에만 통하는 암호를 사용하는 방법이 있다. 도움을 필요로 하지만 다른 아이들의 주의를 끌고 싶지는 않을 때 아이가 자기 책상의 특정 위치에 지우개 같은 것을 놓아두는 것이다. 교사는 이와 같은 비밀신호를 보았을 때 조심스럽게 아이에게 접근하여 도움을 주면 된다. 아이의 또 다른 특징은 완벽에 가까운 아주 높은 개인적 기준을 설정하는 것이다. 이러한 기준은 교사나 다른 아이들이 기대하는 수준을 넘어서기도 한다. 또 어른들이 비난하거나 혼을 내면서 아이 취급할 때 분노하기도 한다. 아이는 종종 사람들이 제 나이보다 더 대접할 때 좀 더 긍정적으로 반응한다.

아스퍼거 증후군을 지닌 아이들은 대부분, 일반 모임의 아이들보다 개인적이다. 때문에 모임에 참여하는 상황은 아이에게 스트레스를 줄 수 있다. 일례로 학급 대항 퀴즈전에서 자신의 차례를 기다리는 동안 극도로 긴장했던 한 아스퍼거 증후군 아이가 있었다. 아이는 정답을 못 맞춰 공개적으로 지탄을 받지나 않을까 염려했다. 아이의 차례가 되자, 교사는 아이가 알고 있다고 생각했던 질문을 던졌다. 그러나 너무 긴장한 탓에 생각과 말을 제대로 하지 못했고 결국 틀린 답을 말했다. 같은 조 구성원들의 격려와 위로에도 아이는 큰 상처를 입었다. 아스퍼거 증후군을 지닌 사람들은 운동경기를 할 때도 골프, 낚시, 스누커(영국식 당구의 일종―옮긴이) 혹은 보디빌딩 같은 혼자 하는 종목을 더 잘한다.

어떤 아이들은 완성과 완벽함을 고집한다. 캔디는 모든 것이 정확해야 하고, 그 어떤 것도 미완성 상태이거나 부정확해서는 안 된다는 점에 대해 말했다. 때문에 캔디는 다른 아이들이 운동장으로 나간 한참 뒤까지, 정해진 기준을 충족할 만큼 과제들을 완성하기 위해 교실에 남아 있기도 했다.

한스 아스퍼거는 주의력 장애가 어느 정도 규칙적으로 발견되는지에 대해 언급했다(1991). 한 아이에게 아스퍼거 증후군과 주의력 결핍장애가 동시에 나타날 수 있다는 임상증거도 있다. 그렇지만 교사를 쳐다보지 않아 주의력이 결핍되어 있다는 인상을 줄 때도 실제로 아이는 듣고 있다. 다른 생각을 하지 않고 말하는 내용에 주의를 기울이고 있는 것이다. 하지만 교사의 보디랭귀지에는 신경 쓰지 않는 게 일반적이다. 이와 연계된 특징은 흥미를 찾지 못하는 활동에는 의욕도 부족하다는 점이다. 만일 아이가 공룡에 관심을 보이고 모든 수업이 공룡에 관한 것이라면 아이의 주의력이 오랫동안 지속된다는 인상을 받을 것이다.

연구에 따르면 이런 아이들은 초등학교에서는 공부를 잘하더라도 고등학교에 들어가면 성적이 떨어진다(Goldstein, Minshew and Siegal 1994). 연구결과에 따르면 학습과정에 따라 요구되는 능력이 본질적으로 다르기 때문이다. 초등학교 시절 과제는 기계적인 풀이과정, 장기 기억력과 아주 간단한 언어지시 등이 요구된다면 고등학교에서는 이해력, 개념화하는 능력, 분석력, 협동작업 기능과 문제해결능력이 필요하다. 아스퍼거 증후군을 지닌 10대 아이들이 상대적으로 떨어지는 분야가 이런 영역이다.

상상력

사람들은 대개 아이들이라면 가상게임을 할 것이라고 기대한다. 그 게임에서 아이들은 특정한 인물을 가장해 거기에 맞춰 복장을 갖추고, 가상의 세계를 창조하고, 장난감들을 이용해 다른 아이들과 함께 차 마시기 파티나 경찰과 도둑 같은 상상의 장면들을 연기한다. 아스퍼거 증후군 아이들의 가상게임에는 특이한 점이 있다. 아이들을 임상관찰해 보면 가상게임을 즐기지만 혼자서만 하며 몇 가지 특이한 양상도 눈에 띈다. 일례로 운동장 구석에서 혼자 빵 만드는 놀이를 하던 한 아스퍼거 증후군 아이가 있었다. 아이는 땅에서 풀씨들을 채집하여, 돌로 갈면서 농부와 제분업자와 빵굽는 사람 흉내를 내고 있었다. 다른 아이들이 흥미를 느끼고 접근하자 아이는 아이들에게 가까이 다가오지 말라고 단호하게 말했다. 그 놀이를 혼자 완전히 통제하고 싶었던 것이다. 때때로 다른 아이들이 가상게임에 동참하기도 했지만 아이는 독재적인 할리우드 영화감독처럼 자신의 배우들에게 위치와 대본을 강요했다.

혼자 하는 이러한 가상놀이는 상당히 창조적이기도 하지만 동작과 대화를 자세히 관찰해보면 원출처의 완벽한 복사판인 경우가 종종 있다. 아이가 신데렐라 이야기의 등장인물을 연기할 때, 교사가 교실에서 들려줬던 원판과 목소리와 대사가 똑같은 식이다. 이처럼 판에 박힌 듯한 놀이는 날마다 반복된다. 다른 아이들은 종종 좋아하는 영화나 TV프로그램의 등장인물을 흉내 내지만, 아스퍼거 증후군 아이들 중 일부는 사람이 아니라 물건으로 변신하기도 한다. 몇십 분 동안이나 이리저리 몸을 흔들어대던 한 아이가 있었다. 무엇을 하느냐고 묻자, 아이는 "자동차 와이퍼예요."라고 대답했다. 자동차 와이퍼는 아이가 그즈음 가장 흥미를 보이는 대상이었다. 어떤 남자아이

는 주전자가 되기도 하고 어떤 여자아이는 자신이 마치 막힌 변기인
양 행세하며 몇 주일을 보내기도 했다!

아스퍼거 증후군을 지닌 아이들 중 좀 더 큰 아이들은 상상의 세
계를 창조하기도 하는데, 현실세계를 이해하지 못하거나 현실세계
로부터 이해받지 못할 때 특히 그렇다. 일부 아이들이 공룡에 사로잡
히는 이유 중 하나도 이것이다. 리처드는 자신이 만든 상상의 세계에
대해 다음과 같이 적고 있다(Bosch 1970).

'레스테튼(Resteten)'은 내가 나의 상상의 세계에 붙여준 이름인데,
조화와 평화로 가득하고 어떤 사악한 일도 일어나지 않는, 우주 멀
리 떨어진 한 태양을 돌고 있는 세계이다. 어릴 적 지구에서의 일
상이 언제나 힘들고 이해할 수 없었기 때문에, 나는 올림피아 강이
급류를 이루며 흘러가는 그 별의 거대한 산악지방으로 기꺼이 도
피했다. 이런 일은 자주 벌어졌다. 아주 어릴 적부터 나는 또래 다
른 아이들과 달랐다. 물론 이 점은 다른 아이들이 나를 조롱하고,
때리고 괴롭히는 충분한 이유가 되었다. 나는 나 자신을 방어하지
못했는데, 고자질을 해서 다른 아이를 다치게끔 하지 않도록 하는
마음이 내 가슴속 깊은 곳에 자리잡고 있었기 때문이었다. 결과적
으로 대부분 아이들에게 학교에 가는 이유 중 하나는 친구들과 어
울리는 일이었지만 나에게는 그것이 고문이었다. 그렇지만 첫날부
터 나를 위해 항상 팔을 걷어붙이는 한 친구를 발견했다. 이노라는
이름을 가진 아이였다. 나를 도와줌으로써 그 아이는 전에 비해 두

드러져 보였다. 이노는 솔직하고 현실적인 남자아이였는데 (내게
는 불행히도) 최근 자기가 태어난 미국으로 돌아갔다.

과학에 대한 요즘의 애착은 단지, 숫자와 산수에 빠진 남자아이들
의 열정에서 비롯된 것이 아니다. 다른 이유들이 있다. 지역역사와
지리수업을 통해 나는 처음으로 프랑크푸르트와 마인 강에 대해
알게 됐다. 지도상의 마인 강 줄기를 따라서 나는 라인과 그곳의
해안 계곡을 거쳤고 바다를 지나 세계로 빠져나왔다. 나의 지도여
행 시간은 점점 더 길어졌고 극지방에는 사람이 살 수 있는 주거지
역이 거의 없다는 사실을 발견하게 됐다. 그것은 놀라운 사실이었
다. 이로 인해 나의 주요 관심은 북극과 남극으로 집중되었다. 그때
부터 나는 탐험가를 쫓아 영원한 겨울의 땅으로 들어섰다. 나는 많
은 사람들을 만나지 않을 것이라고 생각했던 장소들에 항상 마음
이 이끌렸다. 때문에 아홉 살 무렵 나는 특히 피카드(Picard, TV시
리즈 스타트렉의 엔터프라이즈호 선장)의 성층권 항해와 함께 윌리
엄 비브(1930~40년대 인류 역사상 처음으로 923m까지 잠수, 심해지
식과 잠수기구 발달에 큰 공헌을 한 미국의 동물학자—옮긴이)의 『해
저 반마일(Half mile down)』에 묘사된 대양의 심해, 볼처(Boelsche)
가 그의 책 『원시 생명 세계(Leben der Urwelt)』에서 묘사한 과거 시
대의 생명체에 특히 매료되었다. 그때 나는 지구 밖에는 무엇이
있을까 자문했다. 나는 디스터베크(Diesterweg)의 『대중의 천문학
(Populare Himmelskunde)』과 함께 별자리 지도와 아버지의 지도 교

재에 나와 있는 별자리표에서 답을 찾았다. 부모님은 이런 책을 열살짜리에게 읽혀야 하는지 의문을 가졌지만 나는 지금 이 책에 흠뻑 빠져 있다. 나는 특히 천체의 물리적 구조들에 관심이 컸고, 별자리나 언제 별자리를 볼 수 있는지에 대해서는 별 관심이 없었다. 나는 제임스 진의 책, 『신비한 우주(The Mysterious Universe)』를 통해 많은 정보를 얻었다. 태양을 거치는 우주 여행에 대한 기술은 원자의 구조를 가르쳐주었는데, 거기에서는 원자의 전자 껍질이 깨어진다. 그 책은 또 나를 은하계의 성단을 거쳐 가장 멀리 떨어진 성운으로 이끌기도 했다. 그것은 내게 있어 천체물리학에서 물리학으로 가는 유일한 지름길이었다. (41~43쪽)

이처럼 아스퍼거 증후군을 지닌 이들은 풍부하고 공상적인 정신생활, 일종의 도피와 오락에 몰두하기도 하는데 이런 몰두가 학자라는 직업 혹은 즐거운 취미생활의 첫 번째 단계로 이어지기도 한다. 리암(Liam, 1930년대 영국 리버풀을 배경으로 한 일곱 살 아이의 성장 드라마 주인공 이름)은 자신이 창조한 모험 만화의 영웅이며 악과 싸우고 정의를 퍼뜨리는 '수파키드(Supakid)'를 그리면서 몇 시간씩 보냈다. 한 여성은 매일 〈스타트렉〉의 1회분 대본을 쓴다. 대본들을 단 한 번도 방송 프로그램 담당 프로듀서에게 보내진 않았지만 현실생활에 적응하면서 발생하는 자신의 문제로부터 벗어나려는 욕구를 충족시켰다. 한스 아스퍼거는 처음으로 공상적인 이야기를 발전시키는 성향에 주목했다. 이러한 특징은 이후의 연구들로 확인되었다

(Ghaziuddin, Leininger and Tsai 1995. Tantam 1991).

부모들이 알아야 할 유일한 부정적 측면은, 일부 아스퍼거 증후군 아이들은 책이나 TV 프로그램, 영화 속의 가공세계와 현실을 잘 구별하지 못한다는 점이다. 이들은 가공세계의 사건을 실제로 받아들이며 이것이 단지 꾸민 이야기(it's only a story)라는 사실을 이해하지 못하고 몹시 두려워하기도 한다. 사춘기 아이들은 자신들의 내밀한 공상세계에 은둔해 너무 많은 시간을 보내기도 한다. 이런 경우라면 부모는 어떤 식으로 사회적 접촉을 유도할지, 그리고 이런 현상이 우울증 같은 주요 질환의 징후인지 확인해야 한다.

시각적 사고

한 연구에서, 몇몇 아스퍼거 증후군을 지닌 성인들이 '삑'하는 발신음 장치를 착용하고 며칠을 보냈다(Hurlburt, Happ and Frith 1994). 이들은 발신음을 들었을 때 머릿속에 있는 생각을 있는 그대로 '동결시켜(freeze)' 기록해달라는 부탁을 받았다. 보통 사람들이 이 실험에 참여했을 때, 그들은 말, 감정, 몸으로 느끼는 감각, 시각적 이미지 등이 포함된 일련의 내밀한 생각들을 적었다. 하지만 아스퍼거 증후군 성인들은 주로 이미지 형태의 생각들을 적거나 다른 것은 전혀 없이 이미지 형태의 생각들만 적기도 했다. 아스퍼거 증후군 사람들은 주로 시각적 형태로 사고하는 듯하다. 이는 템플 그랜딘이 개괄적으로 설명한 몇 가지 장점을 지닌다(1988).

내 마음은 완전히 시각적이어서 그림 같은 공간작업은 쉽게 한다. 나는 설계하는 법을 6개월 만에 혼자 깨우쳤다. 나는 강철과 콘크리트로 된 커다란 축우(畜牛) 시설 설계를 완성하지만 아직도 전화번호를 기억하거나 머릿속으로 숫자를 더하는 데 어려움을 겪기 때문에 꼭 적어야 한다. 내가 기억하는 모든 정보의 조각들은 시각적이다. 만일 추상적인 개념을 기억해야 한다면 나는 관련 책의 페이지나 마음속에 있는 기록들을 보고 '그 안의 정보를 읽는'다. 아름다운 음악만이 유일하게 보지 않고 기억할 수 있는 것이다. 감정을 자극하거나 시각적 이미지를 떠올리지 않는다면 나는 들은 것을 거의 기억하지 못한다. 수업을 받을 때, 귀로 들은 내용은 잊어버리기 때문에 나는 주의 깊게 공책을 정리한다. 인간관계와 같은 추상적 개념에 대해 생각할 때 나는 시각적 직유(visual similes)법을 이용한다. 예를 들어, 사람들의 관계는 미닫이 유리문과 같다. 그 문은 조심스럽게 열어야 한다. 발로 차면 깨질지도 모른다. 만일 내가 외국어를 배워야 한다면, 읽고 시각화하는 방식을 사용해야 한다. (145쪽)

템플은 자신의 시각적 사고를 탐구하고 이것이 그녀의 삶에 어떤 영향을 미쳤으며 어떤 식으로 놀랄 만한 기능을 습득케 했는지에 관한 책을 썼다(Grandin 1995).

학교수업의 대부분이 말로 생각을 전달한다는 점에서 이러한 사고 방식은 불리하다. 교사들이 시각화와 도형, 도식 등을 적극 활용한다면 아이에게 도움이 된다. 아이는 귀로 들을 때보다 눈으로 볼 때 답을 더 잘 찾아낸다. 예를 들어, 수학시간에는 책상 위에 주판을 올려놓는 것이다. 또한 구조나 사건들을 실제 장면처럼 상상하도록 가르치는 것도 가능하다. 아스퍼거 증후군을 지닌 성인들은 장면을 시각화하는 방식이 역사나 과학 공부에 어떻게 적용되는지에 대해 설명한다. 예를 들면 비디오의 한 장면처럼 녹화된 분자구조의 변화 모습을 떠올리는 것이다. 그 아이들 중 일부는 자신들의 작품을 특별히 돋보이게 만드는 남달리 섬세한 눈을 가지고 있다.

이러한 사고방식에는 뛰어난 장점도 있다. 체스와 스누커에 타고난 재능을 발휘하는 사람이 있는가 하면, 20세기의 가장 위대한 과학자인 알베르트 아인슈타인도 시각적으로 사고하는 사람이었다. 그의 상대성이론은 움직이는 지붕이 있는 화물차와 광속에 올라탄 장면을 상상한 시각적 상상에 기반하고 있다. 그의 개성과 가족사에 아스퍼거 증후군을 암시하는 요소들이 있다는 점은 흥미로운 사실이다(Grandin 1988). 또한 철학자 루드비히 비트겐슈타인과 작곡가 벨라 바르토크도 그들의 초기 작업에 아스퍼거 증후군 징후를 보였다(Gillberg 1992, Wolff 1995). 그랜딘은 빈센트 반 고흐도 어릴 적 아스퍼거 증후군과 관련된 기미를 보였다고 지적했다(Grandin 1995). 오늘날의 인물들을 살펴보면 컴퓨터 산업의 선두주자인 마이크로소프트의 창업자 빌 게이츠가 약간의 아스퍼거 증후군과 관련된 특징을 지녔다는 주장이 제기되고 있다(Grandin 1995, Ratey and Johnson 1997). 저자는 아스퍼거 증후군을 지닌 저명한 교수 몇 명과 한 명의 노벨상 수상자를 만난 적이 있다. 이를 볼 때 이러한 사고방식은 남들과 다르고, 잠재적으로 아주 창조적이며 종종 오해를 받는다. 그러므로 정신적으로 결함이 있는 것은 아니다. 한스 아스퍼거는 이 증후군을 지닌 이들에 대해 아주 긍정적인 태도를 취했으며 다음과 같이 적었다(1979).

> 과학이나 예술 분야에서 성공을 거두기 위해서는 약간의 자폐 성향이 필수적인 것처럼 보인다. 성공을 위해서는 일상생활, 단순한 관행을 외면하는 능력, 새로운 미답지를 창조하기 위해 하나의 특기로 모든 능력을 집중, 독창성을 가지고 당면과제를 재고하는 능력이 필요성분이 되기도 한다. (49쪽)

과학과 예술의 위대한 발전들은 아스퍼거 증후군을 지닌 사람들의 공헌에 힘입었다.

지능검사를 통한 능력 파악

한스 아스퍼거의 동료인 엘리자베스 버스트는 처음으로 표준화된 지능검사를 이용해 지적인 능력에서 뚜렷한 특징이 있음을 밝혀냈다. 아스퍼거 증후군을 지닌 이들은 단어의 의미, 단편적인 지식, 산수 그리고 블록쌓기 등 지식을 필요로 하는 검사에서는 상대적으로 우수하다. 블록쌓기 검사에서 아이는 정해진 시간 안에 색색의 블록을 가지고 추상적인 모형을 따라 만들어내야 한다. 아이들은 종종 커다란 기하학적인 모형을 작은 덩어리로 분해하는 데 뛰어난 능력을 보이기도 한다(Frith 1989). 일부 사람들은 말과 수행 IQ에서 현저한 차이를 보이지만 둘 다 있는 그대로를 반영한 결과일 수 있다(Ellis et al. 1994, Klin et al. 1995).

불행히도 사람들은 한 사람의 지적 능력을 그들이 구사하는 단어나 지식으로 판단하는 경향이 있다. 아스퍼거 증후군을 지닌 많은 아이들은 이러한 영역에서 상대적으로 능숙하기 때문에 매우 똑똑하다고 여겨지기도 한다. 하지만 아이가 정식으로 지능평가를 받게 되면 총체적인 IQ지수는 실망스럽게도 예상치보다 낮을 우려가 있다. 이는 다른 검사영역 특히 이해력, 이어지는 그림맞추기와 엉뚱한 그림찾기 분야에서 상대적으로 취약한 탓이다(Carpentieri and Morgan 1994). 이러한 항목은 사회적 지식과 함께 재능을 가지고 있어야 한다. 아이는 정보를 기억해 내고 단어의 뜻을 파악하는 데 놀랄 만한 경쟁력을 보이기도 하지만 문제해결능력은 상대적으로 떨어진다. 학년이 올라갈수록 지능시험과 학교과제에서 문제해결능력이 차지하는 비중은 점점 커진다.

지능검사 결과를 보면 아이가 왜 특정 수업을 따라가지 못하는지 알 수 있다. 또 아이의 상대적으로 강한 부분을 알려주는 정보도 된다. 이런 부분을 잘 계발하면 훌륭한 결실을 맺고 아이의 자긍심을 키울 수도 있다. 아스퍼거 증후군을 지닌 아이의 지능검사에 나타난 전반적인 특징은 눈에 띄게 들쑥날쑥하다. 따라서 한 차례의 IQ 검사 수치로 아이의 지적 능력을 평가하는 것은 위험하다. 또 수치보다는 양상이 더 중요하다.

나는 학교에서 치르는 시험도 아스퍼거 증후군 아이에게 맞게 수정했으면 한다. 중요한 내용은 잘 보이도록 표시하고, 시청각적 방해물이 가장 적은 자리에 앉히고, 악필과 답안작성에 걸리는 시간을 용인해주었으면 하는 바람이다.

마음 이론

★ 역할놀이와 지시를 활용해 다른 사람의 사고방식과 생각을 이해하는
법을 익혀라.

★ 아이로 하여금 행동이나 말에 앞서 다른 사람이 어떻게 느낄지 멈춰, 생
각하도록 장려하라.

기억력

★ 실제적이고 사소한 정보를 잘 기억하는 능력을 퀴즈와 게임들에 활용
하라.

대안적 사고

★ 대안적인 사고를 하는 방법을 연습하라.

★ 종종 암호를 사용, 도움을 구하는 방법을 배워라.

어휘력과 수 이해력

★ 아이가 일반적이지 않은 방법을 사용하는지 점검하라.

★ 만일 대안적인 방법이 효과적이라면 관행적인 방법을 가르치기에 앞서 이를 받아들이고 개발시켜라.

★ 비난과 동정을 삼가라.

상상력

★ 공상의 세계는 도피와 오락의 수단이 되기도 한다.

시각적 사고

★ 도형과 도표와 시각적 유추법을 활용해 시각화를 장려하라.

7

감각

자폐증을 지닌 아이들은 특정한 소리나 접촉에 아주 민감하게 반응하지만 낮은 단계의 통증에는 별다른 반응을 보이지 않는다고 알려져 있다. 자폐증을 지닌 아이들 중 약 40퍼센트는 어느 정도 감각과 관련한 문제를 안고 있다(Rimland 1990). 오늘날 아스퍼거 증후군을 지닌 아이들도 같은 빈도로 이러한 문제를 안고 있다는 증거가 있다(Garnett and Attwood 1995, Rimland 1990). 한 가지 혹은 많게는 대여섯 가지 감각기관이 손상을 입어 일반적인 자극도 견딜 수 없을 만큼 강하게 느끼기도 한다. 또 단지 그런 경험을 할 것이라는 예상만으로 심한 불안이나 고통을 느낀다. 다행히 이러한 과민증은 주로 아동기 후반에 접어들면 줄어들지만 어떤 사람들은 평생 이런 문제를 안고 간다. 부모들은 아이가 힘들어하는 이유에 대해 당황해한다. 마찬가지로 아스퍼거 증후군을 지닌 사람들도 왜 다른 사람들은 자신들만큼 느끼지 않는지 당혹스러워한다. 보통 가장 민감하게 반응하는 감각은 소리와 촉감이지만 어떤 경우에는 미각, 강력한 빛, 색깔과 향기에 같은 반응을 보이기도 한다. 반면, 다른 사람들이라면 참기 힘든 정도의 통증과 온도에는 아주 미미한 반응을 보이기도 한다.

청각

임상관찰 결과와 자폐증이나 아스퍼거 증후군을 지닌 사람들의 설명을 종합하면 극도로 강렬하게 느껴지는 소음은 세 종류이다. 첫 번째 종류는 갑작스럽고 예상치 못한 소리들로, 아스퍼거 증후군을 지닌 한 성인이 '날카롭다'로 표현한 개 짖는 소리, 전화벨 소리, 누군가의 기침 소리나, 볼펜 끝의 찰칵하는 소리가 이에 해당한다. 두 번째는 높은 음조의, 지속적인 소음으로 특히 주방과 욕실에서 사용하는 작은 전기 모터와 정원용 기계들에서 나는 시끄러운 소리들이다. 세 번째 종류는 쇼핑센터나 시끄러운 모임 등에서 발생하는 혼란스럽고 복잡한 뒤섞인 소리들이다. 이러한 청각 자극들을 별로 불쾌하게 느끼지 않는 부모나 교사가 이들의 고통을 나누기란 쉽지 않을지 모른다. 그렇지만 많은 사람을 불편하게 만드는 특정한 소리, 즉 학교 칠판을 손톱으로 긁어내리는 종류의 소음이 주는 느낌을 생각해 보면 이들이 어떤 느낌을 받는지 짐작할 수 있을 것이다. 심한 경우 단지 이러한 소음을 생각하는 것만으로도 소름이 돋는 사람도 있다.

아스퍼거 증후군이나 자폐증을 지닌 사람들이 전하는 다음의 인용문들은 특정 경험의 강도를 보여준다. 첫 번째는 템플 그랜딘의 경험이다(1988).

크고 돌발적인 소음은 지금까지 나를 놀라게 한다. 나는 다른 사람들보다 더 강렬하게 반응한다. 나는 아직도 풍선이 싫다. 언제 터져 놀랄지 도무지 알 수 없기 때문이다. 계속해서 이어지는 높은 음조의 모터 소리, 예컨대 헤어드라이어와 욕실 통풍기 소리는 여전히 나를 불편하게 하지만 저주파 모터 소음들은 괜찮다.

어머니, 선생님들, 가정교사는 내가 지닌 문제를 잘 다루었지만 감각이상을 가지고 있다는 점을 알지는 못했다. 만일 그들이 알았더라면 나의 짜증과 잘못된 행동들은 더욱 줄어들었을 것이다. 내가 큰 소음에 괴로워한다는 사실을 알게 된 한 가정교사는 잘못했을 때마다 옆에 있던 종이봉지를 터뜨려 괴롭히는 식으로 벌을 주었다. 그것은 고문이나 다름없었다. 고통스럽고 괴로움을 주는 감각자극으로 체벌 수단을 삼는 일은 절대 없어야 한다. 나는 갑작스럽고 예상치 않은 큰 소음을 주는 것이면 무엇이든 무서워했다.

소음은 나에게 주요한 문제였다. 큰 소음이나 당황케 하는 소음과 맞닥뜨렸을 때 나는 그것들을 조절할 수 없었다. 그것을 듣지 않으려 피하거나, 아니면 마치 화물열차처럼 그냥 들리도록 놓아두었다. 나는 이러한 소리들의 공격을 피해 세상과 담을 쌓기도 했다. 어른이 되어서도 나는 여전히 '청각적 입력(auditory input)'을 조절하는 데 문제를 안고 있다. 공항에서 전화를 할 때, 나는 통화 중인 목소리에서 배경으로 깔리는 잡음들을 가려내지 못한다. 다른 사람들은 시끄러운 상황에서 전화를 쓸 수 있지만 나는 청각이 정상인데도 그렇지 못하다. 어린 시절 모든 시끄러운 것들이 한꺼번에 터지는 떠들썩한 생일 파티는 도저히 참을 수 없었다. (3쪽)

나는 고통스러운 감각자극을 체벌 수단으로 써서는 안 된다는 템플의 주장에 동의한다. 대런 화이트는 다음과 같이 말한다(White and White 1997).

나는 또한 진공청소기, 조리용 믹서와 녹즙기에 소스라치게 놀라곤 했는데 이런 것들의 소리가 실제보다 다섯 배나 크게 들렸기 때문이다. (224쪽)

천둥 치는 소리를 내며 버스의 시동이 걸릴 때, 그 소리는 평소보다 네 배나 커서 여행하는 동안 나는 대부분 두 손으로 귀를 막고 있어야 했다. (225쪽)

다음 인용문의 저자는 민감한 청각을 이렇게 기술하고 있다(Jolliffe et al. 1992).

다음의 소리들은 지금도 나로 하여금 들리지 않도록 귀를 막게 하는 괴로운 소음들이다. 고함소리, 혼잡한 장소의 소음, 폴리스틸렌(무색 투명한 합성 수지—옮긴이)을 접촉했을 때 발생하는 소리, 풍선과 비행기, 건물 짓는 곳의 시끄러운 차량들, 망치질 소리와 쾅하는 소리, 전기기구 작동 소리, 바다에서 나는 소리, 펠트펜(felt-tip, 펠트 등의 펜촉을 삽입하고 캡을 장착하여 잉크의 휘발을 방지한 펜—옮긴이)이나 마커펜으로 색칠하는 소리 그리고 폭죽소리. 이런 문제들에도 불구하고 나는 악보를 읽고 음악을 연주하며 내가 좋아하는 스타일의 음악도 있다. 사실 모든 것들로 인해 화가 나고 절망할 때, 심신을 안정시키는 유일한 수단이 바로 음악이다. (15쪽)

민감한 정도가 아주 특별한 경우도 있다. 아스퍼거 증후군을 지닌 한 아이는 갑자기 이해할 수 없는 이유로 마음이 불안해져 병원을 벗어나려 했는데, 아이 자신도 왜 그런지 설명할 수는 없었다. 하지만 아이의 민감한 청각에 대해 알고 있던 나는 아이를 불안하게 만드는 원인을 찾아 병원 복도를 천천히 걸어가며 살펴보았다. 그리고 여자 화장실에서 누군가 뜨거운 공기가 나오는 핸드 드라이어의 스위치를 켜놓은 것을 발견했다. 병원에 있던 다른 사람들은 듣지 못했지만 그 아이에게는 분명히 감지됐을 뿐 아니라 너무나 강렬하게 들렸던 것이다.

앨버트는 자신이 지닌 민감한 청각을 기차가 역에 언제 도착하는지 알아맞히는 데 이용했는데, 부모님들보다 몇 분 전에 기차가 오는 소리를 듣곤 했다. 그는 "나는 항상 들을 수 있었다. 엄마와 아빠는 들을 수 없었지만 나는 귀와 몸으로 소리를 감지했다."고 말했다 (Cesaroni and Garber 1991, 306쪽). 또 다른 아이는 버스에 특별한 관심을 나타냈다. 버스를 보기도 전에 엔진이 어느 회사의 제품인지 알아맞히곤 했다. 아이는 또한 도시를 순회하는 각 버스들의 독특한 엔진소리를 감지했다. 이런 식으로 아이는 눈앞에 나타나지 않았지만 곧 들어올 버스의 번호판을 줄줄 읊어대곤 했다. 아이는 또한 될 수 있는 한 자기 집 정원에서 놀지 않으려고 했다. 왜 그런지 이유를 물어보자 아이는 "나비 날개에서 나는 파닥파닥 하는 소리가 싫어서."라고 대답했다.

예리하고 민감한 청각 특징 하나는 민감한 정도의 변화이다. 어떤 날에는 견디기 힘들 만큼 강력하게 느끼지만, 다른 날에는 거슬리더라도 견딜 만한 정도로 느끼기도 한다. 대런은 이러한 변화에 대해 다음과 같이 언급한다(White and White 1987).

> 내 귀의 또 다른 능력은 주위 소리의 크기를 변화시킨다는 것이다. 다른 아이들이 내게 말할 때 나는 그것들을 거의 듣지 않을 때도 있고 마치 총알소리처럼 받아들일 때도 있다. (224쪽)

아마 가장 일반적인 민감한 소리는 개 짖는 소리일 것이다. 쇼핑을 하거나 가족과 산책을 할 때 개와 맞닥뜨릴지도 모르기 때문에 아이는 불안해한다. 집에서 꽤 떨어진 곳에서 들리는 개 짖는 소리에 며칠 밤을 뜬눈으로 새우는 사람도 있다. 아스퍼거 증후군을 지닌 어떤 이들은 평생 개를 피해 살고, 지방의회나 소음 퇴치를 위한 모임 등에 탄원서를 보내기도 한다.

이러한 민감한 청각 문제에 어떻게 대처해야 할까? 어떤 사람들은 템플 그랜딘이 앞의 인용문에서 말한 것처럼 특정한 소리에 대해서는 스위치를 끄거나 귀를 닫는 법을 터득한다. 다른 생각을 하며 낙서하기, 흥얼거리기 혹은 특정한 과제에 몰입하기 등의 방법이다.

캔디는 "특정한 소리를 제거하거나 곁에 내버려두기가 어려워, 최근 들어서는 그냥 고민을 안겨다주는 범죄자로 생각한다."고 말했다. 따라서 이러한 소리들에 대한 반응으로 교사나 부모들이 눈여겨보지 않는 부주의한 행동이나 이상한 혹은 불안한 행동이 나타나기도 한다. 피할 수 있는 소리도 있다. 예를 들어 만일 진공청소기의 소음이 너무 시끄럽다면 아이가 학교에 간 뒤 사용하는 게 바람직하다. 우리가 관찰한 한 여자아이는 교실바닥에 의자들이 긁히는 소리를 견디기 힘들어했다. 이 소음은 의자들 다리에 천으로 된 싸개를 씌워 해결했다. 아이는 그 뒤 수업내용에 집중할 수 있었다. 참기 힘든 소음이 들릴 때마다 귀를 막을 수 있는 실리콘 귀마개 같은 장치를 가지고 다니는 방법도 있다.

또 다른 방법으로는 앞의 인용문 "…모든 것들에 화가 나고 절망할 때, 심신을 안정시키는 유일한 수단이 바로 음악이다(Jolliffe et al. 1992)."에서 제시했던 바로 그 방법이다. 헤드폰으로 음악을 들으면 지나치게 강렬한 소음으로부터 도피해, 쇼핑센터를 조용히 둘러보거나 시끄러운 교실에서도 공부에 전념할 수 있는 것으로 알려졌다. 사실 하루에 몇 번씩 음악을 듣기만 해도 소리에 대한 부정적인 반응은 현저히 줄어든다(Bettison 1996). 청각훈련이나 청각통합훈련(Auditory Integration Training)으로 불리는 새로운 기법도 있다. 이 새로운 치료법은 원래 프랑스의 기 베라르(Guy Berard)에 의해 개발됐는데 특별히 전조되는 음악을 열 시간 동안 듣는 방식이다(Berard 1993). 개별적으로 도움이 되는지 평가를 받아보기를 권한다(Bettison

1996, Rimland and Edelson 1995). 문제는 이러한 치료가 1,000달러 이상 비용이 들면서 치료효과는 아직 검증되지 않았다는 데 있다.

참기 힘든 소리의 원인과 지속시간을 파악하는 것도 도움이 된다. 캐롤 그레이의 사회적응 이야기들은 많은 도움이 되며, 민감한 청각에 초점을 맞춰 적용할 수 있다. 공중 화장실의 핸드 드라이어 소음에 민감한 아이를 위한 사회적응 이야기에는 핸드 드라이어의 내용물과 기능에 대한 개념, 그리고 이 기계는 정해진 시간이 지나면 자동으로 작동이 멈춘다는 설명이 포함되어 있다.

부모와 교사들은 반드시 민감한 청각 문제를 파악하고 있어야 한다. 갑작스러운 소음을 최소화하고, 배경으로 들리는 다른 사람들의 대화소리도 줄이고, 참을 수 없이 강렬한 특정 소리들을 가능한 한 피하도록 노력해야 한다. 이렇게 하면 아이의 불안감이 줄어 집중할 수 있게 되고 사회생활도 가능해진다.

촉각

특별한 강도의 접촉이나 몸의 특정 부위를 만지는 것에 대해 극도로 민감하게 반응하는 경우가 있다. 템플 그랜딘(1984)은 어릴 적 그녀가 느꼈던 민감한 촉각에 대해 적고 있다.

아기였을 때는 누군가가 만지면 싫어했고, 나이가 좀 더 들어서는 친척들이 날 안았을 때 경직되거나 움찔해져 몸을 뺐던 기억이 난

다. (155쪽)

어릴 적에는 발이나 팔끼리 닿는 느낌이 싫어서 나이트가운 대신에 파자마를 입곤 했다. (156쪽)

어릴 적 편안하게 안기고 싶어하다가도 막상 다른 사람이 날 안으면, 몸을 마음대로 하지 못하고 완전히 묻혀버릴 것 같아 곧장 움츠러들곤 했다. (151쪽)

템플에게는 사회적인 인사나 애정의 표시인 육체적 접촉이 지나치게 강렬하고 압도적이었다. 이런 경우 나타나는 사회적 교제 기피 현상은 접촉에 대한 생리적인 반응일 뿐 다른 사람과 가까워지고 싶지 않다는 의미는 아니다.

몸의 특정 부위, 즉 허벅지와 팔뚝, 손바닥 같은 부위들은 상대적으로 더 민감하다. 아이는 미용사가 자신의 머리를 감길 때나 빗질을 할 때 돌연 겁을 먹기도 한다. 손끝으로 그리는 그림물감이나 세공용 점토 같은 것을 만질 때 느껴지는 특정한 질감에 질색하는 아이도 있다. 템플 그랜딘(1988)이 설명하는 것처럼, 입기 싫어하는 옷이 여러 종류인 아이도 있다.

감각적인 문제가 소동을 벌이는 직접적인 원인으로 작용하는 경우도 있다. 나는 종종 교회에서 버릇없이 행동하고 소리를 지르곤

했는데 이유는 내 주일 예배복이 불편했기 때문이었다. 추운 날씨에 치마를 입고 밖을 걸어다니면 다리가 아팠다. 따끔따끔한 속치마는 나를 미치게 만들었다. 다른 사람들에게는 별것 아닐 그런 느낌이 자폐아에게는 마치 사포로 맨살을 문지르는 느낌을 주기도 한다. 특정 종류의 자극은 손상된 신경계로 인해 엄청나게 증폭된다. 이런 경우 평상복의 질감을 가진 주일 예배복을 찾아내는 것으로 문제가 해결될 수 있다. 성인이 되어서도 나는 종종 새로운 종류의 속옷을 입을 때 아주 불편하다. 사람들은 대부분 새로운 종류의 옷에 익숙해지지만, 나는 몇 시간 동안이나 옷이 주는 불편한 느낌을 떨치지 못한다. 요즘 나는 항상 같은 느낌을 주는 품질이 뛰어난 옷들을 구입한다. (4~5쪽)

치마를 입을 때 살갗이 서로 닿는 느낌이 견디기 힘들어, 나는 긴 바지를 더 좋아한다. (13쪽)

같은 질감을 유지하기 위해 아이가 몇몇 옷만을 고집하기도 한다. 문제는 이러한 옷을 세탁해야 하고 그것들이 낡아간다는 데 있다. 일단 아이가 특정한 옷을 받아들이면 부모는 세탁하는 문제와 아이의 성장을 고려해 치수가 다른 같은 옷을 몇 벌씩 사야 할지도 모른다.

다행히 임상치료전문가들이 감각통합치료(Sensory Intergration Therapy)라고 불리는 치료 프로그램을 고안했는데, 이 프로그램을 통해 민감한 촉각이 완화되기도 한다. 이 프로그램에는 전문용어로 촉각방어(Tactile Defensiveness)라고 불리는 치료법이 쓰이기도 하는데, 여기에는 마사지, 특정 부위를 가볍게 문지르기 그리고 진동시키기 등이 포함된다. 때때로 강한 압박과 전정(前庭) 자극(예컨대 제자리 돌기와 몸 흔들기)이 도움이 된다. 템플 그랜딘은 강한 압박이나 몸을 꽉 누르면 효과가 있었다고 말한다(1998).

나는 다른 사람이 안을 때 몸을 빼거나 경직되곤 했지만 등을 문질러주면 아주 좋아했다. 피부를 문지르면 진정효과가 있었다. (4쪽)

나는 강한 압박을 주는 자극을 아주 좋아했다. 나는 소파 쿠션 밑에 누워서 언니들에게 올라앉으라고 시키곤 했다. 누르면 아주 편안해지고 마음이 가라앉곤 했다. (4쪽)

어릴 적, 나는 작고 아늑한 공간에 기어 들어가기를 좋아했다. 그러면 편안하고 안심이 되었다. (4쪽)

그랜딘은 자신의 몸 전체를 거의 감싸고 눌러주는 기계를 고안했다. 거품을 낼 때 쓰는 고무를 장착한 그 기계는 몸을 강하게 압박했다. 그녀는 그 기계를 사용한 뒤 마음이 진정되고 기분이 편안해져, 과민했던 감각도 조금씩 줄어들었다고 경험담을 전했다.

미각

유아기나 취학기 이전의 아이를 둔 엄마들은 아이의 음식 선택이 지나치게 까다롭다고 말한다. 숀 배런은 자신이 느끼는 맛과 씹는 느낌에 대해 다음과 같이 설명했다(Barron and Barron 1992).

나는 음식을 선택하는 게 무척이나 어려웠다. 나는 자극이 적고 단백한 음식을 좋아했다. 가장 좋아하는 음식은 시리얼(우유를 붓지 않은, 딱딱한), 빵, 팬케이크, 마카로니, 스파게티, 감자와 우유였다. 이러한 음식들은 내가 어릴 적부터 익숙한 것들이어서 먹으면 편안하고 기분이 좋아졌다. 나는 새로운 것은 그 무엇도 먹으려 들지 않았다.

나는 음식을 씹는 느낌에 지나치게 민감해, 입에 넣기 전에 어떤 느낌이 나는지 알아보기 위해 일일이 손가락으로 만져봐야 했다. 나는 야채가 섞인 국수 종류나 속을 채운 샌드위치처럼 뭔가 다른 것과 뒤섞인 음식을 아주 싫어했다. 나는 절대로 절대로 그런 것들을 입에 넣을 수 없었다. 만일 입에 넣으면 몸 상태가 아주 나빠지리란 걸 잘 알고 있었다. (96쪽)

다행히 이런 종류의 민감한 감각을 지닌 아스퍼거 증후군 아이들은 대부분 자라면서 이를 극복한다. 편식을 없애려는 목적으로 강제로 먹이거나 굶기는 지도방식은 피해야 한다. 아이는 특정한 종류의 음식에 감각이 더 예민할 뿐이다. 이는 단순한 반항 행동이 아니다. 그럼에도 불구하고 부모들은 아이가 음식을 적절히 먹도록 신경 써야 한다. 영양이 풍부하고 맛도 괜찮고 씹는 느낌도 견딜 만한 음식이 무엇인지 영양사의 조언을 받는 방법도 있다. 점차 민감한 감각은 줄어들지만 음식에 대한 두려움과 이에 따르는 기피현상은 지속될 수 있다. 이런 경우에는 새로운 음식을 씹거나 삼키게 하기보다는 혀를 대보게 하거나 맛을 보게 하는 방법도 효과적이다. 새로운 음식에 대한 다양성을 키워주고 아이의 감각반응을 알아보기 위해서다. 아이가 편안히 쉴 때나 다른 것에 마음이 팔렸을 때는 새로운 음식을 줄 수도 있다. 그러나 아스퍼거 증후군을 지닌 성인 중 일부는 평생 같은 방식으로 요리한 음식을 먹기도 한다.

시각

자폐증, 아스퍼거 증후군과 연관된 흔하지 않은 특징 중 하나는 특정한 조명, 색깔에 대한 민감한 감각이나 시각적 인지의 왜곡이다. 어떤 아이들과 성인들은 밝으면 눈이 부셔 보이지 않는다고 한다. 이들은 과도하게 밝은 조명은 피한다. 일례로 대런은 밝은 날에는 어떤 식으로 시야가 흐려지는지에 대해 언급했다. 이런 경우 부모나 교사들은 그런 환경에 아이가 노출되지 않도록 하는 게 바람직하다. 예를 들면 햇빛이 눈부신 자동차 가장자리에 앉지 않도록 하거나 햇빛이 강렬하게 비치는 창가에 책상을 배치하는 것을 피하는 것이다. 강렬한 빛을 막아주는 선글라스, 포토 크로믹 렌즈(photo chromic lenses) 그리고 햇빛가리개 등을 이용하는 방법도 있다. 또 다른 방법은 공부하거나 일하는 장소를 과도한 시각적·청각적 자극으로부터 차단시켜주는 것이다. 저자는 얼렌 렌즈(시각적 정보처리를 담당하는 신경기능의 이상을 줄여주기 위해 개발된 렌즈—옮긴이)가 아스퍼거 증후군을 지닌 일부 성인의 시각적 자극을 줄여준다는 데 주목하고 있다.

아스퍼거 증후군을 지닌 일부 사람들의 그림을 보면 이들이 색깔을 얼마나 깊이 인지하고 있는지 알 수 있다. 남다른 색깔 인지가 수입으로 연결되기도 하는데 바로 독특한 색감으로 유명한 예술가가 되는 것이다.

한 가지 불행한 특징이라면 대런 화이트가 언급하는 것처럼 지각왜곡(Perceptual distortion)이 나타날 수 있다는 점이다(White and White 1987).

> 나는 작은 가게들을 싫어했는데, 그것들을 보면 보통 실제보다 더작게 보였기 때문이었다. (224쪽)

이것은 다음 인용문에 나타난 것처럼 특정한 시각적 경험에 대한 두려움과 불안으로 이어지기도 한다(Jolliffe et al. 1992).

> 보이는 것들이 언제나 올바른 인상을 주지는 않았기 때문에 나는 많은 사물들에게서 두려움을 느낀다. 이를테면 사람들, 특히 그들

의 얼굴, 아주 밝은 빛, 군중, 빠르게 움직이는 것들, 낯설고 큰 기계나 건물, 익숙하지 않은 장소, 나 자신의 그림자, 어둠, 다리들, 강들, 수로들, 시냇물, 그리고 바다 등이 그런 것들이다. (15쪽)

이러한 민감한 시각을 완화시키는 방법을 찾기란 쉽지 않다. 시간이 지나면 오늘날 민감한 청각을 완화하는 데 효과적인 치료법을 찾아낼지 모른다. 아직은 지나치게 강렬하게 받아들여질 만한 것들을 미리 확인하고 피하는 게 유일한 방법이다.

후각

아스퍼거 증후군을 지닌 사람 중 일부는 특정한 냄새를 견딜 수 없다고 말한다(Cesaroni and Garber 1991). 새로운 향수와 가정용 세제 냄새가 아이들의 코를 찌를 정도로 강력할 수 있기 때문에 주의해야 하는 경우가 있다는 사실을 알아야 한다.

통증과 온도에 대한 반응

아스퍼거 증후군을 지닌 아이 일부와 성인은 보통 사람이라면 참을 수 없는 정도의 통증을 견디며, 피하거나 괴로워하지도 않는다. 아무렇지도 않게 가시를 빼고, 가볍게 뜨거운 음료를 마신다. 무더운 날에 따뜻한 옷을 입거나 영하의 날씨에 여름옷을 고집하기도 한다.

마치 몸 내부의 온도계가 고장난 것처럼 보인다.

통증에 무디다 보니 특정한 위험행동을 피할 줄 몰라 동네 병원을 들락거린다. 의료진은 아이의 무모함에 놀라거나 부모의 무신경을 탓하기도 한다. 부모로서 가장 신경 쓰이는 부분은 아이가 언제 만성적인 통증을 겪고 있는지, 언제 의학적 도움을 필요로 하는지 알아차리기 힘들다는 점이다. 중이염이나 맹장염을 발견하지 못해 위험한 수준까지 진행되기도 한다. 치통과 생리통 그리고 생리불안에 시달려도 아이는 별말을 하지 않는다. 아들이 며칠간 평소와 달라 보였지만 아이로부터 별다른 말을 듣지 못한 부모가 있었다. 이 부모는 결국 아이를 의사에게 데려갔다. 진단결과는 아이의 고환이 뒤틀려 제거해야 한다는 것이었다.

아이가 아주 약간의 통증이라도 내비친다면 부모는 병의 징후가 있는지 점검해야 한다. 또 자기 노출을 위해 고안한, 2장의 방법들을 활용함으로써 아이가 통증에 대해 알려줄 수 있도록 가르쳐야 한다.

공감각

일반인에게는 드물지만 그렇다고 아스퍼거 증후군을 지닌 사람에게만 국한되지는 않은 특징으로는 공감각이 있다. 이는 한 감각기관에서 느끼는 느낌을 다른 기관도 함께 느끼는 것을 말한다. 가장 흔한 예는 특정한 소리를 들으면 색깔들이 보이는 현상이다. 이것은 종종 색청(色聽)이라고 불리는 현상이다. 아스퍼거 증후군을 지닌 몇몇 사람은 이런 특이한 현상을 겪는다고 말한다. 예를 들어, 짐은 다음과 같이 적고 있다(Cesaroni and Garber 1991).

> 종종 소리가 색깔로 나타날 때, 전달경로가 혼란스러워진다. 가끔 어디선가 무엇이 다가온다는 사실은 인지하지만, 어떤 감각을 통해 느꼈는지 즉시 말하지 못하는 경우가 있다. (305쪽)

그는 종종 특정한 소리들이 색깔, 모양, 질감, 운동, 냄새 혹은 향기와 같은 다른 흐릿한 감각들과 섞여 전달된다고 설명했다. 그는 또한 청각 자극이 다른 감각기관의 작동을 방해한다는 것을 경험했다. 일례로 무언가를 맛보려면 주방기구들의 전원을 꺼야 했다. 이러한 경험은 사람들을 상당히 당황하게 만드는 것으로, 우리는 이러한 영역에 관해 탐구를 이제 막 시작했다(Harrison and Baron-Cohen 1995).

청각

★ 특정한 소리를 피하라.

★ 특정한 소리를 차단하는 음악을 들어라.

★ 청각통합훈련이 도움을 줄 수 있다.

★ 주변의 소음 특히 한 번에 여러 사람들이 말하는 상황을 최소화하라.

★ 귀마개 사용을 고려하라.

촉각

★ 입을 수 있는 옷은 같은 것으로 여러 벌 구입하라.

★ 감각통합치료가 도움이 되기도 한다.

★ 민감한 부위를 마사지하거나 진동시키면 자극이 줄어들기도 한다.

미각

★ 억지로 먹이거나 굶기는 방식은 피하라.

★ 새로운 음식은 씹거나 삼키게 하기보다 혀를 대보거나 맛만 보게 하라.

★ 다른 생각에 빠져 있거나 긴장이 풀어졌을 때 새 음식을 실험하라.

시각

★ 강한 빛은 피하라.

★ 햇빛가리개나 선글라스를 활용하라.

통증에 대한 반응

★ 고통을 시사하는 행동지표를 찾아라.

★ 고통에 대해 아이가 말하도록 장려하라.

★ 약간의 불편함이 심각한 질병을 암시하기도 한다.

★ 아이에게 자신의 고통을 알려주는 게 왜 중요한지 설명하라.

8

자주 하는 질문들

1. 유전일 가능성이 있는가?

한스 아스퍼거는 1944년 그가 처음 접한 아이들의 부모(특히 아버지)에게서 유사한 특징을 발견했고, 이 증상이 유전되었을 가능성이 있다는 의견을 제시했다. 뒤이은 연구를 통해 일부 가계(家系)의 경우 부모의 직계나 방계 친척 중 놀랄 만큼 유사한 특징을 가진 이들이 있거나, 가족사에 이 증후군을 약하게 지녔던 특이한 인물들이 존재했다는 사실이 확인되었다(Le Couteur et al. 1996, Bolton et al. 1994, Piven et al. 1997). 일부 가정에는 아스퍼거 증후군을 지닌 아이들과 전형적인 자폐아가 존재했다(Gillberg 1989, 1991; Gillberg, Gillberg and Staffenburg 1992). 이런 식으로 아이의 형제나 누이 중 한 명이 자폐증 진단을 받고, 가족에 대해 추가로 조사해 형제자매가 아스퍼거 증후군으로 추정되기도 한다. 가족 중 여러 아이에게 혹은 여러 세대에 이 증후군이 나타나기도 한다. 부모나 친척 중 한 사람이 어림 적 비슷한 징후를 지녔다면 아이를 관찰하는 데 굉장한 도움이 된다. 그들은 앞으로 무슨 일이 일어날지 예측할 수 있다. 아이와 감정을 공유하고, 자신의 경험을 바탕으로 효과적인 조언을 하고 대처법을 알려줄 수 있다. 아이가 외로움을 느끼고 누군가에게 오해를 받는 순간, 그들은 한때 자기들도 같은 기분을 느꼈음을 말해줄 수 있다.

불행히도 부모 중 일부는 아이에게 이 증후군이 있다는 사실을 인정하고 싶어하지 않는다. 이를 인정할 경우 자신들에게도 같은 증상이 있다는 사실을 받아들여야 하기 때문이다. 이 때문에 아이는 제대로 된 이해와 치료를 받기 힘들어진다. 만일 부모나 가까운 친척이 징후를 가지고 있다는 사실이 관찰된다면, 이는 아이에게 분명한 혜택이 된다. 단 친척이나 아이 모두 부끄러워하거나 당황하지 말아야 한다.

병의 원인이 유전이라고 가정하더라도 염색체와 관련되지 않았을까 추정할 뿐 아직까지 정확한 유전원인은 밝혀내지 못했다. 확인된 사실은 X염색체(Anneren et al. 1995, Gillberg 1989)와 염색체 2(Saliba and Griffiths 1990), 이 밖에 전위(轉位) 같은 염색체 이상이 아스퍼거 증후군과 관련이 있다는 정도이다(Anneren et al. 1995, Gillberg 1989). 특히 상대적으로 일반적인 유전이상인 취약엑스증후군(fragile x syndrome, 유전자 X염색체의 장완 말단부위가 끊어져서 생기는 저능 현상―옮긴이)에 해당되는 아이들은 아스퍼거 증후군과 일치되는 증상들을 보여준다. 우리의 유전학 지식이 발전함에 따라, 조만간 한 집안에 아스퍼거 증후군이 재발될 확률을 예측할 수 있게 될 것이다.

2. 난산이나 임신 중의 문제가 원인인가?

아스퍼거 증후군을 다룬 초기 논문(1981)에서 로나 윙은 자신의 연구 사례 중 절반 가까이에 뇌손상이 나타날 우려가 있는 태아기, 주산기(임신 20주 이후부터 분만 후 28일 사이—옮긴이) 그리고 출생 직후에 무언가 문제가 있었다는 점에 주목했다. 이러한 관찰결과는 이후 연구들에 의해 뒷받침되고 있다. 한 논문(Gillberg 1989)에서는 높은 임신중독 발생률을 기록하고 있지만, 일반적으로 임신과정 자체에는 특별한 문제가 부각되지 않는다고 볼 수 있다(Rickarby, Corrithers and Mitchell 1991). 그렇지만 산과(産科)적인 문제가 발생할 확률은 높다. 비록 한 가지 요인이 두드러지게 나타나지는 않지만, 아스퍼거 증후군을 지닌 아이들과 관련하여 산과적인 위기 발생, 특히 출산 후반기와 출산 직후 문제가 생겨날 비율은 현저히 높은 것으로 기록되어 있다(Ghaziuddin, Shakal and Tsai 1995, Rickarby et al. 1991).

세 쌍둥이가 하나같이 아스퍼거 증후군을 지닌 한 가족(어떤 부모들은 이 가족에 대해 상당한 연민을 느낄 것이다)에 대한 연구에 따르면 출산 전이나 출산 도중 혹은 이후의 뇌손상은 주요한 원인이거나 적어도 주목할 만한 영향을 미친다(Burgoine and Wing 1983). 따라서 임신, 출산기 혹은 초기 유아기 뇌손상을 일으켰을 가능성이 있는 사건들이 아스퍼거 증후군을 야기했을 수 있다.

우리는 자폐증에 세 가지 잠재적인 원인, 즉 유전적 요소들, 뇌에 영향을 미친 임신기간이나 초기 유아기 동안의 바람직하지 않은 산과 사고와 감염이 있음을 확인했다. 추가로 조사해야 할 아스퍼거 증후군의 또 다른 원인은 출산 전후 바이러스나 박테리아 감염에 따른 결과로 나타났을 가능성이다.

3. 특정 뇌 부위의 기능이 이상한가?

뇌의 전두엽이나 측두엽의 기능이상을 보여주는 증거들이 늘고 있다. 이것은 일련의 신경심리학 실험과 뇌영상 기술을 활용한 연구들에 의해 제기되고 있다. 전두엽의 아주 세밀한 부위, 특히 전두엽 중간 부위 혹은 브로드만의 8영역(Brodmann's area 8, 19세기 독일의 대뇌생리학자인 브로드만이 세포의 크기나 형태, 분포 상태 등의 차이로 분리한 대뇌피질의 각 부위 중 여덟 번째 부위―옮긴이)이 유아기에 손상되면 아스퍼거 증후군이 보이는 행태와 기능이상이 나타날 수 있다는 사실이 연구를 통해 밝혀졌다(McKelvey et al. 1995, Fletcher et al. 1995, Happé et al. 1996, Prior and Hoffman 1990, Rumsey and Hamburger 1988, Volkmar et al. 1996). 저자도 선천적인 전두엽 이상을 지닌 몇몇 아스퍼거 증후군 아이들을 알고 있다. 아스퍼거 증후군에서는 비언어적 학습장애(NLD)로 불리는 증후군과 유사한 오른쪽 대뇌반구피질 기능이상의 약한 징후도 발견된다(Ellis et al. 1994, McKelvey et al. 1995). 따라서 뇌의 특정 부위나 구조에 기능이 있음은 과학적 증거로 뒷받침되고 있다.

4. 양육자가 원인을 제공했을 가능성이 있는가?

사라져야 할 오해 중 하나는 아스퍼거 증후군이 부적절한 양육이나 학대 혹은 무관심의 결과라는 생각이다. 불행히도 부모 역시 처음에 아이의 행동이 자신들의 양육이나 성격 탓이라고 생각할 수 있다. 그리고 결국 자신들이 아니라 아이에게 뭔가 문제가 있다는 사실을 깨닫게 된다. 하지만 친척, 친구 그리고 남들은 이것을 잘못된 양육 탓으로 돌리는 경향이 있다.

아스퍼거 증후군을 지닌 아이가 태어남으로써 부모의 사회생활, 대화 그리고 집안 분위기가 변화하기도 한다. 아이의 이상행동을 계속해서 설명하고 사과해야 하기 때문에 사회적인 접촉이 줄어들기도 한다. 아이의 참견이나 질문으로 인해 대화는 현학적이 되고 아이에 의해 주도되며, 아이의 스트레스를 줄여주기 위해 나머지 가족들은 경직되고 숨막히는 생활을 하게 된다. 아이가 태어나기 전만 해도 자신들이 완벽하게 평범한 사람이라고 생각하던 부모들은 이 같은 변화에 심지어 아이로부터 증후군이 전염된 것은 아닌지 의심하기도 한다. "아이들로부터 정신병이 유전됐다."는 우스갯소리가 실감난다는 의미이다.

순수하게 그리고 조건 없이 도와주는 사람들이 극히 적다는 점에서 부모들의 상황은 점점 힘들어진다. 또한 일부 정부기관은 정서적 학대로 인해 아이가 다른 아이들과 다르다는 주장을 펴기도 한다 (Perkins and Wolkind 1991). 이런 경우 부모들은 손가락질받는 것이 두려워 정부기관을 기피한다. 이들이 가장 필요로 하는 것은 위로와 지지이다.

아스퍼거 증후군은 정서적 충격, 무관심 혹은 아이에 대한 애정 결핍에서 비롯된 것은 아니다. 각종 연구 보고서들은 아스퍼거 증후군이 뇌조직이나 구조의 기능이상 때문에 나타난 발달장애임을 명확히 입증하고 있다. 이러한 뇌 조직은 염색체 이상으로 성장이 미숙하거나 임신기, 출산기 혹은 태어난 지 몇 개월 만에 손상되었을 가능성이 있다.

5. 다른 장애를 수반하는가?

이 질문에 대한 간단한 대답은 '그렇다'이다. 아스퍼거 증후군의 특징들은 투렛 증후군과 함께 뇌성마비, 신경섬유종증과 결절성 경화증(Tuberous sclerosis)을 지닌 이들에게도 발견된다(Ehlers and Gillberg 1993, Gillberg 1989, Szatmari et al. 1989). 현재의 의학발달 추세라면 어떤 증후군들이 아스퍼거 증후군의 발달과 기능 양태에 부정적 영향을 미치는지 조만간 밝혀낼 것이다. 다른 많은 증후군들은 상대적으로 쉽게 진단하고 어떤 증상이 나타날지 비교적 명확히 설명할 수 있다. 따라서 아이가 지닌 두 가지 증상을 모두 진단하고 치료하기까지 조금은 지체되는 경우도 있다. 일단 아스퍼거 증후군 한 가지만 확인됐다면, 혹시 이 증후군과 연계된 다른 장애는 없는지 아이를 지속적으로 진단받게 하는 것이 바람직하다. 일례로 한 연구를 보면 아스퍼거 증후군 진단을 받고 이후에 다시 결절성 경화증 진단까지 받은 사례가 있다(Rickarby et al. 1991).

6. 평범함과 특이함의 기준은 무엇인가?

어린아이의 능력과 행동에 있어 평범의 범위는 아주 넓다. 많은 아이들은 성격상 수줍음을 타고, 말을 잘하지 못하며, 특이한 취미를 지닌 조금은 다루기 힘든 존재들이다. 실제로 어떤 아이들은 이상할 정도로 수줍음을 탄다(Asendorpf 1993). 그렇지만 아스퍼거 증후군을 지닌 아이들의 증상은 질적으로 다르다. 이들은 평범한 정도를 넘어서고 행동양태도 다른 아이들과 뚜렷하게 구별된다. 아스퍼거 증후군을 지닌 아이들이 보이는 양태는 한결같이 지속되며 그 정도는 평범의 마지막 극단까지 걸쳐 있음을 알 수 있다. 분명 어떤 아이들의 특이한 개성과 능력은 현 진단기준으로 볼 때 '중립지대(gray area)'에 위치한다. 이러한 아이들은 특별하다고 하기에는 '희미한' 혹은 '눈에 띄지 않는' 정도의 증상을 보인다. 하지만 아스퍼거 증후군 아이들을 위해 개발된 전략들은 이런 아이들에게도 얼마든지 변형, 적용할 수 있다. 실제 그러한 치료과정을 통해 발전속도가 아주 빨라지는 등 효과가 나타나기도 한다.

7. 언어장애에 따른 2차적 양상인가?

어린아이가 다른 아이들의 말을 잘 이해하지 못하고 또래만큼 말할 수 없다면 상호교류나 사회적 놀이를 기피하게 된다. 아이들의 교류나 놀이에는 언어가 중요한 요소로 작용하기 때문이다. 겉으로 보기에 이런 아이들은 아스퍼거 증후군의 특징을 보인다. 그렇지만 아스퍼거 증후군 아이들은 수줍어하거나 움츠러드는 것과 같은 부수적인 현상보다 한층 복잡하고 심각한 장애를 지녔다고 할 수 있다. 또보통 특별한 관심사에 과도하게 빠져 있고 기계적 행동에 많이 집착한다. 단순한 언어장애를 지닌 아이들은 언어능력과 자신감이 향상됨에 따라 동기가 유발되고 능력이 향상된다는 점에서도 구별된다.

아스퍼거 증후군은 자폐군이나 자폐스펙트럼의 일부로 간주되며, 언어장애는 이런 장애군과 중복되거나 경계선상에 있다. 의미론상 실용 언어장애(SPLD, semantic pragmatic language disorder)는 아스퍼거 증후군의 언어특징과 많은 부분 유사하고, 점차 경미한 양상의 아스퍼거 증후군으로 바뀌기도 한다(Bishop 1989, Brook and Bowler 1992, Shields et al. 1996). 일반적인 특징은 반향어, 대화기술 부족, 평범하지 않은 운율, 다른 사람의 생각에 대한 배려 부족, 표면적으로는 유창하지만 이상하거나 부적절한 의미를 담은 내용 등이다. 이런 아이들은 또한 관심사를 계속 반복하려는 경향이 있으며 하나같이 평범하지 않은 사회적 역할놀이를 한다.

SPLD를 지닌 아이들의 주요 장애는 사회적 맥락의 언어장애이지만 전형적인 아스퍼거 증후군 아이들에 비해서는 사회, 인지 활동과 감각 기능이 상대적으로 덜 떨어진다. 그런 아이들은 초기에는 아스퍼거 증후군을 지닌 아이들과 비슷해 보이기도 하지만 성장하면 SPLD로 보는 게 보다 더 정확한 진단이 된다. 이러한 아이들의 언어 능력 향상을 위해서는 언어치료사의 교정 프로그램이 필요하며, 이러한 프로그램 중 일부는 아스퍼거 증후군 아이들을 위해 활용되기도 한다.

8. 주의력 결핍장애를 동반하는가?

아스퍼거 증후군과 주의력 결핍장애는 서로 다른 두 가지 증상이지만 한 아이가 이 두 가지 증상을 보이기도 한다. 이 둘을 어떻게 구분할까? 아마도 아스퍼거 증후군의 핵심적인 특징은 사회적·감정적으로 범상치 않은 일련의 행태이다. 이 장애를 지닌 아이들은 다른 아이들과 협동하며 건설적으로 노는 능력이 부족한 탓에 악명을 떨치기도 한다. 그렇지만 이런 아이들은 노는 방법을 알고, 놀기도 좋아한다. 그런 경향을 지녔으면서도 문제행동을 할 뿐이다. 이런 아이들은 문제를 일으키고, 파괴적이며 분별이 없는 탓에 집단활동을 분열시키고 혼돈으로 이끈다. 어떤 아이들은 이런 아이들의 나쁜 행동에 동참하지 않으려고 피하기도 한다. 반대로 아스퍼거 증후군 아이들의 사회적 행동은 질적으로 다르며 2장에서 기술된 것과 같은 독특한 양태이다. 게다가 아스퍼거 증후군 아이들은 특이한 언어 특징과 관심사를 지닌 반면, ADD 아이들은 제각각의 언어능력과 관심사를 지니고 있다. 또래의 아이들의 일반적인 관심사를 지닌 ADD 아이들과는 달리 아스퍼거 증후군 아이들의 관심은 특이하면서도 혼자만 즐기는 것이다. 이 두 가지 증후군을 함께 지닌 아이들은 기계적이고 예측 가능한 상황을 더 좋아하고 그런 것에 잘 반응하는데, 민감한 감각이나 운동을 조율하는 데는 문제를 보이기도 한다.

ADD를 지닌 아이들은 늘 관심을 가지는 시간이 짧다. 활동의 종류, 동기 유발 그리고 환경에 따라 다르기는 하지만 거의 대부분 짧다. 아스퍼거 증후군을 지닌 아이들은 사회적 활동에 참여할 땐 금세 싫증을 느끼지만 자신이 좋아하는 주제에 참여할 땐 눈에 띄게 오랫동안 집중한다. 여기서의 문제는 시간이 짧다는 것보다 관심을 유발하는 계기에 있다.

두 증상은 모두 감정충동과 관련이 있지만 아스퍼거 증후군은 이러한 특징을 상대적으로 덜 보여준다. ADD를 지닌 아이는 유기적인 능력 면에서 문제를 보인다. 이는 무언가를 시작하는 데 어려움을 겪고, 한 가지 활동이 끝나지 않은 상태에서 다른 활동으로 바꾸거나 잘 잊는다는 의미이다. 아스퍼거 증후군을 지닌 아이는 특이한 방식으로 문제를 풀거나 유연성이 떨어지는 특이한 측면이 있지만 일반적으로 상당히 논리적이며, 문제를 완수하려는 의지가 강하고 정보재생 능력도 훌륭하다.

크리스토퍼 길버그와 그의 스웨덴 동료들은 주의력 장애, 행동조절과 인지에 문제가 있는 DAMP 증후군이라 불리는 아이들과 이런 아이들 중 아스퍼거 증후군을 지닌 아이들에 대해 연구했다(Gillberg 1983). 또한 한 연구는 아스퍼거 증후군 아이 여섯 명 중 한 명은 분명히 주의력결핍 과잉행동장애(ADHD) 징후를 가지고 있음을 보여준다(Eisenmajor et al. 1996). 이 두 증상은 특정 부분에서 차이점을 보이지만 일부 유사한 면도 있다. 한 아이가 두 가지 진단을 받고 두 증상에 따른 치료를 필요로 하기도 한다.

9. 정신분열증의 일종인가?

한스 아스퍼거는 처음 자폐적 정신질환(아스퍼거 증후군을 지칭하는 그의 초기 용어)을 지닌 아이들이 정신분열증으로 이어지는 증상을 가지고 있다고 생각했다. 이것은 50여 년 전의 생각이며 당시 정신분열증에 대한 우리의 지식은 아주 제한적이었다. 저급한 언어, 저급한 인식, 밋밋한 감정 변화 같은 정신분열증의 일부 부정적인 특징들은 아주 유사하다(Frith 1991). 그렇지만 아스퍼거 증후군을 지닌 사람이 정신분열증으로 이어질 확률은 평범한 사람이 그렇게 될 확률과 거의 차이나지 않는다. 실제 한스 아스퍼거는 이 증후군을 지닌 아이들을 200명이나 접했지만 그들 중 나중에 정신분열증 증세를 보인 이는 단 한 명이었다(wolff 1995). 아스퍼거 증후군을 지닌 성인들에 대한 연구는 기껏해야 그들 중 5퍼센트만이 정신분열 징후를 나타낸다는 사실을 보여준다(Tantam 1991, Wolff 1995).

저자는 정신과 병원으로부터 비전형적 정신분열증으로 진단받은 성인 환자들을 만난 적이 있는데, 이들에 대한 좀 더 면밀한 발달과 정과 능력평가를 한 결과, 이들이 아스퍼거 증후군을 지녔다는 것을 알 수 있었다. 표면적인 증상이 정신분열증과 유사하다면 어떻게 진짜 정신분열증이 나타난 시기를 알 수 있을까?

아스퍼거 증후군을 지닌 일부 사춘기 아이들은 일시적인 능력저하, 극도의 사회적인 위축감, 개인 위생에 대한 관심 부족, 개인적 관심사에 대한 강력한 몰입을 보인다. 이런 시기는 정신분열증 발병에 앞서 나타나는 퇴행기로 해석될 수 있다. 비록 아스퍼거 증후군과 정신분열증 사이에 분명한 차이점이 있지만 일련의 단순한 실수들이 잘못된 진단으로 이어질 우려가 있다.

아스퍼거 증후군을 지닌 사람의 삶에서 가장 큰 스트레스 요인은 사회적 접촉이며 가중된 스트레스는 흔히 불안장애와 우울증으로 이어진다. 정신분열증을 지닌 사람은 이보다 훨씬 광범위한 잠재적 스트레스 요인을 지니며 지나친 스트레스를 받으면 환각이나 망상을 동반한 정신분열증 징후를 보인다.

정신분열증의 한 가지 증세는 환청 경험이다. 정신과 의사가 "소리들이 들립니까?"라고 질문할 때 아스퍼거 증후군을 지닌 사람은 흔히 "그렇습니다."라고 대답한다. 이것은 의사의 질문에 숨은 의미를 파악하지 못하고 질문을 액면 그대로 받아들인 결과이다. 이어지는 질문은 아마도 "옆에 없는 사람들의 소리가 들립니까?"일 것이다. 이 질문에 대한 대답도 "그렇습니다."일 가능성이 있다. 이 경우 뒤이은 질문에 대한 대답은 옆방에서 말하는 사람들의 소리가 들린다는 의미이다.

아스퍼거 증후군의 한 가지 특징은 다른 사람의 생각을 잘 이해하지 못한다는 점이다. 우발적 사고가 개인적이고 의도적인 사건으로 해석되기도 한다. 아스퍼거 증후군을 지닌 사람이 실제 자신들의 인격이나 사회적 능력을 헐뜯는 말들을 우연히 듣는 경우가 있다. 이런 경우 편집증과 유사할 만큼 다른 사람들을 극도로 의심하기도 한다. 그렇지만 이것은 '마음의 이론(Theory of Mind)'을 습득하는 데 문제가 있기 때문이며 현실에 대한 왜곡이라기보다는 정확한 의도를 파악하는 능력이 부족한 탓이다.

아스퍼거 증후군을 지닌 사람 가운데는 겉으로 볼 때 정신분열증과 연계된 언어장애, 사고장애와 유사한 특이한 언어구사 능력을 지닌 이들이 있다. 그런 사람은 흔히 화장실이나 욕실 같은 개인적인 장소나 모임 장소에서도 머릿속에 떠오른 생각을 떠들어댄다. 이들은 낮에 자신이 했던 대화를 저녁에 재생하기도 한다. '나'라는 1인칭 대명사를 사용하지 않고 자신에 대해 그(혹은 그녀)라고 언급하며 제3자인 것처럼 말하는 경향도 있다. 이 같은 혼잣말은 몹시 이상해 보이며, 대화를 재생할 때 강한 감정표현까지 구사한다면 더욱 그렇다. 아스퍼거 증후군의 또 다른 특징은 감정적인 성숙이 늦다는 점이다. 따라서 10대 후반 아이들과 젊은 성인들은 초자연적인 현상에 대한 믿음을 유지하고 이로 인해 어린아이처럼 보이거나 미숙해 보이기도 한다. 그들이 마술이나 환상을 인용, 특정 사건을 설명하기도 하고 허구와 사실을 구별하는 데 어려움을 겪기도 한다. 이런 특이한 혹은 미숙한 현실인식은 아스퍼거 증후군의 특징에 관해 잘 알지 못하는 의료진을 당황하게 하고, 이런 사실을 환상의 증거로 간주하게 만들기도 한다.

어떤 식으로 잘못된 진단이 내려졌는지 알아내기는 어렵지 않다. 불행히도 치료가 잘 안 되거나 비전형적인 만성 정신질환, 특히 정신분열증으로 진단받은 사람들 중 상당수는 결국 아스퍼거 증후군으로 확인된다(Ryan 1992). 정신분열증이라는 초기 진단이 의심되는 경우도 있지만 그 당시 환자나 가족들은 전문적인 도움을 필요로 하고, 정신 병원만이 현실적으로 가능한 유일한 기관이다. 이때의 치료는 사회적 행동이나 이해증진보다 진정제와 보호센터의 보살핌일 가능성이 높다.

마침내 임상경험을 통해 아스퍼거 증후군을 지닌 젊은 성인들 중 극소수만이 순수한 정신분열증 징후를 보인다는 사실이 밝혀졌다. 더구나 그러한 증상이 나타나는 기간은 대개 짧으며 흔히 시험과 같은 특별히 스트레스를 받는 상황과 연계되어 나타나는 것으로 확인되었다. 만일 환상이나 망상의 징후를 감지한다면 부모는 아스퍼거 증후군에 대해 잘 알고 있는 정신과 의사에게 아이를 데려가 진찰받도록 해야 한다.

10. 고기능 자폐와 어떤 차이가 있는가?

우리는 처음 레오 카너가 규정한 것처럼 사회적 상호교류, 언어 그리고 장기적인 발달 같은 척도(Szatmari et al. 1995)에 있어 자폐증을 지닌 아이들과 아스퍼거 증후군을 지닌 아이들 사이에 분명한 차이가 있음을 알고 있다. 그렇다면 아스퍼거 증후군과 고기능 자폐(High Functioning Autism, HFA)는 다른 것일까?

우리는 일부 아이들은 어릴 적 전형적인 자폐 증상을 보이지만, 이후 복잡한 문장을 구사하는 능력과 기본적인 사회적 능력을 익히고 평범한 범주의 지적 능력에 도달한다는 사실을 오래전부터 알고 있었다. 이런 부류의 아이들은 처음, 미국에서 지금까지 가장 인기 있는 용어인 고기능 자폐증을 지닌 것으로 설명되었다. 나는 이 용어가 어릴 적 자폐증 진단을 받은 사람들에게 흔히 사용된다는 점에 주목했다. 어릴 적 발달이 전형적인 자폐와 일치하지 않는 아이들에게는 상대적으로 덜 사용되는 것 같다.

두 용어의 차이는 무엇이며 이 둘은 다른 특징을 보이는가? 이 둘 사이에 선을 그을 수 있는가라는 물음에 답하기 위한 수많은 연구가 진행되어 왔다(Eisenmajer et al. 1996, Kerbeshian, Burd and Fisher 1990, Manjiviona and Prior 1995, Ozonoff, Rogers and Pennington 1991, Szatmari, Burtolucci and Bremner 1989). 오늘날 결론은 그들 사이에 의미 있는 차이는 없어 보인다는 것이다. 그들은 다른 점보다 같은 점이 더 많다.

고기능 자폐라는 용어는 영어권에서 한동안 사용되었으며 이러한 진단 명칭을 선호하는 일부 임상의들에 의해 꾸준히 활용되고 있다. 이는 몇 가지 요인들, 특히 도움을 제공하는 정부기관들의 정책과 아스퍼거 증후군에 대한 교육 및 지식이 부족한 탓이다. 어떤 기관들은 자폐증 진단을 받은 아이에게는 금전적 지원을 제공하지만 아스퍼거 증후군이라는 용어는 정식 명칭을 가진 공인된 증상으로 인정하지 않는 실정이다. 상황이 이럴 경우 임상의들은 지원을 늦게 받거나 혹은 아예 지원 창구에조차 접근할 수 없기 때문에 아스퍼거 증후군이라는 용어를 사용하길 꺼린다. 또 임상의들이 이 증후군을 진단하는 데 활용 가능한 논문과 교육이 요인이 되기도 한다. 이에 더해 임상의의 개인적인 보수 성향이 영향을 미칠 수 있다. 이런 이유들로 같은 아이가 한 지역에서는 고기능 자폐로, 다른 곳에서는 아스퍼거 증후군으로 진단받는 상황이 발생하는 것이다.

자폐증과 아스퍼거 증후군은 모두 동일한 계열에 속하며, 어느 한 용어만 적용하기에는 불확실하기 때문에 중간 영역에 위치한다는 진단을 받은 아이들도 있을 것이다. 머지않아 우리는 자폐증과 아스퍼거 증후군의 경계선을 긋게 될 것이다. 지금은 현실적인 접근법, 즉 아이에게 실질적으로 도움이 될 수 있는 진단용어를 받아들이는 게 현명하다.

11. 여자아이와 남자아이의 양상이 다른가?

진단평가를 의뢰하는 남자아이와 여자아이의 비율은 대략 남자아이 열 명에 여자아이 한 명 꼴이다(Gillberg 1989). 그렇지만 의생태학적 증거에 따른 비율은 4대 1이다(Ehlers and Gillberg 1993). 이는 자폐증이 발생하는 비율과 같다. 그렇다면 왜 이 진단을 받는 여자아이들의 비율이 적을까?

아직까지도 아스퍼거 증후군을 지닌 남자아이와 여자아이의 특징 차이를 조사한 연구는 없었다. 하지만 나는 일반적으로 남자아이들은 여자아이들에 비해 들쑥날쑥한 기능 차이로 인해 훨씬 더 큰 사회적 결함을 지니는 경향이 있다는 점에 주목했다. 특히 남자아이들은 좌절하거나 스트레스를 받을 때 문제를 일으키고 공격적인 행동을 하는 성향이 있다. 이러한 특징들은 부모나 교사들의 눈에 더 잘 띄게 되고 부모나 교사는 아이의 문제에 관해 외부의 도움을 요청하게 된다. 반면 여자아이들은 상대적으로 사회적 역할놀이를 잘하고 사회적인 능력도 고른 편이다.

나는 아스퍼거 증후군을 지닌 여자아이들이 어떻게 뒤늦은 모방 행동을 통해, 사회적인 행동들을 더 잘 따라 하는 것처럼 보이는지에 주목했다. 여자아이들은 다른 아이들을 관찰한 뒤 그대로 따라 한다. 그러나 그들의 행동은 타이밍이 잘 맞아떨어지거나 자발적인 것은 아니다. 자폐증의 성별 차이에 관한 한 논문에는 이러한 차이를 설명하는 예비적인 증거들이 들어 있다(McLennan, Lord and Schopler 1993).

이 증후군을 지닌 여자아이들은 이상하다기보다는 미성숙한 것처럼 보이곤 한다. 그들의 특별한 관심은 남자아이들처럼 강렬하거나 눈에 잘 띄지 않기도 한다. 따라서 여자아이들은 사회적으로 고립되고 자신들의 공상 세계에 사로잡힌, 그렇지만 수업에 부정적인 영향을 미치지는 않는 그런 '보이지 않는 아이(invisible child)'로 묘사되기도 한다. 비록 여자아이들은 병원을 찾는 경우는 상대적으로 드물지만, 침묵 속에서 고통받고 있을 확률은 남자아이들보다도 높다.

여자아이들에게 중요한 문제가 발생하는 시점은 우정에 대한 일반적인 토대가 바뀌는 사춘기이다. 사춘기의 우정이란 장난감과 가상 게임이 아니라 주로 경험과 교제 그리고 감정들에 관한 대화에 기초한다. 아스퍼거 증후군을 지닌 10대 여자아이는 초등학교 시절처럼 운동장에서 노는 놀이를 계속하고 싶어하며, 점차 전에 사귀던 친구들과 접촉을 줄이는 경향이 있다. 친구들과 공유하는 관심은 더 이상 존재하지 않는다. 또한 성에 대한 관심이 커지는 10대 남자아이들과 어울리는 데서도 새로운 문제가 발생한다. 대화는 가능하지만 연애 개념과 사랑 그리고 육체적 접촉은 아이를 혼란스럽거나 질색하게 만든다.

일부 10대 여자아이들은 사회활동에 동참하기 위해 자신들이 얼마나 주도면밀하게 정교한 '가면(mask)'을 쓰는지 설명해주었다. 학교에서 다른 사람들을 상대할 때 이들은 끊임없이 웃지만, 막상 가면 뒤에서는 분노와 공포를 경험하고 자기 정체성을 의심한다. 이들은 필사적으로 다른 사람들 속에 섞이길 원한다. 이를 위해 다른 사람들을 즐겁게 하고 기분을 맞춰주지만 남들 앞에서 자기 내면의 감정들을 표현하지 못한다.

저자는 초등학교 시절 전형적인 아스퍼거 증후군 징후를 보였지만, 자폐증이나 아스퍼거 증후군 범주의 현 진단기준으로는 더 이상 도움을 줄 수 없는 정도까지 성숙한 그런 여자아이들을 관찰했다. 필자는 임상경험을 통해 여자아이들의 장기적 예후가 남자아이들에 비해 낮다는 사실을 알게 되었다. 여자아이들은 어떻게 사회생활을 할지 그리고 자신들의 약점을 어떻게 감출지에 관해 어릴 적부터 더 나은 학습능력을 보이는 듯하다. 이러한 측면은 바네사가 쓴 다음의 시에 잘 나타나 있다.

주름을 다림질해 펴기

삶은 한때 뒤엉킨 혼란이었어.
체스 게임에서, 잃어버린 말들처럼.
절반쯤 만들다 만 옷의 종이본처럼.
아니야라고 말했지만, 진심은 그렇지 않았던 것처럼.
더 갖고 싶었지만, 덜 가졌던 것처럼.
하지만 이제 나는 천천히 주름을 펴고 있네.

삶은 한때 뒤엉킨 선이었어.
네 것이라 말했지만, 진실은 내 것이라 하고 싶었던 것처럼.
아픔을 느끼면서, 괜찮다고 말한 것처럼.
우유를 원하면서, 포도주를 받은 것처럼.

나무를 보면서, 줄기라고 말하는 것처럼.

하지만 이제 나는 천천히 주름을 펴고 있네.

삶은 이제 훨씬 더 분명해.

뒤엉킨 것들이 풀리고 있네.

그리고 희망은 가까이.

분명 어딘가에는 돌부리가 있겠지.

그렇지만 더 이상 두려워하며 보지는 않겠어.

열네 살이 지난 뒤부터 뒤엉킨 것들이 펴지고 있네.

(바네사 리갈)

아스퍼거 증후군을 지닌 일부 사람들은 자신들에게 남아 있는 문제점들에 대해 말할 때 '남들과 달리 느끼는 것'이라는 표현을 사용한다. 표면적으로는 다른 사람들과의 사회적 상호교류가 자연스럽게 보일지라도 이들은 스스로에 대해 직관적이지 못하고 기계적이라고 생각한다. 이들은 어떻게 하면 다른 사람들과 내밀한 감정을 나누고, 신경을 거의 쓰지 않으면서도 우정을 유지할지 여전히 혼란스러워하고 있다.

12. 불안감을 줄이는 방법은 무엇인가?

아스퍼거 증후군을 지닌 사람들이 왜 쉽게 불안해하는지는 이 책의 앞장에서 설명했다. 어떤 사회적 접촉이든 어떻게 행동과 대화를 시작하고, 지속하고, 끝마칠지에 관한 불안을 가져올 수 있다. 학교 생활은 어느 순간 발을 잘못 디디면 터지는 사회의 지뢰밭이다. 습관적인 일상과 기대에 어긋난 자연스러운 변화는 심한 불안을 야기하고 특정한 감각 경험은 참을 수 없는 고통을 안겨준다. 이러한 모든 요소들이 이들의 불안과 연결되어 있다. 어떤 사람들에게는 불안의 강도가 들쑥날쑥하며 어느 시점에는 심한 고통이 이어지다가도 뒤이어 상대적으로 고요해지는 등 파도처럼 나타나기도 한다. 특정한 불안거리를 없애면 도움이 되기도 하지만 이들은 천성적으로 무언가 불안한 요인을 찾는다는 인상을 주기도 한다. 한 가지 불안요인이 해소되면, 불안한 마음은 또 다른 위안거리를 찾아 떠돈다. 아스퍼거 증후군을 지닌 이들은 불안에 대처하기 위해 자신만의 특별한 관심거리에 은둔한다. 몰입의 정도는 그들이 지닌 불안 정도를 측정하는 지표가 되기도 한다. 불안감이 심할수록 더 관심거리에 집중하는 것이다. 이들은 또한 불안한 순간일수록 자신의 생각에 더 집착하며 일상습관을 고집하는 경향이 있다. 따라서 불안할 때에는 아스퍼거 증후군의 징후를 더 많이 보이지만 기분이 좋을 때나 편안할 때는 아주 뛰어난 전문가가 아니라면 그들의 징후를 알아차리기 어렵다.

가벼운 불안은 간단한 스트레스 조절 프로그램을 통해 해소될 수 있다. 부모와 교사는 아이의 불안이 증대되는 징후에 따라 이 프로그램을 실시한다. 징후는 가볍게 몸을 흔드는 것부터 긴장하거나 자기 생각을 심하게 고집하는 것으로 이어진다. 이런 것들은 아이의 행태와 동작을 관찰하면 알 수 있는 징후들이다. 불안의 원인으로 알려진 사건들도 있는데, 예를 들어 생일파티나 학교시험처럼 극도로 긴장되는 일 혹은 학수고대하는 일이 일어날지 말지 하는 불확실성이 이에 해당한다. 내적인 혹은 외적인 징후들이 임박하거나 점증하는 불안을 암시하는 경우, 몇 가지 대처법이 있다. 성취감을 높이고 마음을 다른 곳으로 돌리게 하거나 긴장과 불안을 연소시킬 만큼 육체적인 에너지를 필요로 하는 운동 등이 그것이다.

불안 정도가 약할 때에는 긴장 해소와 특정 업무의 성취 그리고 다른 일에 몰두하는 방법이 좋은 대안이 된다. 적당한 리듬의 음악(즉 격렬한 록음악 등을 제외한)을 듣거나 남들의 간섭이나 말참견을 받지 않고 피해 있을 만한 장소를 제공하거나, 마사지나 복식호흡 그리고 긍정적으로 생각하기 등을 활용하는 프로그램도 긴장을 해소하는 데 도움이 된다. 제일 좋아하는 관심사에 몰입하는 방법도 신경을 분산하고 마음을 편안하게 해준다. 다른 방법으로는 컴퓨터 활용과 아이가 흥미를 느끼고 쉽게 생각하는 학교과제를 통해 성취감을 고양시켜주거나 질서와 균형을 회복하는 종류의 활동에 신경 쓰도록 배려하는 것이다.

아이가 갈수록 불안해하거나 초조해하면, 육체적인 에너지를 소모하는 활동이 대안이 된다. 어린아이들에게는 그네타기나 트램펄린(스프링이 달린 캔버스로 된 도약용 운동 용구─옮긴이) 뛰기, 자전거 타기 또는 오랫동안 걷기 등을 권한다. 개와 함께 운동을 하는 방법도 괜찮은 대안이다. 10대 아이들에게는 육체적으로 힘든 집안일이나 정원 일을 하게 한다. 트램펄린 위에서 뛰기는 모든 연령대 아이들에게 적당한 운동이다. 아스퍼거 증후군을 지닌 한 여성은 만성적인 불안을 겪고 있으며 일을 마치고 집에 돌아오면 녹초가 된다고 호소했다. 무슨 육체적 활동을 할 수 있느냐고 그녀에게 물어보자, 이 여성은 트램펄린에서 껑충껑충 뛸 수 있었으면 하고 간절히 바라지만 이웃 사람들이 자기를 미친 사람이나 이상한 사람으로 생각할까봐 두려워 막상 하지 못한다고 고백했다. 남들에게 평범한 사람으로 보이길 원했던 것이다. 그렇지만 우리는 그녀에게 트램펄린을 권했고, 다른 사람들에게는 의사가 처방한 다이어트 프로그램이며 체형 관리법의 한 방법으로 설명하라고 조언했다. 이러한 처방 덕분에 그녀는 아주 재미있고 치료효과도 뛰어난 운동에 전념할 수 있었다.

이러한 대처법들은 불안과 스트레스를 조절하는 간단한 전략이다. 하지만 아스퍼거 증후군을 지닌 사람들이 스트레스를 가장 심하게 받는 활동은 다른 사람과 교류하는 일이다. 만일 사회적 역할놀이가 아이의 기분에 영향을 미치는 주요 스트레스 원인이라면 학교 시간표에 변화를 주거나 교실에서 보내는 시간의 절대량을 줄여주어야 한다. 다른 아이들은 어울려 놀 수 있고 자유로운 휴식시간을 좋아하지만 아스퍼거 증후군 아이들에게는 그런 환경이 극도의 스트레스를 줄 요인이 될 수 있다. 아스퍼거 증후군 아이들이 다른 아이들과 어울려 노는 법을 배우는 것도 중요하지만 이로 인한 스트레스로 뒤이은 수업시간 내내 불안해하거나 경쟁력과 인내심에 부정적 영향을 받을 소지가 있는 것이다. 일부 아이들에게 효과가 입증된 한 가지 제안은 휴식시간의 절반은 다른 아이들과 함께 자유롭게 놀게 하지만 나머지 절반은 도서관에 가서 특별한 관심거리를 다룬 책을 읽게 하거나 교실의 컴퓨터를 사용하게 하는 식으로 혼자 하면서도 건설적인 활동에 전념하도록 배려하는 것이다. 이처럼 혼자 하면서 위안거리가 되는 일을 한 뒤 아이는 교실 생활에도 한층 더 잘 적응하게 된다.

어린아이, 그리고 심지어 일부 10대나 성인들에게도 일상으로부터 도피할 만한 자신만의 고독한 섬이 필요하다. 캔디는 직장에서 휴식시간에 사람들과 어울리는 일이 얼마나 자신을 불안하게 만드는지에 대해 설명했다. 그녀는 휴식시간에 다른 사람들과 필요한 만큼 거리를 두고 혼자 몰입할 수 있는 '십자말 풀이(Crosswords)'가 아주 큰 도움이 된다고 말했다. 교사는 아이를 혼자 있게 만들어주는 특별한 심부름들을 고안해야 할지 모른다. 이를테면 교무실에 쪽지를 전달하는 심부름 등이다. 이러한 쪽지에는 쪽지를 전달받는 서무에게 심부름한 아이를 칭찬한 뒤 교실로 되돌려 보내달라는 내용만이 적혀 있을 수 있다.

어떤 아이들은 남들에게 멍청해 보이거나 남들의 관심 표적이 될까봐 두려워, 어려운 상황에서도 교사에게 공개적으로 도움을 요청하려고 하지 않는다. 만일 아이가 도움을 간절히 구할 만한 상황에 있다면 아이와 교사 사이에 암호, 즉 도움이 필요하다는 의미로 특정한 물건(연필깎기 등)을 책상의 특정 위치에 놓는 식의 암호를 만들 수도 있다. 이러한 암호를 확인한 교사가 다른 아이들이 눈치채지 않게 하면서 도움을 제공하는 전략이다.

학기중이나 보충수업 등록기간 혹은 가정학습 시간 동안 정기적으로 휴식을 취하면 학업성취를 높이고 불안감도 효과적으로 줄어드는 것으로 나타났다.

강의시간이 너무 길어서 아이가 습관적인 불안징후를 보일 때 부모와 교사들은 이를 감지할 수 있어야 한다. 몸이 불편한 아이들이 며칠씩 결석하듯이, 아스퍼거 증후군 아이들도 학기를 끝까지 견뎌내려면 며칠의 휴식이 필요한 경우가 있다. 어떤 아이들은 오전수업만 참가한 뒤 오후에는 집으로 돌아간다. 학교숙제는 오후에 하되, 부모가 지켜보는 가운데 혼자 하도록 한다. 극도로 불안해하는 경우에는 완전히 집에서 지도하는 것이 더 긍정적인 결과를 낳는데, 특히 10대들이 그렇다. 가정교육을 실시할 때는 개별적인 상황을 면밀히 점검하여 잘 훈련받은 교사로부터 지도받도록 하고, 다른 아이들로부터 완전히 격리되지 않도록 신경 써야 한다. 이러한 접근법은 강력한 약처방이나 정신병동에 입원시키는 방식에 비해 건설적인 대안이다. 가정에서 교육하는 방식은 우울증이나 강박장애(Obsessive Compulsive Disorder, OCD) 같은 2차 증세를 지닌 일부 10대들에게 특히 효과적이라는 사실이 확인되었다. 심한 불안이 오랫동안 지속되면 강박장애 같은 2차 정신질환으로 이어지기도 한다. 예를 들어, 어떤 사람은 전염병에 걸릴까 봐 두려워하며 강박적으로 손을 씻는다. 이러한 행동은 불안을 줄여주는 역할을 한다. 불안 정도가 아주 심하다면 정신과 의사와 임상심리학자 같은 전문가의 도움을 받아야 한다. 자폐증이나 아스퍼거 증후군을 지닌 이들의 불안장애를 치료하는 약들도 있다(Gorden et al. 1993, McDougle, Price and Goodman 1990, McDougle et al. 1992, Szabo and Bracken 1994). 템플 그랜딘(1990)은 다음과 같이 말하고 있다.

> 나의 첫 번째 생리기간이 지난 지 얼마 지나지 않아 불안이 엄습했다. 그것은 무대공포증이 계속되는 듯한 느낌이었다. 나는 사람들에게 교사 자격증 시험 같은 진짜 불안을 야기하는 무언가를 할 때 어떤 기분인지 떠올려보라고 말하곤 한다. 이제 아무런 이유 없이 그런 기분을 거의 언제나 느낀다면 어떨지 생각해보라고 말한다. 내 심장은 뛰고, 내 손에서는 땀이 나고 나는 안절부절못한다.
> 불안은 매일같이 찾아오고 늦은 오후와 저녁에는 더욱 심하다. 그것들은 밤 늦은 시간과 아침에는 가라앉는다. 불안은 또한 봄과 가을에 더 심해지는 경향이 있다.
> 나는 의학서적에서 항우울제가 내성적인 불안과 공포를 지닌 환자들 치료에 효과가 있다는 내용을 읽었다. 이런 알약들이 내 삶을 변화시켰다. (9~11쪽)

우울을 동반한 심한 불안과 의식적 행동은 신약인 선택적 세로토닌 재흡수 억제제(Selective Serotonin Reuptake Inhibitor, SSRI)에 의해 현저히 줄기도 한다.

어떤 임상심리학자는 시험 같은 특별한 상황에서 비롯된 두려움과 불안 혹은 특별한 대상 및 동물을 마주할 때 발생하는 공포뿐 아니라 정도가 심한 불안과 공황발작을 치료하기 위해 인지행동치료를 사용하기도 한다. 치료법에는 대상자의 사고방식과 불안에 대한 반응을 변화시키는 방법이 포함된다. 접근방식은 병적인 공포증을 지닌 사람의 두려움을 치료하는 것과 유사하다. 특정 동물에 대한 두려움은 아주 흔한데, 많은 사람들이 뱀, 거미, 쥐 등을 무서워한다. 아스퍼거 증후군을 지닌 아이들은 개를 무서워하는데, 이는 개한테 공격을 받을까 봐 그런 것이 아니고 다만 개가 짖는 소리가 너무 시끄럽고 참을 수 없게 느껴지기 때문이다. 이 증후군을 지닌 일부 아이들은 상점 진열대에 놓인 마네킹이나 집에서 키우는 화초같이 움직이지 않는 대상을 두려워하기도 한다. 아이들은 이러한 대상에 대해 심한 공포를 나타내지만 정작 왜 그렇게 고통받는지에 대해서는 설명하지 못한다.

만일 어떤 사람이 거미 공포증을 치료받는다면, 임상심리학자의 격려 속에 편안한 상태에서 긴장을 풀고(불안 혹은 두려움의 반대) 조금 떨어진 곳에 있는 죽은 거미를 머릿속에 떠올려보라는 말을 듣게 된다. 이 사람은 거미에 대한 불안이 보통 수준에 이를 때까지 조금씩 커다란 거미한테 다가가는 생각에 적응하고 마침내는 실제 거미에 접근할 수 있게 된다. 이러한 접근법은 민감소실요법(desensitization)이라고 불리며, 아스퍼거 증후군 아이들을 대상으로 사용되었다. 집에서 키우는 화초에 두려움을 가진 아이한테는 아이가 편안해하는 시간, 즉 일과 후나 목욕을 끝마친 시간을 선택하여 아주 작은 화초를 처음에는 방의 한구석에, 다음에는 아이 옆의 테이블 위에 두자고 권한다. 이런 간단한 방식이 아이의 불안을 줄여주지만 아스퍼거 증후군 아이들은 일반적인 한 가지 문제에 봉착하게 된다. 그것은 한 상황을 또 다른 상황으로 잘 일반화하지 못하는 문제이다. 아이의 엄마는 다음과 같은 말로 이를 간단히 설명했다. "열심히 적응시키면 한 가지에는 익숙해집니다. 그렇지만 새 화초만 나타나면 아이는 질색을 하죠!" 그럼에도 불구하고 초콜릿이나 아이스크림 같은 좋아하는 먹거리를 떠올리게 하거나 두려움을 주는 대상이나 상황이 생겼을 때 긍정적인 생각을 하도록 유도하는 방식이 어느 정도 성공을 거두고 있다.

사고나 인지기법과 관련된 또 다른 접근법은 아이로 하여금 스스로 불안을 조절할 수 있다는 사실을 설명해주고 이를 아이에게 증명해 보이는 방식이다. 이를 위해서는 인지행동치료 교육을 받은 전문 임상심리학자와 이런 치료법의 부분적 변형이 필요하다. 말보다 심상(心象)적이고 시각적인 방식을 주로 활용하기 때문이다. 아이들에게 연필로 자신들의 불안을 보여주는 생각 풍선을 곁들인 스스로에 대한 간단한 그림을 그리도록 한다. 그런 다음 지우개로 풍선 안에 쓴 내용을 지우고 다른 좀 더 즐거운 생각으로 대체하도록 한다. 이런 식으로 아이들은 생각의 변화를 보다 더 개념화할 수 있다. 둔감요법의 두 가지 치료 프로그램은 모두 오랜 시간이 걸린다. 하지만 부모나 교사가 간단하게 민감소실요법을 다룰 수 있게 된다면 아이의 불안을 줄여주기 위해 약물에만 의존하는 방식보다는 더 권할 만하다.

13. 쉽게 우울해지는 경향이 있는가?

로나 윙은 초기 연구(1981)에서 아스퍼거 증후군을 지닌 성인들 중에는 우울증과 정동장애(기분이 너무 좋거나 우울한 것을 주증상으로 하는 정신장애—옮긴이)를 보이는 이들이 많다는 사실을 언급했다. 성인 중 많게는 15퍼센트 정도가 우울증을 앓고 있다(Tantam 1991)는 임상적 통계는 이들이 보통 사람에 비해 우울증에 걸릴 확률이 높고 자살 위험이 있음을 보여준다. 어린 시절 이들은 다른 아이들과 자신들의 차이에 별다른 관심을 보이지 않을지 모른다. 이들의 삶은 가족과 교사들 주변에서 맴돌고, 다른 사람들과의 사회적 접촉에는 별다른 의미와 관심을 보이지 않는다. 사춘기 들어서야 이들은 다른 사람과 사귀는 일에 흥미를 보이기 시작하며 자신들의 문제를 예리하게 인식한다. 교실에서 가장 지능이 떨어지는 아이라도 사회적으로 유능한 사람, 지도자, 혹은 코미디언이 되지만, 아스퍼거 증후군을 지닌 사람은 그들의 지적 능력에도 불구하고 친구를 사귀려고 하면, 관심의 표적이나 놀림감이 되어 괴롭힘을 당하고 따돌림을 받는다. 이것이 우울증을 유발하는 가장 일반적인 이유이다. 다른 사람들처럼 되고 친구를 사귀고 싶지만 어떻게 해야 할지 모르는 것이다.

이처럼 우울증은 아스퍼거 증후군을 지닌 경우 나타날 만한 반작용이지만, 일부 경우 생리적으로 우울증에 걸리기 쉬운 성향도 있다.

연구 논문들은 자폐증이나 아스퍼거 증후군(DeLong and Dwyer 1988)을 지닌 아이를 둔 가족들에게서 우울증이나 양 극단의 정서질환이 조금 더 나타난다는 사실을 보여준다. 그러한 아이를 둔 사실이 사람들을 우울하게 만들었을 것이라는 주장도 가능하지만, 논문들은 이러한 변수도 감안한 결과였다.

대부분의 경우 우울증은 기분, 취향, 수면에 있어서의 분명한 변화와 자살에 대한 생각이나 행동을 수반한다. 그렇지만 사람들의 감정 표현이 제한되어 있고 아무렇지도 않은 척 가장하기도 하기 때문에 우울증 진단은 그리 간단하지 않다. 우울증은 공격적 성향이나 알코올 중독으로 표현되기도 한다. 낮에 발생한 사건에 대해 자신을 비판하거나 극도로 내향적이 되기도 하며 자기 치료의 수단으로 술의 힘을 빌어 기분 전환과 마음의 위안을 찾기도 한다. 만일 우울증에 걸렸다는 의심이 든다면 반드시 아스퍼거 증후군에 관한 지식을 갖춘 정신과 의사의 상담과 치료를 받아야 한다.

2장에서 기술한 아스퍼거 증후군의 특징 중 하나는 당황, 불안, 고통 혹은 슬픔 등의 감정이 표현될 것이라고 예상되는 상황에서 웃거나 낄낄대기도 한다는 점이다. 가족의 죽음에서 비롯된 슬픔이 웃음이나 양극단의 정서질환(Berthier 1995)이나 심지어 무관심으로 나타나기도 한다. 이것은 적절하고도 정교한 감정을 표현하는 능력이 부족하기 때문이다. 이처럼 특이한 반응은 냉담함이나 정신적 질환의 징표가 아니다. 슬픔을 표현하는 그들만의 특이한 방식을 이해하고 관용으로 표용할 필요가 있다.

우울증 치료는 통상적인 약물뿐 아니라 비정상적으로 떨어지는 사회적 기술, 친구 부재, 일이나 학업에 있어 낮은 성취도 등 원인을 치료하는 프로그램도 함께 다루어져야 한다. 성인들 사이의 높은 발병률은 이들 세대가 어린 시절 이해받지 못하고 교정수업이 부족했던 탓일지 모른다. 일찌감치 정확한 진단을 받아 효과적인 사회적 기능 치료를 하고 있는 현재의 어린 세대들은 10대나 성인이 될 즈음 상대적으로 우울증에 덜 걸릴 것으로 예상된다. 이러한 프로그램이 우울증에 대한 일종의 예방접종이 되는 셈이다. 분명 교제가 부족하고 일자리를 못 구해 우울해하는 사람은 사회적 기술, 구직면담 기법을 배워야 하고, 비슷한 취미와 가치관을 지닌 사람들을 접할 기회를 필요로 한다. 이러한 전략들은 시간이 소요되더라도 우울증 재발을 막아줄 것이다.

14. 분노와 두려움은 어떻게 조절하는가?

이 책에서는 아스퍼거 증후군을 지닌 사람이 스트레스를 받는 많은 원인들에 대해 개괄적으로 설명했다. 어떤 사람들은 그날 있었던 실망스러운 일들로 인해 불안해하거나 우울해하지만 다른 사람들은 그것에 대해 화를 내고 분노한다. 어떤 사람들은 무언가 잘못 되었을 때 감정을 밖으로 표출하고 다른 사람 탓을 한다. 감정을 밖으로 표출하는 이들은 대니얼의 시에서 표현된 것처럼 화를 잘 갈무리하지 못한다.

나의 가장 큰 두려움은 나 자신.

나의 가장 큰 두려움은 나 자신.

완벽하게 마음을 다스리지 못해.

평상심을 유지하려는 끊임없는 싸움은

내 힘을 고갈시키네.

나는 늘 지쳐 있네, 단 한 번도 잠을 충분히 자지 못했어.

주위에선 나도 어쩔 수 없는 사건들이 일어나지.

나는 무서운 일들을 저지르네.

만일 내가 혼란스럽거나 화나거나 지쳤다면,

나는 자취를 감추고 내 몸이 대신하네.

텅 빈 듯한 삶을 바라보는 일은 두려워.

다시 마음을 다스리고 그런 일이 일어나지 않게 하려면

굳은 의지가 필요한 것을.

나는 내가 느끼는 감정이 두렵네. 감정은 내 의지를 약하게 해,

자제력을 쉽게 무너뜨리지.

가끔은 놓아주는 생각을 해, 그냥

전부 빠져나가도록 놓아주는 그런 생각.

싸움은 언제나 나를 아프게 해.

나는 그냥 평화와 안식을 얻고 싶을 뿐.

(대니얼 우드하우스)

추론이나 집중을 전혀 못 하고, 단지 공격적인 기분이나 좌절 혹

은 충동에 따른 과잉반응만 나타나는 경우도 있다. 다른 아이들의 고의적인 조롱이나 짓궂은 다른 아이들의 그럴듯한 연기에 걸려드는 일이 화를 일으키기도 한다. 나는 아스퍼거 증후군 아이들은 다른 아이들에게 모성애나 가학적 본능을 불러일으키는 듯이 보인다는 사실을 발견했다. 이 증후군을 지닌 아이들은 대부분 반격능력이 떨어진다. 다른 아이들은 책잡히지 않는 적절한 시점에 응수하기 위해 참고 기다리는 능력을 갖고 있다. 일부 아이들은 상처를 완화하는 데 도움이 되는 자기 절제나 감정 표현력도 떨어진다. 화를 참지 못해 힘든 상황을 자초하기도 한다. 교사는 아이가 공격적으로 바뀌었다는 현상만 인지할 뿐, 놀림을 받았기 때문에 그러한 분노가 생겨났다는 사실에 대해서는 모르는 경우가 왕왕 있다.

2장에서는 아이들이 특정한 감정들, 특히 분노의 표현과 실체를 이해하도록 돕는 방법들을 다루었다. 아이의 분노조절 문제를 걱정하는 부모와 교사들은 이러한 방법들을 활용할 수 있다. 자기 통제를 돕고 화를 내는 것 말고 다른 대안을 찾아보라고 조언하는 방법도 있다. 잠시 행동을 멈추고 10까지 세거나, 깊게 숨을 쉬면서 스스로 마음을 가라앉히는 전통적인 방법이 자기 통제에 도움을 주기도 한다. 아이가 특별한 긴장해소 기법들을 연습할 수 있도록 하고, 언제 감정을 가라앉히고 긴장을 풀어야 하는지 알려주는 신호를 익히는 방법도 있다. 다른 사람을 때리지 말고 대안을 찾아야 하는 이유를 설명하는 것도 중요하다. 아이가 분노를 표현하는 행동 대신에 말을 하거나, 그 자리에서 사라지거나 혼자 남을 수 있도록 다른 사람에게 부탁하거나 혹은 도움을 구하거나 중재를 요구하는 일도 가능하다.

아이의 스트레스가 일정 기간 지속적으로 증대하다가 한 가지 사건으로 촉발되어 오랫동안 눌렸던 감정이 폭발하는 경우도 있다. 한순간에 분노를 폭발시키는 파괴행위나 공격이 스트레스를 해소시켜 긴장이나 고통에서 벗어나게 하기도 한다. 이런 식으로 행동은 갈수록 거칠어진다. 그런 행동은 나쁜 기분을 없애주는 데는 도움이 된다. 불행히도 아스퍼거 증후군을 지닌 일부 남성들은 남성이 여성을 지배하는 경직된 위계 구조로 이루어진 권위적인 인생관을 지니고 있다. 따라서 긴장이나 감정을 표출하는 수단으로 화가 날 때 여자아이들이나 엄마를 표적으로 삼기도 한다. 여자들은 반격할 확률이 상대적으로 낮다. 아스퍼거 증후군을 지닌 사람은 문제의 소동이 끝나면, 눈에 띄게 안정되지만 자신을 제외한 다른 사람들이 무슨 이유로 그토록 힘들어하는지 몰라 당황해하기도 한다.

만일 아스퍼거 증후군을 지닌 사람의 화나 분노가 문젯거리라면, 참고할 만한 몇 가지 방법이 있다. 먼저 그 사람의 스트레스가 가중되고 있음을 보여주는 징후들을 정리한다. 빈번한 욕설, 과장된 몸짓, 경직된 사고와 즉각적인 욕구 충족에 대한 바람 등이 여기에 해당한다. 부모와 교사들은 다른 상황들과 관련된 기록들과 비교할 수 있다. 이러한 징후들이 포착되면 그들의 동작이나 행태에 관심을 기울여야 한다. 이들은 종종 그들의 기분이 견디기 힘들 정도로 나빠졌다는 사실을 가장 나중에 깨닫기도 한다. 그런 경우 스트레스가 어떤 식으로 해소되는지 행동들을 정리해 둔다. '음악이 사나운 마음을 진정시킨다'는 말처럼 음악감상이 큰 효과를 보일 때도 있다. 아이를 진정시키고 눈을 감게 한 다음 아이가 마음을 가라앉히는 데 도움이 되는 장면들을 떠올리도록 부모가 그 장면을 묘사하는 방법도 권장할 만하다. 이 밖에 마사지나 마음을 진정시키는 목욕, 안심시키고 칭찬하는 말을 많이 해주는 대처법도 있다. 이것들은 화를 일으키는 원인으로부터 아이의 마음을 떼어놓기 위한 처방들이다.

가끔 혼자만의 장소에 두는 것도 도움이 된다. "도대체 뭐가 문제니?"라는 식으로 섣불리 물어보는 것은 좋은 방법이 아니다. 아이가 왜 화가 났는지 제대로 설명하지 못할 우려가 있기 때문이다. 자기 통제가 유지될 때는 자신의 기분을 설명할 수 있을지 모르지만, 때때로 화난 이유에 대해 집중함으로써 더욱 화가 나기도 한다. 부모와 교사는 때에 따라 물어보지 않는 게 더 낫다는 사실을 알게 될 것이다.

흥분의 정도가 점차 심해지면, 격렬한 육체적 활동을 해서 긴장이나 고민을 '태워 없애는' 방법이 있다. 달리기나 자전거 타기 같은 활동을 하면 기분이 상쾌해지고 좀 더 긍정적인 마음으로 바뀐다. 저자는 창조적인 파괴를 동반한 활동들이 특히 효과적이라는 사실을 발견했다. 만일 무언가를 파괴하거나 손상시켜 기분이 나아진다면 이러한 활동은 생산적 결과를 낳는다. 아이에게는 재활용 깡통이나 종이상자 찌그러뜨리기 혹은 넝마가 될 때까지 헌옷 찢기 등이 적합하고 어른들은 나무 패기 등의 육체 활동이 예가 될 수 있다.

지금까지 언급한 사례들은 공격성을 줄이고 창조적 활동으로 돌리는 방법들이다. 그렇다면 특정 사건에는 어떻게 대응해야 할까?

첫 번째 핵심은 똑같이 화를 내면 상황을 악화시킨다는 점이다. 어떤 아이의 엄마는 "만일 내가 그 아이에게 화를 내면 바비큐 숯불에 기름을 붓는 격이 된다."고 묘사했다. 아이가 평정과 이성을 잃지 않기를 바란다면 당신도 그렇게 되어야 한다. 만일 아이가 왜 화가 났는지에 대해 이야기하고자 한다면 화가 난 원인을 찾아내도록 하라. 예를 들어 놀림을 받아 화가 났다면, 양쪽이 함께 논의해야 한다. 사과(때로는 양쪽이 모두)는 도움이 되지만, 어린아이들에게는 다른 사람의 감정을 진지하고 순수하게 받아들이는 법을 배우는 게 중요하다. 내가 사용하는 한 가지 방법은 아이로 하여금 자신이 상처를 준 상대 아이에게 보상 차원에서 무언가를 주거나 특정한 행동을 하도록 하는 것이다. 말과 함께 행동으로 후회를 표현할 줄 아는 것도 중요하다. 점심시간에 서로 먹으려고 했던 초콜릿 비스켓을 나눠 먹는 일도 하나의 예가 될 수 있다. "다음번에 그 아이가 네 등을 연필로 찌르면 내가 도와줄 테니 알려주렴."과 같은 말을 해줌으로써 아이에게 같은 상황이 반복되는 것을 막는 방법을 알려주는 것도 중요하다. 아스퍼거 증후군 아이들은 설득에 필요한 섬세한 기술을 지니지 못했기 때문에 다른 아이들을 모방하거나 힘으로 해결하려고 한다. 아이는 자신의 목적을 이루기 위해 말하는 법이나 섬세한 기법 같은 보다 바람직한 대안을 익혀야 한다.

좀 더 큰 아이들에게는 캐롤 그레이의 만화식 대화가 특정 인물에 대해 설명해주고, 내용을 통해 다른 사람들의 생각을 익히며 대안을 찾는 훌륭한 교재가 될 수 있다. 스토리 보드(텔레비전 영화의 주요 장면들을 간단히 그림으로 그린 그림판들—옮긴이) 접근법은 연속되는 사건들을 이루는 각 상황을 한 토막으로 꾸며 활용하는 방식이다. 캐럴이 개발한, 감정들을 보여주는 색색의 도표는 감정을 설명하는 데 도움이 되며, 2장에서 기술한 지표는 감정표현이 얼마나 정도를 벗어났는지 그리고 보다 적절하고 세련된 말과 행동은 무엇인지에 관해 설명할 때 효과적이다. 그림을 그리는 작업은 상황을 파악하고 함께하는 다른 사람들의 감정과 생각을 이해하기 위해 노력하는 분위기 속에서, 비난받을 것에 대한 어떠한 두려움도 느끼지 않는 상황 속에서 이루어져야 한다. 이렇게 완성된 그림은 그린 이의 태도와 감수성에 영향을 미친다. 행동의 결과가 문제이고, 아스퍼거 증후군을 지녔다는 사실이 무책임한 행동의 면죄부가 되지는 않지만, 아이의 행동이 적절한 행동이었는지 평가하기 전에 그에 대한 모든 정보와 인식을 활용하는 게 중요하다.

약물도 분노를 다스리는 하나의 대안이 될 수 있다. 즉각 효과가 나타나는 진정제가 눈길을 끌기도 한다. 특별히 스트레스가 심할 경우 약물 사용은 간편한 방법이다. 그렇지만 그것은 일시적인 수단이다. 자폐증이나 아스퍼거 증후군을 지닌 아이들과 성인은 진정제로 처방된 약물들, 특히 항정신병 약의 장기적인 부작용에 유난히 취약하다. 약물도 중요하지만 특정한 증상치료에 맞추어 처방되어야 하며, 정기적으로 검진을 받고, 복용기간도 짧아야 한다. 드물게 돌발적인 공격적 행동이 나오기도 하는데, 짧고 강렬하며 명백한 이유 없이 발생하는 게 특징이다(Baron-Cohen 1988). 부모들을 크게 걱정하게 만드는 이러한 무의식적이고 예측 불가능한 상황은 신경학적인 요인, 특히 부분 발작과 관련이 있을 확률이 높다. 이런 일이 발생하면 발달장애를 전공한 신경과 전문의를 찾아서 추가적인 검진과 치료를 받아야 한다.

끝으로 분노를 다룰 때는 이러한 행동이 아스퍼거 증후군의 흔한 특징은 아니라는 점을 인식하는 게 중요하다. 실제 아스퍼거 증후군 아이들 중 상당수는 거의 화를 내지 않고, 심지어 화를 낼 만한 상황에서조차 화를 내지 않는다. 이런 아이들은 가학적 행위에 노출되고 친구들로부터 괴롭힘을 당할 확률이 아주 높다. 이런 아이들은 강인함을 기르고 운동장에서 적응하는 법을 익혀야 한다.

15. 사춘기에는 어떤 변화가 일어나는가?

사춘기의 육체적 변화는 또래들과 같은 시기에 나타날 확률이 높다. 하지만 아스퍼거 증후군을 지닌 소년 소녀들은 그 같은 변화에 쉽게 혼란스러워한다. 한 10대 소년은 변성기(아스퍼거 증후군을 지닌 사람에게 있어 혼란을 더욱 가중시킬 것 같은 시기)가 훨씬 더 지난 이후에도 높고 갈라지는, 가성의 목소리를 유지했다. 왜 그런 이상한 목소리를 내느냐고 물어보자 아이는 "내 목소리가 싫어서."라고 대답했다. 일부 소년 소녀들은 사춘기 초기에 거식증에 잘 걸린다(Fisman et al. 1996, Gillberg and Rastam 1992). 이 시기의 아이들은 비난에 아주 민감한데, 자신들의 외모, 사회적 능력 그리고 또래들 사이에서 중요하게 생각되는 특질(예를 들면 몸무게) 등과 관련해서 특히 그렇다.

호르몬 변화와 사춘기와 관련된 스트레스 증가로 인해, 10대들은 일시적으로 아스퍼거 증후군 특질을 더 많이 보이기도 한다. 부모들은 후원자가 되어야 하고 인내심을 가져야 하며 사실 이때가 모든 아이들에게 힘든 시기라는 점을 염두에 두어야 한다. 비록 다른 아이들과 같은 시기에 육체적 변화가 나타날 확률이 높지만, 아스퍼거 증후군 아이들에게 사춘기 시절의 감성변화는 상당히 지체되곤 한다. 다른 아이들이 사랑에 몰두하고 연애규칙을 경험하는 동안, 아스퍼거 증후군 10대들은 여전히 단순한 우정을 원하며, 높은 도덕기준을 유지하고, 좋은 성적을 희망한다. 아스퍼거 증후군 아이들이 중요시하는 가치와 특질이 다른 또래 아이들의 것과 다른 경우도 있지만, 거기에는 다른 사람들이 인지하지 못하는 긍정적인 측면이 있음을 설명하는 것이 중요하다. 이들은 남녀관계에서 요조숙녀인 체한다거나 세상물정을 모르는 멍텅구리라는 놀림을 받기도 한다. 사춘기적 특질은 20대까지 이어지며, 다른 사람에 대한 강한 애착이나 성적 관심은 종종 보통 사람들보다 늦은 시기에 나타난다. 이런 식으로 사춘기의 감정변화는 흔히 늦게 나타나고 오랫동안 지속된다.

16. 정상적인 인간관계를 형성할 수 있는가?

어린 시절, 아이는 주로 자신만의 친구 그리고 가족들과 가까운 친구들에 만족한다. 사실 다른 사람들과의 육체적 혹은 사회적 접촉을 피하고 혼자 지내기를 더 좋아하기도 한다. 그렇지만 일부 아이들은 다른 사람들이 가족이라도 되는 듯이 반갑게 인사하며 아주 가까이 다가가 만지기도 한다. 그들은 인간관계의 다양한 수준에 따라 별개의 행동규범이 있다는 사실을 깨닫지 못한다. 이러한 행동은 다른 사람을 당황하게 만들고 오해를 부를 수 있다. 아이는 또한 다른 사람에게 쉽게 이용당할 수 있다. 이들에게 가족, 교사, 친구 그리고 낯선 사람들을 각각 다른 방식으로 대해야 한다는 점을 가르쳐야 한다. 이들은 왜 사귀는 사람들마다 다르게 대해야 하는지 이해하지 못하기도 하지만, '교제 범위 프로그램(Circle of Friends programme)'을 통해 시각적인 모델을 접하고 관련 지침을 익힐 수 있다.

기법은 아주 간단하다. 커다란 종이 위에 다트판처럼 동심원들을 그려넣고 가장 작은 안쪽 원에 아이의 이름을 쓴다. 그다음 원에는 아이에게 가장 가까운 사람들을 써넣고 관계에서 적절한 인사와 행동들을 적어넣는다. 보통은 아이의 가족이 이에 해당한다. 적절한 행동은 입맞춤, 껴안기, 포옹 등이다. 그다음 원에는 아이의 친척과 친지들이 들어간다. 행동은 약간 덜 친밀해진다. 그다음 원에 들어가는 사람들은 친구들과 선생님 등이며, 뒤이어 조금 아는 사람들이나 낯선 사람들이 들어간다. 아이로 하여금 각각의 원들에 해당되는 사람들과 적합한 행동을 묘사한 사진을 붙이게 한다. 이러한 시각적 교보재(aids)는 다양한 수준의 교제에 있어 적절한 사회적 규범을 논의하는 데 도움을 준다.

아스퍼거 증후군을 지닌 10대들은 교실의 다른 아이들에 비해 사회적·감성적으로 미숙할 수 있다. 그들의 우정은 보통 자기 노출, 사랑, 성적 발견 같은 요소보다 공통의 관심사나 지적인 취향에 기반한다. 친구 선택도 또래들의 관행과 문화를 따르지 않는다. 결과적으로 아이는 모임에 끼지 못하고 성(性)에 관한 지식이 부족해 놀림감이 되기도 한다. 아이들은 또한 잘못된 정보에 노출되기 쉽다. 아이는 학교에서 가르치는 인간관계와 성관계가 서로 상관없는 것이라고 판단해 지루하게 생각하는데, 사춘기이지만 교실의 다른 아이들에 비해 사회적으로 미숙한 경우 특히 그렇다. 그러한 프로그램은 가르치는 내용이 개인적으로 관련 있는 시기에 다시 반복되어야 한다.

사춘기 들어 연애감정이 싹트기 시작하면, 다른 사람이 보내는 신호를 해석하는 방법을 배워야 한다. 아이는 일방적으로 다른 사람에게 반하기도 한다. 이런 현상은 10대들에게 자연스러운 일이지만 아스퍼거 증후군을 지닌 이들에게는 또 다른 문제가 뒤따른다. 일부 아이들은 상대방도 자신과 똑같은 감정일 것이라고 오해하거나 관계가 일방적이라는 상대방의 정중한 신호를 감지하지 못한다. 따라서 누군가 이러한 신호들을 알려주어야 한다. 또 다른 특징은 다른 사람이 연애감정이나 우호적인 감정을 지니고 있지 않다는 신호를 보낼 때 왕왕 알아채지 못한다는 점이다. 아스퍼거 증후군 아이들은 쉽게 성적인 공격대상이 된다. 정확한 날짜나 가해자에 대해서는 명시할 수 없지만 나는 아스퍼거 증후군을 지닌 몇몇 사람이 성폭행을 당했다는 사실을 알고 있다.

사춘기 감정이 오랫동안 지속되고 사회적 기능을 습득하는 데 시간이 오래 걸리는 탓에 이들은 또래들보다 훨씬 늦은 시기까지 다른 사람과 친밀한 관계를 맺지 못하는 경향이 있다. 사춘기 때는 그런 관계가 눈에 띄지 않지만, 나의 오랜 경험상 아스퍼거 증후군을 지닌 사람들이 전부 사회적으로 고립되었거나 독신생활을 하는 것은 아니다. 이들은 종종 같은 취미나 직업을 통해 처음으로 이성을 만나고 연애한다.

상대방은 이들이 지닌 이성에 대한 깊은 헌신와 성실성, 솔직함과 정절 등을 높이 평가한다. 저자는 같은 성격과 취미를 갖지 않은 배우자의 경우, 이들의 부족한 사회적 능력에서 비롯된 특정한 단점을 보완하는 양육자나 후견자 역할을 하는 경향이 있음에 주목하고 있다. 그렇지만 아스퍼거 증후군을 지닌 남성 중 일부는 배우자를 만나는 데 상당한 문제를 안고 있으며, 문화적 차이나 경제적 상황으로 인해 남편의 특이한 사회적 기질에 덜 신경 쓰는 여성을 찾아 해외로 떠나기도 한다(Gillberg and Gillberg 1996).

추가로 연구되어야 할 분야는 결혼생활과 연애상담 분야이다. 필자의 임상경험으로 볼 때 이 증후군을 지닌 사람의 배우자는 이들 때문에 혼란스러워하거나 분개하기도 한다. 분쟁의 두 가지 원인은 육체적이고 감정적인 친밀도와 특정 관심사에 대한 몰입이다.

예를 들어 한 남편은 아스퍼거 증후군을 지닌 아내가 너무 차갑고 무관심하다고 불만을 토로했다. 그는 애정을 표현할 때 "마치 나무토막을 끌어안는 것 같다."고 말했다. 부부나 연인들은 서로의 출신과 사고방식에 대해 상담을 받을 필요가 있다. 말하자면 상대방의 바람과 관습에 대해 아는 게 없는 전혀 별개의 문화권에 속한 두 사람이 만나 결혼한 것과 흡사한 관계라고 할 수 있다. 이들은 아무 의식 없이 서로의 발을 밟는다. 저자는 아스퍼거 증후군을 지닌 사람과 사귀는 이들이 겪는 문제를 설명하기 위해 종종 다른 문화권에서 온 사람의 예를 들곤 한다.

초기 연애단계에서 부모는, 왜 자신의 아이가 육체적 관계에 그토록 무관심한지 그리고 왜 그토록 사랑한다는 말이나 애정표현을 하지 않는지, 이유를 몰라 혼란스러워하는 상대 남자나 여자에게 어느 정도 설명을 해야 한다. 이것은 또한 다른 가족이나 어린 자식들에게도 해당하는 문제이다. 예를 들어, 아스퍼거 증후군을 지닌 한 10대 아이의 엄마는 자신의 아들이 그녀에 대해 사랑한다는 그 어떤 표현도 하지 않는 점을 걱정했다. 그러자 아이는 자기가 여섯 살 때 사랑한다는 말을 하지 않았느냐고 반문하면서, 왜 그런 말들을 반복해야 하는지 의아해했다. 그녀도 분명 여섯 살 때 일을 기억하고는 있었다. 또 다른 예로, 어떤 남편은 아내에 대한 자신의 사랑을 언제 어떤 말로 표현할지 몰라 힘들어했다. 다행히 그는 아내 앞으로 말로는 표현하지 못한 호소력과 열정을 담아 편지를 쓸 수 있었다. 여기서의 제안은 아내에게 더 많은 편지를 쓰고, 그것들을 읽어주라는 것이다.

또 다른 분쟁(혹은 권태)의 씨앗은 특별한 관심사에 대한 몰입이다. 처음에는 사랑스런 특징이지만 결국에는 화나게 만드는 원인이 되는데, 다른 중요한 일들이 있을 때는 특히 그렇다. 배우자가 가족으로서, 세대원으로 제 몫을 다하지 않는 경우도 있다. 다시 말하거니와 양쪽은 모두 상대 배우자의 사고방식을 이해할 필요가 있다. 부부 상담이 도움이 되기도 하지만, 상담하는 사람이 아스퍼거 증후군의 본질을 이해한다는 게 전제조건이다.

아스퍼거 증후군을 지닌 사람은 약간의 성격적 결함을 가지고 있지만 다른 사람들보다 신뢰할 만하며, 타고난 검소함이 또 다른 문제의 원인이 될지언정 가정살림을 망가뜨리는 낭비벽도 없다. 이런 점을 인정하는 게 중요하다. 개인적인 위기를 다루는 각자의 방식을 둘러싸고 분쟁이 일어나기도 한다. 아스퍼거 증후군을 지닌 이들은 다툼이 될 만한 문젯거리에 대해 어떤 식의 의논도 회피하며 몇 시간, 혹은 며칠씩 혼자 고립되어 있으려고 한다. 그들은 생각을 거듭하는 방식으로 문제를 해결하지만 배우자들은 소외되었다는 사실에 분개한다. 배우자들은 그 순간에 자신들이 의견이나 생각이 고려되지 않았다는 사실에 상처를 받는다.

어떤 사람들은 독신생활을 선택한다. 이것은 템플 그랜딘의 자서전(1995)에 적혀 있다.

나는 독신으로 남아 있는데, 그런 생활이 나로서는 감당하기 너무나 힘든 여러 가지 복잡한 사회적 상황들을 피하는 데 도움이 된다. 자폐증을 지닌 대부분의 사람들에게 육체적인 친밀은 기본적인 사회행동들을 이해하지 못하는 것만큼이나 큰 문제가 된다. 성적인 관심을 시사하는 민감한 신호들을 이해하지 못한 탓에 데이트 도중 성폭행을 당한 몇몇 여자들과 이야기를 나눈 적이 있다.

마찬가지로 데이트하고 싶어하는 남자들은 상대 여자에게 어떻게 말을 건넬지 알지 못한다. 그들은 '스타트렉'의 인조기계인간 데이터를 떠올리게 만든다. 이 영화의 어느 편에선가 데이트를 시도했던 데이터의 시도가 완전한 실패로 끝난 적이 있다. 연애감정을 느끼려고, 데이트 상대방에 대해 과학용어를 인용해 칭찬한 결과였다. 자폐증을 지닌 아주 유능한 성인들조차 유사한 문제를 안고 있다. (113쪽)

독신생활은 감정적, 육체적으로 친밀한 관계와 그 관계가 실패해 생겨나는 고통을 피하는 한 가지 방법일지 모른다. 그러나 그 결론에 이르는 과정에서, 만일 친밀한 관계를 갖기 위해 노력했는데도 실패했다면, 이에 대한 상담과 지원이 필요할 수도 있다. 소위 평범이라는 용어의 범주는 아주 넓기 때문에 아스퍼거 증후군을 지닌 사람도 평범한 교제를 발전시켜 나갈 수 있다. 교제에 성공하려면 상당한 정도의 사랑과 인내 그리고 서로에 대한 이해가 필요하다.

17. 범죄에 연루될 가능성이 더 높은가?

비록 실제적이고 폭력적인 범죄를 저지를 확률은 주목할 정도로 낮지만(Ghaziudin, Tsai and Ghaziuddin 1992), 아스퍼거 증후군을 다룬 논문들에는 범죄를 저지른 사람들(Baron-Cohen 1988, Cooper, Mohamed and Collacott 1993, Everall and Le Couteur 1990, Mawson,

Grounds and Tantam 1985)에 대한 기록이 포함되어 있다. 재판정에 불려온 이들의 혐의는 다양하다. 대개 그들의 특별한 관심, 민감한 감각 혹은 엄격한 도덕규범과 연계되어 있다. 일전에 로또 용지의 칸을 메우는 데 특별한 관심을 가진 한 성인을 만난 적이 있다. 이 남자가 사는 지역의 신문판매상은 로또를 구매할 의사도 없이 용지만을 원하는 그의 요구를 거부했고, 뒤이어 신문판매대에 가까이 오는 것조차 막았다. 몇 주 뒤 같은 판매대에 도둑이 들었고 도둑은 로또용지만 수천 장 훔쳐갔다. 경찰은 주요 용의자였던 남자의 침실에서 잃어버린 용지를 찾아냈다. 이 범죄행위의 특이한 성격 때문에 그는 법의학 정신과 의사에게 보내졌다. 이 밖에도 특이한 관심사, 특히 무기, 독극물 혹은 불과 관련된 관심사 때문에 아스퍼거 증후군을 지닌 몇몇 사람들은 정신과 의사나 감금시설로 보내지기도 한다.

민감한 감각 때문에 범죄를 저지르는 경우도 있다. 개 짖는 소리, 아이 우는 소리 그리고 소프라노의 노랫소리에 민감한 사람이 있었다. 독자들 중에는 그에게 동정심을 갖는 사람도 있겠지만 이러한 소리들을 막기 위한 그의 행동 중에는 범죄행위까지 포함됐다. 또한 엄격한 도덕 규범 탓에 다른 사람의 옷차림에 대해 부도덕하다고 비난하고 나서 결과적으로 공격적 행위를 한 혐의로 기소되는 사례들도 있다. 교정기관이나 사법기관뿐 아니라 재판정도 점차 아스퍼거 증후군의 특성에 대해 더 많은 것을 알게 되고, 이에 따라 적절히 대응하고 있다. 하지만 이러한 범죄는 드물며 부모들은 자기 아들이나 딸이 범죄를 저지를 가능성에 대해서는 지나치게 우려할 필요는 없다.

저자의 임상경험에 따르면 아스퍼거 증후군을 지닌 사람들은 범죄자가 되기보다는 피해자가 될 확률이 높다. 그들의 순수성과 취약성이 손쉬운 범죄대상이 되게 하는 요인이다.

18. 정부 차원에서 어떤 대책이 필요한가?

아스퍼거 증후군 아이에게는 전형적인 자폐증 아이들에게서 보이는 행동과 학습 특징들이 나타나지 않으며, 자폐증 아이들을 위한 특수학교나 시설들도 이들에게는 적합하지 않다. 아이의 심리적 불안 정도도 심하지 않기 때문에 보통 의사들은 이러한 발달장애를 지닌 아이에게 정신과 치료를 권하지는 않는다. 아이가 특정한 학습장애를 보이기도 하지만 치료를 해야 할 만큼 지적 장애가 있다고 판단되지도 않는다(Simblett and Wilson 1993). 따라서 지금까지 정부 차원의 자원, 혜택 그리고 이런 사람들을 위한 정책은 거의 없었다. 무엇보다 시급한 일은 가족이나 교사가 아스퍼거 증후군 치료를 위한 프로그램과 자원 그리고 전문가들과 접촉하는 것이다. 자폐증을 지닌 사람들을 위해 마련한 일련의 자료와 연구를 검토해보면 무엇보다 그 아이들을 가르칠 전문가가 필요함을 알 수 있다(Newsom 1995). 아스퍼거 증후군도 마찬가지다. 연관된 전문가 그룹의 구성원들은 이 분야의 전문성을 계발힐 필요가 있다. 예를 들어 교육 부처가 이 분야를 전공하고 따로 훈련받은 사람들을 담당직원으로 임명하면 교사들은 이들을 통해 도움을 얻을 수 있다. 담당자는 교실을 방문하여 해당 아이를 관찰하고 필요한 설명과 전략, 자료 그리고 연수교육을 제공한다. 이러한 지원은 내가 사는 지역에서 상당한 효과를 거두었다. 만일 거리가 멀어 문제가 된다면 비디오 녹화, 전화 회의 같은 현대 과학기술을 이용하면 된다.

특정 전문가 집단이나 기관이 아스퍼거 증후군 아이들과 성인들에 대한 진단과 치료, 지원을 독점할 필요는 없다. 언어치료사에서 특수 취업 전문가에 이르기까지 다양한 훈련을 거친 여러 전문가들과 여러 기관들을 접촉하는 방식이 바람직하다. 현재는 이 증후군에 대한 전문가와 우리 사회의 지식이 제한적인 수준이지만 지역별로 부모들의 후원모임이 활성화되면서 지식과 이해 그리고 지원을 구하는 작업이 활기를 띠고 있다. 아스퍼거 증후군은 자폐연구에 뿌리를 두고 있기 때문에, 첫 번째 부모들 후원모임은 이미 활동중인 자폐아 부모들 모임의 하위 모임이 될 가능성이 높다. 이 모임은 시간이 지나면서 자율적이면서도 아스퍼거 증후군에 맞는 특정한 자원과 지원을 제공하는 모임으로 변모한다. 가장 중요한 사항은 부모들이 같은 경험과 문제를 안고 있는 다른 가족들과 교류하여 어느 정도 고립에서 벗어날 기회가 제공된다는 점이다. 이 모임은 또한 논의의 장을 제공하고 특정한 문제에 대처하는 전략을 공유케 하며 지원에 대한 수용자 의견 취합과 전문가 초빙 강의의 장이 되기도 한다. 이 모임은 회의와 공동연구회를 통해 전문가와 정부기관에 정보를 제공하기도 한다. 또한 언론기관, 정치인 그리고 지역사회에 자신들이 처한 환경을 알리고 적절한 대책을 호소하는 압력단체 구실을 하기도 한다.

중요 대책 중 하나는 학교, 특히 초등학교에서 교육과 지원을 받을 수 있도록 하는 것이다. 나는 한 특정 학교가 교육 프로그램에 관한 명성과 경험을 쌓으면 유사한 증상을 가진 아이들의 입학이 늘어날 가능성이 높다는 사실에 주목했다. 부모들과 전문가들은 비공식적인 '좋은 학교 명단(good school guide)'을 가지고 있다. 이 책에서 기술한 많은 프로그램들은 1 대 1 혹은 소그룹 활동의 기회를 필요로한다. 이 프로그램들은 한 특정 아이를 전담하는 보조교사의 도움을필요로 한다. 보조교사의 역할은 매우 중요하며 복잡하다. 그들의 주요 임무는 다음과 같다.

- 아이가 다른 아이들과 놀거나 공부할 때 잘 어울리고 적응하고 협동하도록 장려한다.
- 아이가 행동규범을 익히도록 도와준다.
- 감정들과 우정에 대해 가르쳐준다.
- 대화하는 능력을 키워준다.
- 아이의 특정한 관심거리를 동기유발과 재능 및 지식을 키우는 수단으로 계발하도록 도와준다.
- 전체적인 그리고 각 부분의 운동능력을 향상시키는 프로그램을 실시한다.
- 다른 사람의 생각과 사고방식을 이해하는 능력을 키워준다.
- 특정한 학습장애시 치료 차원의 학습을 제공한다.

· 아이가 민감한 청각이나 민감한 촉각 문제에 적응할 수 있도록 돕는다.

이런 식으로 보조교사는 교사와 관련 임상의 그리고 특수치료사에 의해 처방된 행동, 사회, 언어, 운동, 감각 능력 프로그램을 적용한다.

사람들은 중증의 아스퍼거 증후군 성인들에게도 이러한 지원이 필요하다고 생각하지만, 현재 이들에게 도움되는 정보는 놀라울 만큼 제한적이다. 런던의 국립자폐연구회는 성인들과의 접촉을 통해 파악한 문제들의 일부를 목록으로 만들었다(Bebbington and Sellers 1996). 목록은 다음과 같다.

· 자신들과 같은 처지의 사람들이 있음을 알고 싶어하는 욕구.
· 자신들이 만나는 전문가들이 아스퍼거 증후군을 이해하지 못하거나 이 증후군의 실체를 완벽하게 파악하지 못하는 데 대한 우려.
· 혼자 있다는 고독감.
· 직업을 갖거나 유지하는 데 있어서의 어려움.
· 직업이 있을 경우 능력에 걸맞지 않는 책임.
· 직장 동료들의 놀림.
· 낮은 수입으로 인한 어려움.

지역의 후원모임과 접촉하고, 웹사이트, 이메일, 인터넷 대화방 등을 통해 다른 사람들과 연락을 취함으로써 고독감을 줄일 수 있다.

취업과 숙박 그리고 수입 문제에 있어서는, 국립자폐연구회 중서부 지부를 통해 지역사회 지원 변호사와 만날 수 있다(Morgan 1996). 이 사람은 지역민들 특히 도움을 필요로 하는 아스퍼거 증후군을 지닌 성인들을 위해 재정운영과 일상의 생활능력 그리고 사회복지 면에서 변호사와 감독의 역할을 한다.

19. 학교와 교사의 역할은 무엇인가?

아스퍼거 증후군 아이들은 대부분 특수학교가 아닌 일반학교에 입학한다. 좋은 학교는 어떤 요소를 지닌 학교인가? 지금까지 아주 다양한 학교에 다니는 아이들을 치료하고 관찰한 풍부한 경험을 통해 얻은 일반적인 결론은, 어떤 요소들은 필수적이지만 다른 요소들은 별 상관이 없다는 것이다.

가장 중요한 요소는 교사의 인품과 능력, 그리고 그들이 어느 정도 지원과 지지를 받느냐이다. 아스퍼거 증후군을 지닌 아이를 가르치는 일은 상당히 힘든 과제이다. 교사는 침착한 성품과 아이의 감정반응을 예측할 수 있는 능력을 지녀야 하며 수업 내용에 융통성을 발휘하고 아이가 가진 긍정적 요소를 바라보아야 한다. 뛰어난 유머 감각도 도움이 된다. 아이는 가끔 교사들을 매혹시키기도 하지만 그 순간만 지나면 교사들을 온 몸시 당황스럽게 만들기도 한다.

아스퍼거 증후군의 흥미로운 특징은 날마다 다른 징후를 나타내는 변화성에 있다. 상태가 좋은 날 아이는 잘 집중하고, 규율에 잘 따르며, 잘 어울리고 학습도 꽤 잘해 나가지만 그렇지 않은 날에는 자기 몰입에 빠지고, 자신감과 능력이 떨어진다. 아이의 심리주기에 따라 징후는 마치 파도나 물결처럼 나타난다. 이런 날에는 아이가 연습을 많이 한 잘하는 종류의 활동에 집중하고 아이의 상태가 다시 좋아질 때까지 파도가 밀려가기를 참고 기다리는 게 최선이다. 이런 상황이 문제가 되면 부모와 교사는 주기표를 만들고 이 주기에 영향을 주는 내적·외적 변수들을 조사하는 게 좋다.

아스퍼거 증후군은 아이들마다 독특하기 때문에 교사에게 비슷한 아이를 다룬 경험이 반드시 요구되는 것은 아니며, 아이들마다 각기 다른 전략으로 대처해야 한다. 아이들을 이해하고 각자에게 어떻게 말해야 하는지 파악하기까지는 수개월이 걸리기도 한다. 따라서 처음 몇 주 동안 아이가 보인 반응과 학습성과를 1년 내내 지속되는 지표로 오인하지 않도록 주의해야 한다. 또 방학 이후에는 아이가 학교생활에 다시 적응하는 데 어느 정도 시간이 걸리기도 한다. 교사의 나이나 학교 크기 혹은 공립이냐 사립이냐의 여부는 별 문제가 안된다. 중요한 요소는 교실의 크기이다. 칸막이 없는 교실과 시끄러운 교실은 가능한 한 피하는 게 좋다. 아스퍼거 증후군 아이들은 조용하고, 질서가 잘 잡힌 교실 그리고 비판이나 지적보다는 칭찬과 격려하는 분위기에 더 긍정적으로 반응한다. 부모들은 아이가 어떤 교사들과는 큰 발전을 이루지만 다른 교사들과는 아이와 교사 모두 재앙과 같은 한 해를 보낸다는 사실을 발견하게 된다. 교사와 아이가 화목하게 지내면 이는 다시 교실의 다른 아이들 태도에 반영된다. 만일 교사가 격려하는 태도를 취하면 이런 태도는 다른 아이들에게까지 확산된다. 반대로 교사들이 비판적인 태도를 취하고 아이를 배제시키는 방식을 선호한다면 다른 아이들도 그러한 태도를 따를 확률이 높다.

아이가 성공적으로 수업에 참여하는 데 주요한 또 다른 요인(앞장에서 언급했던)은 교사에게 보조교사의 도움이나 이 분야 전문가들의 조언 같은 실질적인 지원을 제공하는 것이다. 또한 교사가 동료와 학교 당국으로부터 정서적·실질적 후원을 받는 것이 중요하다. 교사와 학교 측은 아이에게 어느 정도 특별한 배려를 해야 한다. 예를 들어 아이가 시끄럽고 순서를 기다려야 하는 학교 학생회 활동을 힘들어한다면 학생회 시간 동안 조용한 교실에 남겨두는 방안도 신중히 검토할 만하다. 이런 배려는 학교시험을 볼 때도 마찬가지인데 이는 아이의 성적이 불안감이나 우울증에 의해 크게 좌우되기 때문이다.

부모 입장에서 일단 아이에게 필요한 도움을 제공하는 학교를 선택한 뒤에는 일관성을 유지하는 게 중요하다. 새 학교로의 전학은 아이의 능력을 모르고 아이를 어떤 식으로 대해야 하는지 혹은 어떤 식으로 대해선 안 되는지에 대해 전혀 알지 못하는 새 친구들과 새 학교로 바뀐다는 의미이다. 아이의 상급학교 진학은 불가피하지만 여러 해 동안 잘 알고 지내던 아이들과 함께 진학한다면 보다 쉽게 받아들여질 수 있으며, 양쪽 학교 교사들과 아이의 후견인들은 어떻게 하면 아이가 수월하게 진학할 수 있을지 만나서 상의하는 게 바람직하다. 진학할 때 몇 가지 요소가 아주 중요한 것으로 확인되었는데, 이를테면 새 학기가 시작되기 전 아이로 하여금 새 학교를 미리 여러 번 찾아가 캠퍼스 지형과 통학로를 익히게 하는 전략이다. 또 특별한 책임을 맡은 교사는 아이가 새 학교에 잘 적응하는지 감시 및 감독을 하는 것이 좋다.

상급학교로의 진학은 새로운 문제가 될 수 있다. 초등학교 때는 교사와 아이가 1년 내내 같이 지내기 때문에 서로 이해할 시간을 갖는다. 초등학교에서는 교사와 교직원이 엄마들처럼 아이들을 보살피는 분위기여서 아이들도 아스퍼거 증후군을 지닌 아이와 기꺼이 어울리고 관용적인 태도를 보인다. 상급학교에서는 교사가 한 아이에게 신경 써줄 시간이 없고 교과과정은 한층 엄격하다. 다른 10대들도 덜 관용적일 확률이 높다.

이 나이에는 아스퍼거 징후도 아주 적고, 일부 상급학교 교사들은 이런 장애에 대한 개념조차 가지고 있지 않다. 아스퍼거 증후군을 지닌 아이는 반항적이며, 고의적으로 말을 듣지 않거나 정서가 불안한 단순 문제아로 간주되며 일반적인 훈육이 효과적인 수단으로 여겨진다. 잠재적인 대립과 모든 이들의 실망을 미연에 방지하기 위해서는 상급학교 관계자를 대상으로 한 아스퍼거 증후군에 대한 간단한 사전 안내 프로그램이 도움이 된다. 특히 아이가 직면한 문제들, 비판과 변화, 좌절에 대한 아이의 반응, 그리고 아이가 지닌 특별한 소질 등에 대해 미리 알려주는 것이 좋다. 아이를 이해하고 아이의 사고방식을 납득하기만 하면 교사들도 공부시간에 아이가 보이는 특별한 행동을 용인해줄 것이다.

끝으로 부모들은 기존의 학교가 아스퍼거 증후군 아이들에게 어느 수준까지 맞춰주고, 얼마나 도움을 줄지 궁금해한다. 또 아이를 정규학교에 보내는 것과 이러한 아이들을 위해 특별히 마련된 특수 학교에 보내는 대안 중 어느 쪽이 나을지 고민한다. 영국에서는 아스퍼거 증후군을 지닌 아이들과 10대를 대상으로 한 기숙사 학교가 문을 열었다(Gething and Rigg 1996). 수업할 때 학생과 교사의 비율은 6 대 2이며 교과과정도 이러한 아이들에 맞춰 짜여져 있다. 장래에는 부모들의 모금활동으로 기존의 학교생활에 어려움을 겪는 아이들을 위한 대안 학교가 설립될지도 모른다.

20. 아스퍼거 증후군 진단 후
   어떤 도움을 받을 수 있는가?

일단 아이의 증상에 대한 진단이 내려지면, 자기 자식이 왜 다른 아이들과 다른지에 대한 답을 찾아 헤매던 부모들의 방황은 끝이 난다. 그들은 또한 조언을 받으려면 어디로 가야 하는지 알게 된다. 게다가 아이의 증상이 가족의 부당한 대우나 학대 혹은 무관심에서 비롯된 것이 아니라 신경생물학적 이상 때문이라는 사실을 알고 나면 상당한 위안을 얻는다. 그렇지만 아스퍼거 증후군 대신에 고기능 자폐라는 용어를 사용한다면 약간의 혼란을 일으킬 우려가 있다. 아스퍼거 증후군은 자폐군이나 자폐스펙트럼의 일부이지만 아이는 일반인들이 가지고 있는 자폐아의 이미지와는 다르게 행동하거나 일부 능력에서만 문제를 보인다. '자폐'라는 용어는, 특히 그 증상을 지닌 아이들의 발달이 상대적으로 제한적이고 대부분 나중에 여러 가지 타인의 도움을 필요로 하게 된다는 점에서 혼란을 일으킬 수 있다. 또한 아스퍼거 증후군 아이들이 단순히 자폐 성향을 약하게 가지고 있는 것이 아니라 그 증상의 표출양식도 다르다는 사실을 인식하는 게 중요하다.

불행히도 이 용어는 소란스러운 행동과 연관되어 있기 때문에, 교사들은 자기가 맡게 될 학급에 고기능 자폐아가 한 명 포함된다는 소식에 불안해할지 모른다. 아스퍼거 증후군이라는 용어는 새로워서 전문가들이나 일반인들에게 별로 부정적인 이미지를 떠올리게 하지 않는다. 보통 아이가 아스퍼거 증후군을 지니고 있다고 말할 때 일반적인 반응은 "그게 뭐죠, 한 번도 들어본 적이 없는데요?"이다. 대답은 신경계에 문제가 있다는 간단한 설명이다. 이것은 다른 사람의 감정과 생각을 이해하고 어울리기 위해 별도의 학습이 필요하며 대화를 잘 알아듣지 못하고, 특별한 관심 분야에 과도하게 집착하며 솜씨 없고 약간은 서툴다는 뜻이다. 이 문제들은 전반적인 발달지체와 평범하지 않은 능력들이라는 말로 가장 잘 설명된다. 아이는 시간이 지나면서 발전한다.

이 용어는 전문가에게도 유용하다. 이러한 아이들과 성인들은 골치 아픈 진단대상이며 전문가들은 어디에서 정보와 조언을 얻을지 확신하지 못한다. 이는 특히 우울증, 불안 혹은 분노의 징후를 보이는 10대를 상대하는 정신과 진료에 있어 의미가 크다. 이들은 의사표현이 확실하고, 사회적으로 어울리고 친구를 갖기를 바라며 또 평균적인 수준의 지적 능력을 지니고 있어서, 결코 자폐군으로 진단되지 않기 때문이다. 그들은 어떤 자폐아와도 전혀 다른 모습을 보이며, 직업훈련 기간에야 눈에 뜨일지 모른다.

일단 개인과 정부기관들이 아스퍼거 증후군의 실체를 알게 되면, 그들은 이 증후군에 대한 현존하는 지식들과 자신들의 전문지식을 어떻게 접목시킬지, 어떤 조직이나 동료, 전문지를 통해 도움을 받을지 깨닫게 된다.

21. 주변 사람에게 어떻게 진단결과를 알릴 것인가?

부모들은 종종 이러한 진단결과를 어떤 사람들에게, 어떤 식으로, 어느 때 알려줘야 하느냐고 묻는다. 아이에게 도움이 될 만한 자원과 전략에 접근할 수 있는 교사와 학교 관계자들은 분명 이 같은 정보로부터 도움을 받는다. 아이와 함께 수업을 받는 다른 아이들에게도 알려줘야 할까? 정답은 아이들과 아이들이 처한 상황에 따라 다르다는 것이다. 어떤 아이들에게는 진단결과를 공개하는 것이 도움이 되지만, 일부 아이들은 다른 아이들로부터 분리될 때 나쁜 결과를 불러오기도 한다. 아이가 자신의 이름 대신에 '아스파라거스 증후군'이나 '햄버거 증후군'으로 불리는 등 아스퍼거 증후군이라는 용어 자체가 놀림감이 되는 경우도 있다. 나는 '알 필요가 있는 사람은 누구인가?'에 있어 원칙을 세웠다. 이와 같은 내밀한 정보는 비밀리에 다뤄야 한다.

다른 아이들에게는 이 증후군을 어떻게 설명해야 하나? 캐럴 그레이는 사회적 감각을 뜻하는 여섯 번째 감각이라는 학생용 프로그램을 작성했다(1996). 이 프로그램에는 각각의 감각을 고양시키고, 여섯 번째 감각을 활성화시키는 여러 가지 활동들이 포함되어 있다. 그런 다음 사회적 감각이 손상되어 다른 사람들이 인지하고 느끼는 방식을 제대로 이해할 수 없다는 것이 어떤 상황일까 하고 마음속에 그려보도록 한다. 예를 들어 다음과 같은 질문들이다.

- 만일 네가 다른 사람의 생각이나 감정을 모른다면 입장을 바꿔놓고 생각하는 게 쉬울까, 아니면 어려울까?
- 다른 사람이 한 일에 대해 말하는 것이 쉬울까, 아니면 어려울까?
- 친구를 사귀는 일을 쉬울까, 아니면 어려울까?

끝으로 아이들에게 아스퍼거 증후군을 지닌 친구를 어떻게 도와줄지 방법을 찾아보도록 격려한다.

아이 급우의 부모들에게 아스퍼거 증후군의 본질을 설명해야 하는 경우도 있다. 아이의 특이함이 부모가 잘못했기 때문이라고 오해하거나 아이가 자기 아들, 딸에게 잠재적으로 위험한 존재라고 믿을 우려가 있기 때문이다. 아이 부모나 전문가가 다른 부모들의 두려움을 덜어주고, 그들로부터 도움을 받을 수 있도록 학교 학부모회에서 강연을 하는 방법도 있다.

아이의 형제자매에게는 어떻게 알려야 할까? 그들은 아마 대화를 엿들어 이미 아이의 진단내용에 대해서 어느 정도 알고 있을지 모른다. 만일 그들이 이 증후군의 본질을 이해할 만큼 성숙하다면 그들에게도 사실을 말해주어야 한다. 다행히 형제들에게 어떻게 알려주어야 하는지를 소개하는 책이 몇 권 있으며(Davies 1994), 부모 후원모임도 형제자매를 위해 활동 중이다. 이런 활동은 보통 아스퍼거 증후군을 지닌 형제를 둔 한 사람의 성인에 의해 조직된다. 이런 연구모임은 형제자매들로 하여금 자신들의 감정에 대해 논의하고 감정을 공유하게 하며, 친구들이 집에 찾아왔을 때 어떻게 대응해야 하는지와 같은 특정 상황에 대처하는 법, 그리고 형제자매에 대한 창피함이나 적대감이 아주 자연스러운 감정이라는 사실을 가르쳐준다. 그들은 왜 부모가 크게 걱정하는지 의아해하고, 자신의 형제자매가 나아질지, 자기들이 도와줄 수 있을지 궁금해한다. 또 특히 학교에서 과중한 책임감을 느끼기도 한다.

아이에게는 언제 아스퍼거 증후군을 지녔다는 사실을 알려주어야 하나? 여기에 대한 간단한 답은 없다. 너무 어린아이들은 이 개념을 이해하기에는 역부족이다. 좀 더 큰 아이들은 자신들이 남과 다르다는 주장에 매우 민감하게 반응한다. 한 부분이라도 사회적인 능력 부족을 인정하지 않는 그들의 강력한 부정은 다른 사람이 아니라 자기 자신을 설득하기 위한 노력이다. 따라서 답은 아이가 그러한 통보를 감정적으로 수용할 만한 수준에 도달하고, 다른 아이들에게는 손쉬운 상황이 자신에게는 왜 그렇게 어려운지 알고 싶어할 때 말해주라는 것이다. 이 역할을 부모가 맡아야 할 때도 있고 전문가가 해야 할 때도 있다.

캐롤 그레이는 1996년 '나의 모습(Pictures of Me)'이라는 제목을 붙인 학습장을 고안했는데, 이 학습장을 이용해 아이가 자신의 진단내용을 깨닫게 할 수 있다. 학습장은 해당 아이, 아이의 부모 그리고 전문가 한 사람에 의해 완성되는데, 아스퍼거 증후군에 대한 아주 긍정적인 태도를 담고 있다. 활동은 아이의 재능과 능력과 초점이 맞춰져 있다. 다음은 데이비드가 자신의 능력에 대해 인식한 내용이다.

나의 장점은 무엇인가?

1ㆍ나는 읽기를 잘한다.

2ㆍ나는 컴퓨터를 잘한다-윈도 프로그램.

3ㆍ나는 볼링을 잘한다(최고 193점).

4ㆍ나는 직업을 가지고 있다.

5ㆍ나는 커내스터(두 벌의 카드로 넷이 하는 카드게임—옮긴이)와 럼미 로얄(같은 패를 차례로 늘어놓는 카드게임—옮긴이)을 잘한다.

6ㆍ나는 컴퓨터로 하는 블랙잭을 잘한다.

7ㆍ나는 내 아침식사를 잘 만들 수 있다.

8ㆍ나는 차를 잘 끓일 수 있다.

9ㆍ나는 수학을 잘한다.

10ㆍ나는 때때로 맞춤법에 강하다.

(데이비드 다우니)

나는 이들이 정직함, 성실성, 신뢰성, 올곧음 그리고 강한 윤리의식과 정의감 같은 개성적 요소를 가지고 있다는 사실을 여러 차례 확인했다. 인지적인 면에서 이들은 걸출한 기억력, 열정 그리고 자기들의 특별한 관심사에 대한 지식, 독특한 사고방식, 뛰어난 상상력과 머릿속에 영상을 떠올리며 사고하는 놀라운 능력을 보인다. 이러한 능력들이 이 증후군에 유일하다고 할 수는 없지만 증후군에 의해 강화되는 것들이다.

아스퍼거 증후군을 지닌 사람들은 이처럼 많은 긍정적인 능력과 개성들을 가지고 있다. 이러한 능력을 활용하여 위대한 업적을 남긴 과학자나 예술가들도 있다. 이 증후군은 부끄러워할 장애가 아니라 자긍심을 보일 만한 것이다. 또한 이들의 사회적 능력이 향상되고 삶을 살아가면서 자신들의 목표를 성취할 수 있음을 설명하는 일도 중요하다. 톰 앨런이 자신을 거북이라고 묘사한 것처럼 결국에는 경주를 승리로 이끌어주는 몇 계단의 발전을 이루는 데도 시간이 걸리곤 한다. 어떤 사람들은 수많은 계단을 더딘 걸음으로 딛고 올라가 결국 산 정상에 오르는 것에 비유한다. 아무것도 하지 않는 것보다는 늦더라도 뭔가 하는 게 낫다!

일단 자기 자신이 이 증후군을 지니고 있다는 사실을 알고 나면 위안과 이해를 얻을 수 있다. 이 깨달음은 부모와 전문가의 말이 아니라, 이 분야를 다룬 책 등을 통해 얻기도 한다. 크리스토퍼 길버그는 연구실에 들렀던 열두 살짜리 소년이 우연히 자기 부모를 위한 안내책자를 발견한 일에 관해 적고 있다(1991). 그 당시 아이는 이렇게 말했다.

이것은 제가 전에 누구에게도 한 번도 들어보지 못한 내용이에요. 저는 줄여서 A.S라고 부를래요. 그 책자를 큰소리로 읽자마자 아이는 내친김에 얘기한다는 듯이 이렇게 말했다. "나는 A.S를 가지고 있는 것 같아요! 그런 게 분명해요. 아빠에게 이것에 대해 말할 때까지 기다려주세요. 부모님도 A.S를 가지고 있을지 모르니까. 있잖아요, 특히 아빠요. 아빠도 정신을 못 차릴 정도로 몰두하는 취미가 있어요. 이제 내가 1년 내내 쉬는 시간마다 열 번씩 학교 운동장을 바쁘게 왔다갔다하는 이유가 A.S를 가지고 있기 때문이라고 우리 반 아이들에게 말해줄 수 있게 됐어요. 그리고 담임선생님에 대한 부담도 덜게 됐어요. 누군가 장애를 가지고 있다면 너그럽게 봐줘야 하는 거니까요. (138쪽)

22. 어떤 직업이 적합한가?

학창 시절의 마지막 몇 년 동안은 어떤 직업이나 일을 가져야 하는지가 점차 중요한 문제가 된다. 일에 대한 열의, 숙련된 전문지식 그리고 신뢰성 같은 개인의 능력을 잘 측정해야 한다. 특별한 관심 분야가 장래 직업을 예고하기도 한다. 과학에 대한 관심은 대학 졸업장과 전문직으로 이어질 수 있다. 대학교는 특이한 개성들을 폭넓게 받아들이는 편인데, 이들이 자신의 연구 분야에 독창성과 헌신적인 노력을 보인다면 더욱 그렇다. 과학과 예술 분야의 많은 위대한 발전이 아스퍼거 증후군을 지닌 사람들에 의해 이루어졌다. 나는 그들의 자질을 좀 더 인정하고 키워줌으로써 우리 사회가 보다 더 큰 혜택을 누릴 것이라고 믿어 의심치 않는다.

일반적으로 선택하는 직업 중 하나는 공학 분야(Baron-Cohen et al. 1997)이지만, 과학, 공학 그리고 컴퓨터 분야에서만 직업을 선택해야 한다고 생각해서는 안 된다. 저자는 교사직처럼 다른 사람을 돌보는 직업, 노인이나 동물을 상대하는 직업, 그리고 경찰관 같은 직업을 선택하여 성공한 사람들을 주목했다. 그들은 아주 강한 윤리의식을 가지고 있으며 사회 부조리에 강력하게 맞서 싸우는 사람들이다.

구직 면접시 대처법 등 직업과 관련한 특정한 기술을 습득하도록 도와줘야 한다. 이들은 기질상 영업할 때의 몸짓과 대화기법을 익히지 못해 타고난 영업사원은 못 될지 모른다. 취업지원기관들도 아스퍼거 증후군을 지닌 사람들이 직면하는 어려움을 점차 알게 되어 취업에 필요한 능력을 가르치고 연습시킨다. 어릴 적부터 신문이나 전단지 배달, 자원봉사 활동등을 통해 일하는 경험을 쌓게 하는 것이 중요하다.

취업에서 중요한 문제는 일의 사회적 측면에 어떻게 대처하고 일상과 기대치 그리고 자기 자신의 변화를 어떻게 받아들일 것인가이다. 어떤 직업은 상당한 사회적 기능을 필요로 한다. 〈폴티 타워(Fawlty Towers, 1970년 영국에서 인기를 끈 고전적인 시트콤—옮긴이)〉의 손님들과 인기 TV 코미디물에서 미스터 브리타스가 운영하는 휴양

소에서 일어나는 문제들을 생각해보라. 이러한 직업은 피하는 게 최선이다. 너무 역동적이고 소문이 무성하며 신고식 등의 직원문화가 지배적인 직장도 피해야 한다. 아스퍼거 증후군을 지닌 한 여성은 병원에 입원한 노인병 환자들을 간호하는 일을 잘 했지만, 병원의 직원들이 모이는 휴식시간에 필요한 사회적 교류능력은 부족했다. 그녀는 종종 남들로부터 놀림과 괴롭힘을 당했다. 하지만 그녀 혼자 노인 환자들의 집을 방문하기 시작하자 그녀는 동료들과 힘든 교류를 하지 않고서도 일을 계속 할 수 있었다.

자영업에 필요한 기술을 익히는 대안도 있다. 다른 사람들과 함께 혹은 위계질서 아래서 일하지 않아도 되는 전문기술을 개발하거나 집에서 일하는 방법이다. 일례로 아스퍼거 증후군을 지닌 사람은 일정 기간 훈련과 도제를 거쳐 공예기술, 디자인 혹은 전기수리 분야의 숙련기술을 익힌 뒤 자신의 사업을 하기도 한다. 아스퍼거 증후군을 지닌 사람들이 특수전문학교 훈련을 받으면 사회적으로 교류할 때 어려움을 겪을 수 있기 때문에 나는 전통적인 도제식 직업 훈련을 옹호한다.

이들은 감정적 상황이나 일상의 변화에 적응하는 데 어려움을 겪는다. 작업장에서 파업이 벌어지기 전까지는 꽤 행복한 직장생활을 하던 한 젊은이가 있었다. 하지만 그는 파업에 따른 적대감과 불확실성을 견디지 못해 직장을 그만둬야 했다. 아스퍼거 증후군을 지닌 사람들에게 적당한 작업량과 공간을 제공하기 위해서는 고용주도 그들의 어려움을 이해할 필요가 있다. 아스퍼거 증후군을 지닌 사람들은 매우 부지런하고 성실하며 양보다는 질을 고집하는 경향이 있다. 그들은 자기 자신이 정한 높은 기준을 달성하기 위해 점심시간이나 저녁까지 남아 일하기도 한다. 그들은 직장동료나 고용주에게 칭찬할 만한 성격으로는 비춰지지 않을지 모른다.

저자는 아스퍼거 증후군을 지닌 사람을 직장에서 해고시키기 위한 고의적인 태업 사례들을 알고 있다. 커다란 공장에서 자동차 정비공이 되기 위해 훈련중인 한 젊은이가 있었다. 그는 자신의 일에 아주 철저했다. 품질보증 기간만을 채우기 위해 그냥 간단히 정비하는 것과, 보다 큰 신뢰를 주기 위해 더 오랜 시간 작업하는 걸 선택해야 하는 상황이라면 그는 신뢰성을 선택하는 쪽이었다. 그의 고용주는 손님들이 찾아오면 간단히 수리해서 보낸 뒤 다른 부품을 구입하기 위해 또다시 찾아오기를 원했다. 이러한 갈등이 해고로 이어졌다. 그렇지만 그가 자신의 정비소를 운영하면 이 같은 신뢰성과 성실성이 평판을 높여줄 것이다.

결국 정서적, 금전적인 측면에서 자기가 한 만큼 보상을 받을 수 있는 직업이 성공적인 삶을 이끄는 데 필수적이다. 템플 그랜딘은 자신의 특별한 관심을 개발하여 성공적인 가축 시설 디자이너와 대학교수, 작가가 되었다. 그녀는 다음과 같이 적었다(1992).

내 삶은 곧 내 일이다. 만일 고기능 자폐인이 좋아하는 직업을 얻게 된다면 그 사람은 만족스러운 삶을 영위하게 된다. 나는 금요일과 토요일 밤의 대부분을 글을 쓰고 그림을 그리며 보낸다. 나의

사회적 접촉은 대부분 가축에 관련된 일을 하는 사람들이나 자폐에 관심 있는 사람들이다. (123쪽)

이처럼 그녀의 직업은 사회생활과 공동 관심사를 가진 친구들로 연결하는 끈이 되어주었다.

23. 이들의 미래는 어떠한가?

앞장에서 사춘기에 겪는 일부 문제들에 대해 개략적으로 짚어보았다. 아주 편협한 10대들을 다루는 문제, 남들과 다른 관심과 목표를 갖는 문제, 감정의 기복을 다루는 문제 그리고 다른 사람과 다른 사실을 자각하는 문제 등이 여기에 포함된다. 결국 이러한 위험한 시기가 끝나고 학교를 졸업하면 일상과 사회적 접촉, 직업에 더 잘 적응하게 된다. 어떤 부모들은 자기 자녀들이 한 번도 평범한 어린 시절을 보내지 못했으며 항상 애어른처럼 보였다고 말한다. 마침내 그들은 어른이 되고 10대들과 더 이상 어울릴 필요가 없다. 이들에게 있어 삶은 훨씬 수월해진다.

갓 성인이 된 젊은이는 가정형편과 재정적 수준에 따라 부모님 집에 딸린 별채용 독립 주거공간으로 옮기기도 한다. 집을 떠나면 1인용 숙박시설에서 생활하는 것이 좋은데, 위치는 어느 정도 가족의 정서적 · 실질적 지원을 받을 수 있는 근처가 바람직하다. 1인용 숙박시설이 좋은 이유는 다른 임차인은 아스퍼거 증후군을 지닌 사람의 특징을 모를 가능성이 높고 아스퍼거 증후군을 지닌 이들은 일과 후 혼자만의 시간을 절실히 필요로 하기 때문이다.

성공적인 삶을 영위하는 이들에게는 다음의 사항이 중요하다.

· 현명하고 성실한 조언자, 즉 교사, 친척 혹은 이들을 잘 이해하고 지침을 내려주고 격려해주는 전문가.
· 도움, 애정 그리고 상대에 대해 책임을 다하는 반려자. 그들은 이들의 특수성을 보완하고 어려움을 감싸준다.
· 사회생활의 어려움을 상쇄시키는 일이나 특별한 관심 분야의 성공. 결국 사회적인 성공은 한 사람의 인생에 있어 덜 중요하다. 성공은 교우관계가 아니라 얼마나 성취하느냐에 달렸다.

이러한 관점은 템플 그랜딘의 다음과 같은 말에 잘 나타나 있다 (1995).

나는 내 삶에 어떤 것들이 빠져 있음을 알지만, 모든 작업시간을 꽉 채워주는 아주 좋아하는 직업을 가지고 있다. 스스로 바쁘게 일함으로써 내가 부족한 것들을 마음에서 지울 수 있다. 부모님들이나 전문가들은 종종 자폐증을 지닌 성인의 사회생활에 대해 지나치게 거정한다. 나는 내 일을 통해 사회적인 접촉을 갖는다. 재능만 계발할 수 있다면 그는 자신과 관심사를 공유하는 사람들과 접촉하게 될 것이다. (139쪽)

· 결국 자신들이 지닌 힘과 결점을 수용하고, 노력해도 될 수 없는 누군가가 되기를 더 이상 희망하지 않는 것, 그리고 남들이 부러워하는 장점을 지니고 있음을 깨닫는 것.

· 자연스러운 회복. 늦게 말이 트이고 늦게 걷는 이들이 있듯이 비록 수십 년이 뒤처지더라도 남보다 늦게 사회화되는 사람도 있다.

이 증후군을 지닌 아이들의 장기적 성취에 대한 연구는 아직 이뤄지지 않았다. 전문가들과 지원기관들은 두드러진 문제를 지닌 성인들을 주로 접하다 보니 장기적 결과를 지나치게 부정적으로 보는 경향이 있다. 아스퍼거 증후군은 발달장애이며, 종국에 이들은 사회적으로 교류하고, 대화하고, 다른 사람의 생각과 감정을 이해하고, 자신의 생각과 감정을 정확하고 세밀하게 표현하는 능력을 키울 줄 알게 된다. 나는 그림도 없는 박스에 들어 있는 1,000개짜리 조각그림 맞추기를 비유로 들곤 한다. 시간이 지나면서 각각의 작은 조각들이 형태를 갖춰가더라도 전체적인 그림은 분명하지 않다. 전체적인 그림을 알려주는 퍼즐의 덩어리들이 충분히 확보된 뒤에야 모든 조각들은 제자리를 찾아간다. 사회적 행동이라는 퍼즐도 결국에는 풀린다. 내가 만난 이들은 자신들이 어떻게 20대 후반이나 30대에 마침내 사회적 기능들의 구조를 이성적으로 파악하게 되었는지 들려주었다. 나는 많은 아스퍼거 증후군 성인들을 만나보았다. 성인이 된 뒤에는 그들의 가족들과 친하게 지내는 일부 사람들만이 그들의 장애를 인지한다.

우리는 자폐증의 양상이 조용하고 세상과 동떨어진 아이로부터 아스퍼거 증후군을 지닌 성인에게까지 나타난다는 사실을 알고 있다. 아스퍼거 증후군 아이가 자폐성향을 통해 더욱 발전할 수 있을까? 우리는 평범한 수준의 자폐와 아스퍼거 증후군 사이의 자폐영역을 이제 막 탐험하기 시작했다. 그렇지만 아스퍼거 증후군 아이들은, 현재 아스퍼거 증후군의 진단 기준으로는 제대로 담아내지 못해 남겨둘 수밖에 없는 보다 뛰어난 어느 지점까지 발전할 수 있다.

술라 울프는 광범위한 임상 및 조사 연구를 바탕으로 아스퍼거 증후군을 평범한 수준의 능력으로 이어주는 '연결고리'에 대해 설명한 책을 집필했다. 그녀는 특별한 개성을 보이는 개인들을 규정하기 위해 관용어인 '혼자 있는 사람들(loners)'이라든가 분열성인격장애(Schizoid Personality Disorder)라는 진단용어를 사용했다. 이들은 고독하게 그리고 정서적으로 남과 떨어지기를 원하지만 비판에는 민감하다. 이들은 기존의 사회규칙을 따르지 않으며 특이한 은유적 언어를 구사한다. 또한 자신들만의 관심사에 집착하고 특이한 공상적인 삶을 영위한다. 울프는 분열증이란 진단용어를 사용하는 데 매우 신중을 기했다.

자칫 이 용어가 정신분열증과 연관된 부정적 인상을 줄 수 있지만, 실제 정신분열증으로 이어지는 사례는 거의 없기 때문이었다. 아마 오역될 소지가 적은 '혼자 있는 사람들'이라는 용어가 아스퍼거 증후군 사람들을 표현하는 데 보다 적합할지 모른다. 나 역시 아스퍼거 증후군은 분명한 발달장애라기보다는 개인의 개성에 대한 기술이라고 보는게 더 정확하다는 의견에 동의한다. 술라 울프는 아스퍼거 증후군을 지닌 일부 사람들이 장래에 어떻게 될 것인지 설명했다. 또 어떤 경우에는 아스퍼거 증후군과 같은 진단을 한 번도 받아본 적이 없는 이들의 친척들이 지닌 몇몇 특징들도 말해주었다.

비록 이런 개인들에게 진단 딱지를 붙여야 하는지 혹은 인격장애로 규정해야 하는지 논란의 소지가 있지만 그들은 아주 특이한 개성을 지녔을 가능성이 있다. 딕비 탄탐은 아스퍼거 증후군을 지닌 사람들의 장기적인 모습을 표현할 목적으로 '평생 지속되는 엉뚱함(lifelong eccentricity)'이라는 단어를 사용했다(Tantam 1988). 엉뚱함이라는 용어는 인격을 훼손하려는 의도에서 사용된 것이 아니다. 인류 역사를 색색의 실로 수놓은 벽걸이에 비유한다면 이들은 아주 밝은 색실에 해당할 것이다. 만일 인류가 아스퍼거 증후군을 지닌 보석 같은 사람들을 보유하지 못했다면 인류 문명은 너무도 재미없고 메말랐을 것이다.

뿌룩

감정과 우정을 다룬 자료

All about me

Shereen G. Rutman | P. Jordan | McClanahan Book Company | 1992

아이들이 특정 사건을 그린 그림을 보면서 해당 사건에 적합한 감정이 표현된 얼굴
표정을 고를 수 있다.

추천대상 미취학아동~초등학교 저학년

Happy and Sad, Grouchy and Glad (Seame Street)

C. Allen and T. Brannon | Golden Press book | 1992

TV인형극 〈세서미 스트리트〉 주인공이 등장해 여러 동작을 보여준다.

추천대상 초등학교 저학년

Mr Face Felt Activity Kit

Code KD1100

빈 얼굴에 다양한 눈과 눈썹, 입을 골라 붙여 행복한 얼굴, 슬픈 얼굴, 화난 얼굴을 만
들 수 있는 벽걸이용 펠트제품.

추천대상 미취학아동

Facial Expressions

다양한 종류의 감정을 이해하는 연습에 유용한 사진 모음집이다. 아이는 각각의 사진

에 묘사된 감정들을 유추하고, 그중에서 다른 감정이 표현된 얼굴을 골라낼 수 있다.

추천대상 미취학아동~초등학교 저학년

Writing About Feelings: Copy Masters

Rozanne Lanczak | Hawker Brownlow Education | 1987

아스퍼거 증후군을 지닌 초등학교 저학년 아이들의 활동이 담긴 책. 특정 주제로 글쓰기, 그림 그리기, 자유롭게 따라 하기 활동을 한 뒤 이를 설명할 수 있다.

Feelings

Aliki Brandenberg | Pan Books Ltd | 1989

아름다운 그림책.

추천대상 초등학교 고학년

Crestwood Company, Milwaukee.

다양한 감정들, 얼굴 표정 그리고 몸짓이 그려져 있는 테두리가 검은 35가지 카드.

Your Emotions

B. Moses and M.Gordon | Wayland Ltd. | 1994

화려한 그림과 재미있는 이야기를 통해 화, 슬픔, 질투, 두려움 같은 감정을 보여주는 그림책 시리즈. 아이들에게 이러한 감정을 어떻게 다루어야 하는지 가르쳐야 하는 부모와 교사를 위한 도움말이 실려 있다.

추천대상 초등학교 저학년

Learning and Caring About Ourselves

Gayle Bittinger | Warren Publishing House | 1992

감정과 관련된 유치원 활동이 담긴 책.

Exploring Feelings:Activities for Young Children

Susan B. Neuman | Green Dragon Publishing Group | 1994

미취학아동부터 초등학교 3학년 아이들의 활동이 담긴 책.

Bear Hugs for Remembering the Rules

Patty Claycomb | Warren Publishing House

사회 규칙을 떠올릴 수 있는 긍정적인 활동에 관한 책.

추천대상 만 3~6세

Bera Hugs for Respecting Others

Patty Claycomb | Warren Publishing House

다른 사람들을 배려할 수 있는 긍정적인 행동에 관한 책.

* 추천대상 만 3~6세

Courtesy

Early Childhood Publications | 1994

실수로 다른 사람을 때렸을 때 미안하다고 말하는 등의 사례를 담고 있다.

추천대상 미취학아동

What Makes Me Happy?

Catherine and Lawrence Anholt | Walker Books | 1994

각 페이지마다 아이를 웃고 울고 샘나게 하는 감정들을 묘사한 그림이 실려 있다. 아스퍼거 증후군을 지닌 아이가 감정을 일으키게 하는 상황을 직접 그려서 자신만의 책을 만들 수 있다.

Picture My Feelings

Learning Development Aids | 1989

특정한 감정이나 기분, 예를 들어 '나는 걱정돼.', '나는 행복해.'와 같은 문장에 아이

가 자신의 개인적 정보를 추가해 문장을 완성하는 것이다. '나는   하기를 기대해.'
'나는   때 화가 나 참을 수 없어.' 등이다.

추천대상 학습수준이 크게 떨어지는 10대

All My Feelings at Preschool-Nathan's Day

S, Conlin and S. Levine Friedman | Parenting Press | 1991

주인공인 유치원생 나탄의 생각이 담긴 책. 내용을 큰소리로 읽어주고 여러 그림과
감정에 대해 아이와 이야기하면 좋다.

All My Feelings at Home-Ellie's Day

S. Conlin and S. Levine Friedman | Parenting Press | 1989

위의 책과 같은 주제이지만, 집에서 느끼는 감정들을 주로 다루었다. '무슨 감정일
까?'라는 제목의 이 시리즈 세 번째 책도 있다.

추천대상 미취학아동~초등학교 저학년

Dealing With Feelings

E. Crary and J. Whiney | Parenting Press

특별한 감정을 다룬 여섯 권짜리 시리즈다. 책 제목은 화, 자긍심, 좌절, 두려움, 흥분,
분노 같은 감정들을 망라하고 있다.

추천대상 초등학교 저학년

Proud of our Feelings

Lindsay Leghorn | Magination Press | 1995

어린이집에 다니는 아이들을 위한 책.

How to Draw Cartoons

A CD-ROM for Machintosh and Windows | Diamar Interactive Corporation

아이들이 머리, 몸의 각 부분, 얼굴 표정 등을 마우스로 선택해 서로 다른 감정을 보

여주는 자신만의 만화 주인공을 만들어낼 수 있다. 아이뿐 아니라 어른에게도 적당하다.

I want to Play

E. Crary and M. Megale | Parenting Press | 1982

아이들이 겪는 사회생활의 갈등을 해결하는 데 도움을 주는 '문제해결(problem-solving)'에 관한 책. 서로 다른 행동이 유발할 수 있는 상황들과 여러 대처 방안에 대한 이해력을 키워준다.

추천대상 초등학교 저학년

Ellen and Penguin

C. Vuliamy | Walker Books | 1993

친구를 찾은 엘렌과 엘렌의 펭귄에 대한 이야기.

Making Friends: A Guide to Getting Along with People

Andrew Matthews | Media Masters | 1990

아스퍼거 증후군을 지닌 사춘기 아이 중 상대적으로 능력이 뛰어난 아이들에게 꼭 맞는 책이다.

Being Happy: A Handbook for Greater Confidence

Andrew Matthews | Media Masters | 1988

슬픔에 빠진 사춘기 아이들에게 도움이 되는 책.

Friendship (Values to Live by ser)

S. Lee Roberts and L. Hohag | The Children's Press | 1986

어린이집에 다니는 아이들에게 우정이라는 개념을 가르쳐주는 책.

The Care and Keeping of Friends (American Girl Library)

Nadine Westcott | Pleasant Company Publichations | 1996

10대 소녀들에게 꼭 맞는 책.

Pragmatic Language Trivia for Thinking Skills

M. Ann Marquis | Communication Skills Builders | 1990

실용언어를 익히는 데 유용한 놀이책. 질문을 통해 어떤 말이 적당한지 생각할 수 있게 도와준다.

추천대상 10대

Friendszee: A Social Skills Game

Diane A. Figula | Linguistic Systerms Inc | 1992

사회생활에 바탕을 둔 질문들.

추천대상 만 7~11세

Circle of Friends

James Stanfield Co.

Higher Functioning Adolescents and Young Adults with Autism: A Teacher's Guide

Stratton, P. Coyne and C. Gray | Pro Ed | 1996

고기능 자폐아를 가르치는 고등학교 교사가 직면하는 문제에 대한 지침서. 이 책에 있는 방법들은 8장에서 설명했다.

How to Start a Conversation and Make Friends

Don Garbor | Sheldon Press | 1983

10대들을 위한 대화기법.

Future Horizons

자폐 서적 전문 출판사에서 300여 가지 사회적 상황들을 담은 두 권의 '사회적 이야기(각각의 사회적 상황에 알맞은 행동을 이야기 형식으로 풀어낸 책)'를 출간했다.

Social Skill Activities for Special Children

D. Mannix | Jossey – Bass

만 6~14세 아이들이 배워야 할 사회적 행동을 알려주는 142가지 교훈들.

Why is Everybody Always Picking on Me: A Guide to Handling Bullies

Terrence Webster-Doyle | North Atlantic Books

Pupil with Asperger's Syndrome: Classroom Management

Special Needs Support Service

교사에게 도움이 되는 정보와 대처법을 담은 소책자.

Watch Me, I Can Do It

Neralie Cocks | Simon and Schuster | 1993

서툴고 부조화스러운 동작을 극복할 수 있게 도와주는 책.

The Morning News

교사와 부모를 위한 아스퍼거 증후군 정기 간행물. 편집인은 캐롤 그레이이며 제니슨 공립고등학교에서 구할 수 있다.

오늘 기분이 어때?

호전적인	걱정하는	미안해하는	거만한	부끄러워하는
아주 행복한	지루한	조심스러워하는	추운	자신만만한
의아해하는	굳게 결심한	실망한	믿지 않는	분노한
부러워하는	기진맥진한	겁먹은	절망한	죄책감이 드는
행복한	공포스러운	더운	술취한	마음이 상한
아주 우스꽝스러운	무관심한	흥미로운	시기심이 드는	외로운
사랑에 빠진	반대하는	후회하는	안심한	슬픈
만족스러운	놀란	의심하는	우유부단한	기타

좀 더 어린 친구들을 위해서는 새롭고 더 단순화한 얼굴로 여러 감정을 표현하는 것도 좋다. 위의 그림들은 『100 연습게임(100 Training Games)』(Gary Kroehnert, 1991)에서 발췌했다.

◦ 진단 1: 크리스토퍼 길버그와 코리나 길버그의 진단기준(1989) ◦

1. 사회적 장애 혹은 극단적인 자기중심주의(2개 이상)

   ☐ 또래들과 교류하는 능력이 부족하다.

   ☐ 또래들과 상호작용을 하려는 욕구가 부족하다.

   ☐ 사회적인 신호에 대한 이해가 부족하다.

   ☐ 사회적 · 정서적으로 부적절한 행동을 한다.

2. 협소한 관심영역(1개 이상)

   ☐ 다른 활동을 하고 싶어하지 않는다.

   ☐ 고집을 계속 피운다.

   ☐ 의미 없는 기계적인 행동을 반복한다.

3. 반복적인 일상(1개 이상)

   ☐ 생활 면에서, 자기 자신에 대해

   ☐ 다른 사람들에 대해

4. 말과 언어적 특징들(3개 이상)

□ 발달 지체를 보인다.

□ 외견상 언어를 완벽하게 구사한다.

□ 딱딱하고 현학적인 언어를 쓴다.

□ 이상한 운율, 독특한 목소리를 낸다.

□ 말과 속뜻을 오인하는 등 언어 이해력이 손상되었다.

5. 비언어적 소통 면에서의 문제점(1개 이상)

□ 몸짓을 제한적으로 사용한다.

□ 서툴고 어색한 보디랭귀지를 한다.

□ 표정이 다양하지 못하다.

□ 부적절한 표정을 짓는다.

□ 이상하고 경직된 눈길을 보낸다.

6. 서툰 몸동작

□ 신경발달 검사상에서의 저평가

1. 고독(2개 이상)

    □ 친한 친구가 없다.

    □ 다른 사람들을 기피한다.

    □ 친구를 사귀는 것에 무관심하다.

    □ 외톨이로 지낸다.

2. 사회적 관계 손상(1개 이상)

    □ 필요한 것이 있을 때만 다른 사람에게 접근한다.

    □ 사회적으로 접근하는 모습이 미숙하다.

    □ 또래를 상대할 때 일방적으로 대응한다.

    □ 다른 사람의 감정을 잘 파악하지 못한다.

    □ 다른 사람의 감정에 대해 무관심하다.

3. 비언어적 의사소통의 장애(1개 이상)

    □ 얼굴표정이 다양하지 못하다.

    □ 다른 아이의 표정을 보고 감정을 읽지 못한다.

    □ 눈빛으로 말하지 못한다.

    □ 다른 사람을 보지 않는다.

    □ 손짓을 하지 않는다.

☐ 지나치게 크고 어색한 몸짓을 한다.

☐ 다른 사람에게 너무 가까이 다가간다.

4. 이상한 말투(2개 이상)

☐ 특이한 억양을 보인다.

☐ 지나치게 말을 많이 한다.

☐ 지나치게 말이 없다.

☐ 대화의 결속력이 부족하다.

☐ 자신만의 특이한 단어를 사용한다.

☐ 반복적인 언어형태를 보인다.

5. 『정신장애의 분류와 진단편람(DSM-111-R)』기준

☐ 자폐 장애

1. 사회적 상호관계 면에서 질적인 손상은 다음의 내용 중 두 가지 이상일 경우 명백하다.

   □ 여러 가지 비언어적 행동, 예를 들어 눈맞추기, 얼굴표정, 태도 그리고 사회적 상호관계를 규정하는 몸짓을 두드러질 정도로 잘 쓰지 못한다.

   □ 발달수준에 맞는 또래 관계를 형성하지 못한다.

   □ 스스로 다른 사람과 어울려 성취, 관심, 즐거움을 공유하려는 의욕이 부족하다.(즉 다른 사람에게 어떤 물건을 가져다주거나 가리키거나 관심을 보이는 정도가 부족하다.)

   □ 사회적 · 정서적 상호관계가 부족하다.

2. 제한적이고 반복적인 그리고 상동적인 유형의 행동, 관심 그리고 활동, 다음의 내용 중 적어도 한 가지 이상일 경우 명백하다.

   □ 집중도 혹은 관심도에 있어 비정상적인, 한 가지나 몇 가지의 전형적이며 제한적인 관심 영역이 있다.

   □ 특정한 일상이나 의례적 행동에 대해 집착을 보인다.

   □ 상동적이며 반복적인 행동을 한다.(손이나 손가락으로 흔들기 혹은 비틀기, 혹은 몸 전체를 쓰는 복잡한 동작)

   □ 특정 사물이나 부분에 대한 지속적으로 몰두한다.

3. 사회적, 직업적, 혹은 다른 중요한 기능적 요소에 있어 임상적으로 중요한 손상을 야기하는 장애

4. 임상적으로 중대한 정도의 언어지체가 없다.(만 2세까지 단어 사용, 만 3세까지는 문장을 사용해 의사소통)

5. 인지발달이나 나이에 적합한 신변자조 능력, (사회적 상호작용을 제외한) 적응행동 그리고 어릴적 환경에 대한 관심 분야에 있어서는 임상적으로 중대한 지체가 없다.

6. 다른 특정한 전반적인 발달지체나 정신분열증의 기준과 일치하지 않는다.

∘ 진단 4: ICD-10(세계보건기구, 1993)에 따른 진단기준 ∘

1. 표현언어나 인지언어 혹은 인지발달에 있어 임상적으로 중대하고 전반적인 지체는 없다. 진단기준에 따르면 늦어도 만 2세까지 단어를 사용하고 만 3세까지는 문장으로 대화할 수 있어야 한다. 만 3세에 이르는 기간까지 신변자조 능력, 상황적응 행동 그리고 주변환경에 대한 호기심이 평범한 지적 발단 수준에 이르러야 한다. 그렇지만 지표가 되는 운동능력은 어느 정도 지체되기도 하고 동작도 (진단받을 정도의 수준은 아니더라도) 보통 서투르다. 일반적으로 자신만의 특별한 기능들, 흔히 비정상적으로 과도한 집착과 관련된 기능을 보유하고 있지만 진단을 필요로 하지는 않는다.

2. 사회적인 상호작용에 있어 질적으로 비정상적인 특징이 나타나며 다음의 영역들 중 적어도 두 가지 이상일 경우 명백하다.

   □ 여러 가지 비언어적 행동, 예를 들어 눈맞추기, 얼굴표정, 태도 그리고 사회적 상호관계를 규정하는 몸짓을 적절히 구사하지 못한다.
   □ 상호관심, 활동 그리고 감정을 공유하는 또래 관계를 (정신적 연령에 적당한 수준만큼 그리고 많은 기회 제공에도 불구하고) 발달시키지 못한다.
   □ 다른 사람의 감정에 대한 무관심이나 비정상적 반응에서 나타나는 사회적·정서적 상호작용과 의사소통의 완결성이 부족하다.

□ 다른 사람들과 즐거움, 관심 혹은 성취를 함께하려는 자발성(개인적으로 관심 있는 사물을 다른 사람에게 보여주거나 가져다주거나 혹은 가리켜주는 행위)이 부족하다.

3. 아스퍼거 증후군을 지닌 이들은 특이할 정도로 집중된, 영역이 제한된 관심 혹은 제한적이고 반복적이며 상동적인 양태의 행동과 관심을 보이는데, 다음의 영역들 중 적어도 한 가지 이상일 경우 명백하다.

□ 내용이나 집중도에서 비정상적으로 상동적이며 반복적인 관심 양태와 이에 대한 몰입, 비정상적으로 집중하거나 내용이나 집중도 면에서는 정상이더라도 관심영역의 범위가 매우 제한된 관심거리가 한 가지 이상 있다.

□ 특정한 혹은 비기능적인 일상이나 의례적인 행동에 눈에 띄게 강박적으로 집착한다.

□ 상동적이며 반복적인 버릇, 손이나 손가락을 흔들거나 비틀거나 혹은 몸 전체를 쓰는 복잡한 동작을 한다.

□ 놀이기구의 일부분이나 비기능적 요소에 대한 집착(그것들의 색깔, 겉표면의 질감 혹은 그것들에서 나오는 소리나 진동 등에) 그렇지만 동작의 버릇이나 놀이기구의 일정 부분, 비기능적인 요소에 대한 집착은 상대적으로 드물다.

4. 이러한 장애가 단순한 정신분열증, 정신분열 형태의 장애, 강박장애, 강

박 성격장애, 소아기의 반응성 (폐쇄)애착장애(Reactive and Disinhibited Attachment Disorder) 등의 여러 가지 전반적인 발달장애에서 비롯된 것은 아니다.

참고문헌

· American Psychiatric Association (1994) *Diagnostic and Statistical Manual of Mental Disorders*, 4th edition. Washington, DC: American Psychiatric Association.

· Anneren, G., Dahl, N., Uddenfeldt, U. and Janols, L.O. (1995) 'Asperger's Syndrome in a boy with a balanced de novo translocation'. *American Journal of Medical Genetics 56*, 330-1.

· Asendorpf, J. B. (1993) 'Abnormal shyness in children.' *Journal of Child Psychology and Psychiatry 34*, 1069-1081.

· Asperger, H. (1944) 'Die Autistischen Psychopathen.' In Kindesalter, *Archiv. Fur Psychiatrie und Nervenkrankheiten 117*, 76-136.

· Asperger, H. (1979) 'Problems of infantile autism.' *Communication, Journal of the National Autistic Society* 1979.

· Asperger, H. (1991) 'Autistic psychopathy in childhood.' In U. Frith(ed) *Autism and Asperger's Syndrome*. Cambridge: Cambridge University Press.

· Attwood, A.J., Frith, V. and Hermelin, B. (1988) 'The understanding and use of interpersonal gestures by autistic and Down's Syndrome children', *Journal of Autism and Developmental Disorders 18,2*, 241-257.

· Baltaxe, C.A.M., Russell, A., D'Angiola, N. and Simmons, J.Q(1995) 'Discourse cohesion in the verbal interactions of individuals diagnosed with autistic disorder or schizotypal personality disorder.' *Australian and New Zealandjournal of Developmental Disabilities 20*, 79-96.

· Barber, C. (1996) 'The integration of a very able pupil with Asperger's Syndrome into a mainstream school.' *British Journal of Special Education 23*, 19–24.

· Baron–Cohen, S. (1988) 'An assessment of violence in a young manwith Asperger's Syndrome.' *Journal of 'Child Psychology and Psychiatry 29*, 351–360.

· Baron–Cohen, S. (1988a) 'Social and pragmatic deficits in autism: Cognitive or affective?' *Journal of Autism and Developmental Disorders 18*, 379–402.

· Baron–Cohen, S., Campbell, R., Karmiloff–Smith, A., Grant, J. and Walker, J. (1995) 'Are children with autism blind to the mentalistic significance of the eyes?' *British Journal of Developmental Psychology 13*, 379–398.

· Baron–Cohen, S. and Staunton, R. (1994) 'Do children with autism acquire the phonology of their peers? An examination of group identification through the window of bilingualism.' *First Language* 14, 241–248.

· Baron–Cohen, S., Wheelwright, S., Stott, C, Bolton, P and Goodyer, I. (1997)' Is there a link between engineering and autism? *Autism*, 1, 101–109.

· Barron, J. and Barron, S. (1992) *There's a Boy in Here*. New York: Simon and Schuster.

· Bebbington, M. and Sellers, T. (1996) 'The needs and support of people with Asperger Syndrome'. In P. Shattock and G. Linfoot eds. *Autism on the Agenda*. London: The National Autistic Society.

· Berard, G. (1993) *Hearing Equals Behaviour*. New Canaan, Connetkut: Keats Publishing.

· Berthier, M.L. (1995) 'Hypomania following bereavement in Asperger's Syndrome: A case study.' Neuropsychiatry, *Neuropsychology and Behavioural Neurology 8*, 222–228.

· Bettison, S. (1996) 'The long term effects of auditory training on children with autism.' *Journal of Autism and Developmental Disorders 26*, 361–374.

· Bishop, D.V.M. (1989) 'Autism, Asperger's Syndrome and semantic–pragmatic disorder: Where are the boundaries?' *British Journal of Disorders of Communication 24*, 107–121.

· Bolton, P., Macdonald, H., Pickles, A., Rios, P., Goode, S-, Crowson, M., Bailey, A. and Rutter, M. (1994) 'A case-control family study of autism.' *Journal of 'Child Psychology and Psychiatry 35*, 877-900.

· Bosch, G. (1970) Infantile Autism. New York: Springer-Verlag.

· Botroff, V., Bantak,L., Langford, P., Page, M. and Tong, B. (1995) 'Social cognitive skills and implications for social skills training in adolescents with autism.' Flinders University, Adelaide, Australia. Paper presented at the 1995 National Autism Conference.

· Bowler, D.M. (1992) '"Theory of Mind" in Asperger's Syndrome.' *Journal of Child Psychology and Psychiatry 33*, 877-893.

· Brook, S.L. and Bowler, D.M. (1992) 'Autism by another name? Semantic and pragmatic impairments in children.' *Journal of Autism and Developmental Disorders 22*, 61-81.

· Bryson, B. (1995) Notes *from a Small Island.* London: Transworld Publishers.

· Burgoine, E. and Wing, L. (1983) 'Identical triplets with Asperger's Syndrome.' *British Journal of Psychiatry 143*, 261-265.

· Capps, L, Yirmiya, N. and Sigman, M. (1992) 'Understanding of simple and complex emotions in non-retarded children with autism.' *Journal of Child Psychology and Psychiatry 33*, 7, 1169-1182.

· Carpentieri, S.C. and Morgan, S. (1994) 'A comparison of patterns of cognitive functioning of autistic and non-autistic retarded children on the Stanford Binet.' Fourth Edition, *Journal of Autism and Developmental Disorders 24*, 215-223.

· Cesaroni, L. and Garber, M. (1991) 'Exploring the experience of autism through first hand accounts.' *Journal of Autism and Developmental Disorders 21*, 303-313.

· Cooper, S.A., Mohamed, W.N. and Collacott, R.A. (1993) 'Possible Asperger's Syndrome in a mentally handicapped transvestite offender.' *Journal of Intellectual Disability Research 37*, 189-194.

· Courchesne, E. (1995) 'New evidence of cerebellar and brainstem hypoplasia in autistic infants, children and adolescents.' *Journal of Autism and Developmental Disorders 25*, 19-22.

· Davies, J. (1994) *Able Autistic Children - Children with Asperger's Syndrome: A Booklet for Brothers and Sisters.* Nottingham: Child Development Research Unit, University of Nottingham.

· DeLong, G.R. and Dwyer, J.T. (1988) 'Correlation of family history with specific autistic subgroups: Asperger's Syndrome and Bipolar Affective Disease.' *Journal ofAutism and Development Disorders 18*, 593-600.

· Dewey, M. (1991) 'Living with Asperger's Syndrome.' In U. Frith (ed) *Autism and Asperger's Syndrome.* Cambridge: Cambridge University Press.

· Eales, M. (1993) 'Pragmatic impairments in adults with childhood diagnoses of autism, a developmental receptive language disorder.' *Journal of Autism and Developmental Disorders 23*, 593-617.

· Ehlers, S. and Cillberg, C. (1993) 'The epidemiology of Asperger's Syndrome - A total population study.' *Journal of Child Psychology and Psychiatry 34*, 1327-1350.

· Eisenmajer, R., Prior, M, Leekman, S., Wing, L, Gould, J., Welham, M. and Ong, B. (1996) 'Comparison of clinical symptoms in autism and Asperger's Syndrome.' *Journal ofthe American Academy of Child and Adolescent Psychiatry 35*, 1523-1531.

· El-Badri, S.M. and Lewis, M. (1993) 'Left hemisphere and cerebellar damage in Asperger's syndrome.' *Irish Journal of Psychological Medicine 10*, 22-23.

· Ellis, H.D., Ellis, D.M., Fraser, W. and Deb, S. (1994) 'A preliminary study of right hemisphere cognitive deficits and impaired social judgements among young people with Asperger Syndrome.' *European Child and Adolescent Psychiatry 3*, 255-266.

· Everall, I.P. and Lecouteur, A. (1990) 'Firesctting in an adolescent boy with Asperger's Syndrome.' *British Journal of Psychiatry 157*, 284-287.

· Fine, J., Bartolucci, G., Ginsberg, G. and Szatmari, P. (1991) 'The use of intonation to communicate in Pervasive Developmental Disorders.' *Journal of Child Psychology and Psychiatry 32*, 777-782.

· Fisman, S., Steele, M., Short, J., Byrne, T., and Lavallee, C. (1996) 'Case study: Anorexia nervosa and autistic disorder in an adolescent girl.' *Journal of American Academy of Child and Adolescent Psychiatry 35*, 937-940.

· Fletcher, P.C., Happe, F., Frith, U., Baker, S.C., Dolan, R.J., Frackowiak, R.S.J., and Frith, CD. (1995) 'Other minds in the brain: A functional imaging study of theory of mind' in story comprehension.' *Cognition 57*, 109-128.

· Frith, U. (1989) *Autism : Explaining the Enigma.* Oxford: Basil Blackwell Ltd.

· Frith, U. (1991) 'Asperger and his syndrome.' In U. Frith (ed) *Autism and Asperger Syndrome.* Cambridge: Cambridge University Press.

· Frith, U. and Happe, F. (1994) 'Autism: Beyond "Theory of Mind." *Cognition 50*, 115-132.

· Garnett, M.S. and Attwood, A.J. (1995) 'The Australian Scale for Asperger's Syndrome/ Paper presented at the 1995 Australian National Autism Conference, Brisbane, Australia.

· Gething, S. and Rigg, M., (1996) 'Transition to adult life : A curriculum for students with Asperger's Syndrome.' Paper presented at the 5th Congress Autism-Europe, Spain, 1996.

· Ghaziuddin, M., Butler, E.r Tsai, L and Ghaziuddin, N., (1994) 'Is clumsiness a marker for Asperger's Syndrome?' *Journal of Intellectual Disability Research 38*, 519-527.

· Ghaziuddin, M. and Gerstein, L. (1996) 'Pedantic speaking style differentiates Asperger's Syndrome from High Functioning Autism.' *Journal of Autism and Developmental Disorders 26*, 585-595.

· Ghaziuddin, M., Leininger, L. and Tsai, L. (1995) 'Thought Disorder in Asperger Syndrome: Comparison with High Functioning Autism.' *Journal of Autism and Developmental Disorder 25*, 311-317.

· Ghaziuddin, M., Shakal, J. and Tsai, L. (1995) 'Obstetric factors in Asperger Syndrome: Comparison with high-functioning autism.' *Journal of Intellectual*

Disability Research 39, 538-543.

· Ghaziuddin, M., Tsai, L. and Ghaziuddin, N. (1991) 'Brief report: Violence in Asperger Syndrome - A critique.' Journal of Autism and Developmental Disorders 21, 349-354.

· Gillberg, C. (1983) 'Perceptual, motor and attentional deficits in Swedish primary school children: Some child psychiatric aspects.' *Journal of Child Psychology and Psychiatry 24*, 377-403.

· Gillberg, C. (1989) 'Asperger's Syndrome in 23 Swedish children.' *Developmental Medicine and Child Neurology 31*, 520-31.

· Gillberg, C. (1991) 'Clinical and neurobiological aspects of Asperger Syndrome in six family studies.' In U. Frith (ed) *Autism and Asperger Syndrome*, Cambridge: Cambridge University Press.

· Gillberg, C. (1992) 'Savant-syndromet.' In R. Vejlsgaard (ed) Medicinsk arsbok. Munksgaard: Kopenhamn.

· Gillberg, C. and Gillberg, I.C., (1989) 'Asperger syndrome - Some epidemiological considerations: A research note.' *Journal of Child Psychology and Psychiatry 30*, 631-638.

· Gillberg, C, Gillberg, I.C. and Staffenburg, S. (1992) 'Siblings and parents of children with autism: A controlled population based study.' *Developmental Medicine and Child Neurology 34*, 389-398.

· Gillberg, C. and Rastam, M. (1992) 'Do some cases of anorexia nervosa reflect underlying autisric-like conditions?' *Behavioural Neurology 5*, 27-32.

· Gillberg, I.C. and Gillberg, C. (1996) 'Autism in immigrants: A population-based study from Swedish rural and urban areas.' *Journal of Intellectual Disability Research 40*, 24-31.

· Goldstein, G., Minshew, N.J. and Siegel, D.J. (1994) 'Age differences in academic achievement in high functioning autistic individuals.' *Journal of Clinical and Experimental Neuropsychology 16*, 671-680.

· Gordon, C.T., State, R.C., Nelson, J.E., Hamburger, S.D. and Rapoport, J.L. (1993) 'A double-blind comparison of clomipramine, desipramine and placebo in the treatment of autistic disorder.' *Archives of General Psychiatry 50*, 441-447.

· Grandin, T. (1984) 'My experiences as an autistic child and review of related literature.' *Journal of Orthomolecular Psychiatry, 13*, 144-174.

· Grandin, T. (1988) 'Teaching tips from a recovered autistic' *Focus on Autistic Behaviour 3*, 1-8.

· Grandin, T. (1990) 'Needs of High Functioning teenagers and adults with autism (tips from a recovered autistic).' *Focus on Autistic Behaviour 5*, 1-15.

· Grandin, T. (1990) 'Sensory problems in autism.' Paper presented at the 1990 Annual Conference of the Autism Society of America, Buena Park, California, 1990.

· Grandin, T. (1992) 'An inside view of autism.' In E. Schopler and G.B. Mesibov (eds) *High Functioning Individuals with Autism*. New York:Plenum Press.

· Grandin, T. (1995) *Thinking m Pictures*. New York: Doubleday.

· Gray, C. (1994) *Comic Strip Conversations*. Arlington: Future Horizons.

· Gray, C. (1996) *The Sixth Seme*. Unpublished manuscript.

· Gray, C. (1996a) 'Pictures of Me - Introducing students with Asperger's Syndrome to their talents, personality and diagnosis,' *The Morning News*, Fall, 1996.

· Gray, C. A. (in press) 'Social stories and comic strip conversations with students with Asperger Syndrome and high functioning autism.' In E. Schopler, G.B, Mesibov and L. Kunce (eds) *Asperger's Syndrome and High Functioning Autism*. New York: Plenum Press.

· Hallett, M., Lebieclausko, M., Thomas, S., Stanhope, S., Dondela, M., and Rumsey, J. (1993) 'Locomotion of autistic adults.' *Archives of Neurology 50*, J304-1308.

· Happé, F. (1991) 'The autobiographical writings of three Asperger's Syndrome adults: Problems of interpretations and implications for theory.' In U. Frith (ed) *Autism and Asperger's Syndrome*. Cambridge: Cambridge University Press.

· Happé, F. (1994) *Autism. An Introduction to Psychological Theory*. London: University

College of London Press.

· Happé, F. (1994a) 'An advanced test of theory of mind.' *Journal of Autism and Developmental Disorders 24*, 129-154.

· Happé, F., Ehlers, S., Fletcher, P., Frith, U., Johansson, M., Gillberg, C, Dolan, R., Frackowiak, R. and Frith, C. (1996) 'Theory of mind: in the brain. Evidence from a PET scan study of asperger's syndrome.' *Clinical Neuroscience and Neuropathology 8*, 197-201.

· Harrison,]. and Baron-Cohen, S. (1995) 'Synaesthesia: Reconciling the subjective with the objective.' *Endeavour 19*, 157-160.

· Hashimoto, etai (1995) 'Development of brainstem and cerebellum in autistic patients.' *Journal ofAutism and Developmental Disorders 25*, 1-18.

· Hurlburt, R.T., Happé, F. and Frith, U. (1994) 'Sampling the form of inner experience in three adults with Asperger's Syndrome.' *Psychological Medicine 24*, 385-395.

· Jolliffe, T., Lansdown, R. and Robinson, C. (1992) 'Autism: A personal account.' *Communication, Journal of the National Autistic Society 26*, 12-19.

· Kerbeshian, J. and Burd, L. (1986) 'Asperger's syndrome and tourette syndrome: The case of the pinball wizard.' *British Journal of Psychiatry 148*, 731-736.

· Kerbeshian, J., Burd, L. and Fisher, W. (1990) 'Asperger's Syndrome : To be or not to be?' *British Journal of Psychiatry 156*, 721-725.

· Kerbeshian, J. and Burd, M.S. (1996) 'Case Study: Comorbidity among Tourette's Syndrome, Autistic Disorder and Bipolar Disorder.' *Journal of the American Academy of Child and Adolescent Psychiatry 35*, 681-685.

· Klin, A., Volkmar, F.R., Sparrow, S.S., Cicchetti, D.V. and Rourke, B.P. (1995) 'Validity and neuropsychological characterization of Asperger Syndrome: Convergence with Nonverbal Learning Disabilities Syndrome.' *Journal of Child Psychology and Psychiatry 36*, 1127-1140.

· Lanczak, R. (1987) *Writing About Feelings*. Victoria, Australia: Hawker Brownlow

Education.

· Le Couteur, A., Bailey, A., Goode, S., Pickles, A., Robertson, S., Gottesman, I. and Rutter, M. (1996) 'A broader phenotype of autism – The clinical spectrum in twins.' *Journal of Child Psychology and Psychiatry 37*, 785-801.

· Loveland, K.A. and Tunali, B. (1991) 'Social scripts for conversational interactions in autism and Downs Syndrome.' *Journal of Autism and Developmental Disorders 21*, 177-186.

· Manjiviona, J. and Prior, M. (1995) 'Comparison of Asperger's Syndrome and high-functioning autistic children on a test of motor impairment'. *Journal of Autism and Developmental Disorders, 25*, 23-39.

· Marriage, K.J., Gordon, V. and Brand, L. (1995) 'A social skills group for boys with Asperger's Syndrome.' *Australian and New Zealand Journal of Psychiatry 29*, 58-62.

· Marriage, K., Miles, T. (1993) 'Clinical research implications of the co-occurrence of Asperger's and Tourette's Syndrome'. *Australian and New Zealand Journal of Psychiatry 27*, 666-672.

· Marriage, K., Miles, T., Stokes, D. and Davey, M., (1995) 'Comparison of Asperger's Syndrome and High-Functioning Autistic children on a test of motor impairment', *Journal of Autism and Developmental Disorders, 25*, 23-39.

· Matthews, A. (1990) *Making Friends: A Guide to Getting Along With People.* Singapore: Media Masters.

· Maurer, R.G. and Damasio, A. (1982) 'Childhood autism from the point of view of behavioural neurology.' *Journal of Autism and Developmental Disorders 12*, 195-205.

· Mawson, D., Grounds, A. and Tantam, D. (1985) 'Violence and Asperger's Syndrome: A case study'. *British Journal of Psychiatry 147*, 566-569.

· McDougle, C.J., Price, L.H., and Goodman, W.K. (1990) 'Fluvoxamine treatment of coincident autistic disorder and obsessive compulsive disorder: A case report.' *Journal of Autism and Developmental Disorders 20*, 537-543.

· McDougle, C.J., Price, L.H., Volkmar, F.R., Goodman, W.K., Ward-O'Brien,

D., Nielsen, J., Bregman,J. and Cohen, D.J. (1992) 'Clomipramine in autism: Preliminary evidence of efficacy.' *Journal of the American Academy of Child and Adolescent Psychiatry 31*, 746-750.

· McKelvey, J.R., Lambert, R., Mottson, L. and Shevell, M.I. (1995) 'Right hemisphere dysfunction in Asperger's Syndrome.' *Journal of Child Neurology 10*, 310-314.

· McLennan, J.D., Lord, C. and Schopler, E. (1993) 'Sex differences in high functioning people with autism.' *Journal of Autism and Developmental Disorders 23*, 217-227.

· Mesibov, G.B. (1984) 'Social skills training with verbal autistic adolescents and adults: A program model.' *Journal of Autism and Developmental Disorders 14*, 395-404.

· Miedzianik, D.C. (1986) *My Autobiography*. Nottingham: Child Development Research Unit, University of Nottingham.

· Minshow, N.J., Goldstein, C, Muenz, L.R. and Poyton, J. (1992) 'Neuropsychological functioning in nonmentally retarded Autistic individuals.' *Journal of Clinical and Experimental Neuropsychology 14*, 749-761.

· Morgan, H. (1996) *Adults with Autism*. Cambridge: Cambridge University Press.

· Newsom, E. (1985) *Services for Able Autistic People*. Nottingham: Child Development Research Unit, University of Nottingham.

· Newsom, E. (1995) 'Evaluating interventions in autism: Problems and results.' National Autism Conference, Brisbane, Australia, 1995.

· Ozonoff, S. and Miller, J. (1995) 'Teaching theory of mind: A new approach to social skills training for individuals with autism.' *Journal of Autism and Developmental Disorders 25*, 415-433.

· Ozonoff, S., Rogers, S.J. and Pennington. B.F. (1991) 'Asperger's syndrome: evidence of an empirical distinction from high functioning autism.' *Journal of Child Psychology and Psychiatry 32*, 1107-1122.

· Perkins, M. and Wolkind, S.N. (1991) 'Asperger's Syndrome: Who is being abused?'

Archives of Disease in Childhood 66, 693-695.

· Piven, J., Harper, J., Palmer, P. and Arndt, S. (1996) 'Course of behavioural change in autism: A retrospective study of high-IQ adolescents and adults.' *Journal of the American Academy of Child and Adolescent Psychiatry 35*, 523-529.

· Piven, J., Palmer, P., Jacobi, D., Childress, D. and Arndt, S. (1997) 'Broader autism phenotype: Evidence from a family history study of multiple incidence autism families.' *American Journal of Psychiatry 154*, 185-190.

· Prior, M. and Hoffman, W. (1990) 'Brief teport: Neuropsychological testing of autistic children through an exploration with frontal lobe tests.' *Journal of Autism and Developmental Disorders 20*, 581-590.

· Ratey, J. and Johnson, C. (1997) *Shadow Syndromes*. New York: Pantheon.

· Realmuto, A. and August, G.J. (1991) 'Catatonia in autistic disorder: A sign of comorbidity or variable expression?' *Journal of Autism and Developmental Disorders 21*, 517-528.

· Rickarby, G., Carruthers, A., Mitchell, M. (1991) 'Brief Report: Biological factors associated with Asperger's Syndrome.' *Journal of Autism and Developmental Disorders 21*, 341-8.

· Rimland, B. (1990) 'Sound sensitivity in autism.' Autism Research *Review International 4*, 1 and 6.

· Rimland, B. and Edelson, S.M. (1995) 'Brief report: A pilot study of Auditory Integration Training in autism.' *Journal of Autism and Developmental Disorders 25*, 61-70.

· Roffey, S., Tarrant, T. and Majors, K. (1994) *Young Friends*. London:Cassetl.

· Rumsey, J. and Hamburger, S.D. (1988) 'Neuropsychological findings in high functioning men with infantile autism residual state.' *Journal of Clinical and Experimental Neuropsychology 10*, 201-221.

· Ryan, R.M. (1992) 'Treatment-resistant chronic mental illness: Is it Asperger's Syndrome?' *Hospital and Community Psychiatry 43*, 807-811.

· Saliba, J.R. and Griffiths, M. (1990) 'Brief report: Autism of the Asperger type associated with an autosomal fragile site.' *Journal of Autism and Developmental Disorders 20*, 569-575.

· Schopler, E. and Mesibov, G.P. (eds) (1992) *High Functioning Individuals with Autism.* New York: Plenum Press.

· Shah, A. (1988) 'Visuo-spatial islets of abilities and intellectual functioning in autism.' Unpublished Ph.D. thesis, University of London.

· Shields, J., Varley, R., Broks, P. and Simpson (1996) 'Social cognition in developmental language disorders and high level autism.' *Developmental Medicine and Child Neurology 38*, 487-495.

· Simblett, G.J. and Wilson, D.N. (1993) 'Asperger's Syndrome: Three cases and a discussion.' *Journal of Intellectual Disability Research 37*, 85-94.

· Sinclair, J. (1992) 'Personal Essays.' In E. Schopler and F. Mesibov (eds) *High Functioning Individuals with Autism*, New York: Plenum Press.

· Sverd, J. (1991) 'Tourette syndrome and autistic disorder: A significant relationship.' *American Journal of Medical Genetics 39*, 173-179.

· Szabo, C.P. and Bracken, C. (1994) 'Imipramine and Asperger's letter to the editor.' *Journal of the American Academy of Child and Adolescent Psychiatry 33*, 431-432.

· Szatmari, P., Archer, L, Fisman, S., Streiner, D.L. and Wilson, F. (1995) 'Asperger's Syndrome and autism: Differences in behaviour, cognition and adaptive functioning.' *Journal of the American Academy of Child and Adolescent Psychiatry 34*, 1662-1671.

· Szatmari, P., Bartolucci, G. and Bremner, R (1989) 'A follow up of high functioning autistic children.' *Journal of Autism and Developmental Disorders 19*, 213-225.

· Szatmari, P., Bartolucci, G. and Bremner, R (1989b) 'Asperger's Syndrome and autism: Comparison of early history and outcome.' *Developmental Medicine and Child Neurology 31*, 709-720.

· Szatmari, P., Bartolucci, G., Finlayson, M. and Tuff, L. (1990) 'Asperger's Syndrome and Autism: Neurocognitive aspects.' *Journal of the American Academy of Child and*

Adolescent Psychiatry 29, 130-13 6.

· Szatmari, P., Brenner, R. and Nagy,}. (1989) 'Asperger's syndrome: A review of clinical features.' *Canadian Journal of Psychiatry 34*, 554-560.

· Tantam, D. (1988) 'Lifelong eccentricity and social isolation: Asperger's Syndrome or Schizoid Personality Disorder?' *British Journal of Psychiatry 153*, 783-791.

· Tantam, D., Evered, C. and Hersov, L. (1990) 'Asperger's Syndrome and Ligamentous Laxity.' *Journal of the American Academy for Child and Adolescent Psychiatry*, 892-896.

· Tantam, D. (1991) 'Asperger's Syndrome in adulthood.' In U. Frith (ed) *Autism and Asperger's Syndrome.* Cambridge: Cambridge University Press.

· Tantam, D., Holmes, D. and Cordess, C. (1993) 'Non-verbal expression in autism of Asperger's type.' *Journal of Autism and Developmental Disorders 23*, 111-113.

· Tirosh, E. and Canby, J. (1993) 'Autism with Hyperlexia: A distinct syndrome?' *American Journal on Mental Retardation 98*, 84-92.

· Vilensky, J.A, Damasio, A.R. and Maurer, R.G. (1981) 'Gait disturbances rn patients with autistic behaviour: A preliminary Study.' *Archives of Neurology 38*, 646-649.

· Volden, J. and Loud, C. (1991) 'Neologisms and idiosyncratic language in autistic speakers.' *Journal of Autism and Developmental Disorders 21*, 109-130.

· Volkmar etal. (1994) 'DSM IV Autism/P.D.D. field trial.' *American Journal of Psychiatry 151*, 1361-1367.

· Volkmar, F.R., Klin, A., Schultz, R., Broncn, R., Marans, W.D., Sparrow, S. and Cohen, D.J. (1996) 'Asperger's Syndrome.' *Journal of the American Academy of Child and Adolescent Psychiatry 35*, 118-123.

· White, B.B. and White, M.S. (1987) 'Autism from the inside.' *Medical Hypotheses 24*, 223-229.

· Williams, D. (1992) *Nobody Nowhere.* London: Transworld Publishers.

· Williams, D. (1994) *Somebody Somewhere.* London: Transworld Publishers.

· Williams, T.A. (1989) "Social skills group for autistic children.' *Journal of Autism and*

Developmental Disorders 19, 143-155.

· Wing, L. (1981) 'Asperger's Syndrome: A clinical account.' *Psychological Medicine 11*, H5-I3O.

· Wing, L. (1992) 'Manifestations of social problems in high functioning autistic people.' In E. Schopler and G. Mesibov (eds) *High Functioning Individuals with Autism*. New York: Plenum Press.

· Wing, L. and Attwood, A. (1987) 'Syndromes of autism and atypical development.' In D. Cohen and A. Donnellan (eds) *Handbook of Autism and Pervasive Developmental Disorders*. New York: John Wiley and Sons.

· Wolff, S. (1991) 'Asperger's Syndrome.' *Archives of Diseases in Childhood 66*, 178-179.

· Wolff, S. (1995) *Loners: The Life Path of Unusual Children*. London:Routledge.

· Wolff, S. and Barlow, A. (1979) 'Schizoid personality in childhood: A comparative study of schizoid, autistic and normal children.' *Journal of Child Psychology and Psychiatry 20*, 29-46.

· WHO (1989) *Tenth Revision of the International Classification of Disease* Geneva: World Health Organisation.

· Yirmiya, N., Sigman, M. and Freeman, B.J. (1993) 'Comparison between diagnostic instruments for identifying high functioning children with autism.' *Journal of Autism and Developmental Disorders 24*, 281-91.

아스퍼거 증후군 아이들

1판 9쇄 펴냄 2016년 11월 25일
2판 1쇄 찍음 2023년 11월 3일
2판 1쇄 펴냄 2023년 11월 10일

지은이 토니 애트우드
옮긴이 이상연, 조장래

주간 김현숙 | 편집 김주희, 이나연
디자인 이현정, 전미혜
영업·제작 백국현 | 관리 오유나

펴낸곳 궁리출판 | 펴낸이 이갑수

등록 1999년 3월 29일 제300-2004-162호
주소 10881 경기도 파주시 회동길 325-12
전화 031-955-9818 | 팩스 031-955-9848
홈페이지 www.kungree.com
전자우편 kungree@kungree.com
페이스북 /kungreepress | 트위터 @kungreepress
인스타그램 /kungree_press

ISBN 978-89-5820-796-2   03180

책값은 뒤표지에 있습니다.
파본은 구입하신 서점에서 바꾸어 드립니다.